JEAN-BON SAINT-ANDRÉ.

SA VIE ET SES ÉCRITS.

MONTAUBAN,
Imp. de Forestié Neveu et Comp.e, Place de l'Horloge.

JEAN-BON SAINT-ANDRÉ.

SA VIE ET SES ÉCRITS,

MIS EN ORDRE ET PUBLIÉS

PAR MICHEL NICOLAS.

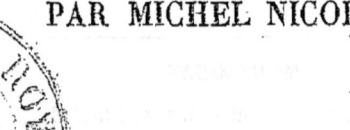

PARIS,
AU COMPTOIR DES IMPRIMEURS-UNIS.

MONTAUBAN,
RETHORÉ, LIBRAIRE-ÉDITEUR.
1848.

AVERTISSEMENT DE L'ÉDITEUR.

Après avoir donné une nouvelle édition de l'*Histoire de Montauban*, j'ai conçu le dessein de continuer le travail que j'avais commencé par cette publication, en donnant au public, soit le récit de la vie, soit les différents ouvrages des hommes de notre cité qui ont joué un rôle dans l'histoire ou dans les lettres. On peut donc considérer ce volume comme la suite de notre précédente publication et comme le commencement d'une série de publications nouvelles, consacrées à rappeler le souvenir et à relever le mérite de nos concitoyens. J'ai besoin de prévenir que si je fais paraître d'abord la vie et les écrits de Jean-Bon-Saint-André, ce n'est par aucune préoccupation politique, mais seulement parce que j'ai eu l'avantage de pouvoir recueillir quelques écrits de cet homme remarquable, écrits dont deux étaient jusqu'à présent inédits, et le troisième était peu connu. Je puis me rendre cette justice, que j'ai fait tous mes efforts pour livrer au public un livre intéressant.

RETHORÉ, *Libraire-Éditeur.*

Montauban, 15 décembre 1847.

PRÉFACE.

Quelques membres de la famille de Jean-Bon-Saint-André, ceux de ses amis qui survivent encore au nombre très-considérable d'hommes qui lui furent attachés, soit par la reconnaissance, soit par d'autres sentiments, et plusieurs des personnes qui l'ont connu moins particulièrement, nous ont prié de mettre en ordre quelques écrits de cet homme remarquable, et de consacrer quelques pages au récit d'une vie qui ne fut pas sans gloire et sans utilité. Nous avons cédé à leur désir, et nous avons en ce moment à rendre compte de la manière dont nous avons procédé dans notre travail.

Et d'abord, pour ce qui regarde la notice biographique de Jean-Bon Saint-André, nous avons consulté les journaux de l'époque, la mémoire de plusieurs personnes qui ont eu des relations avec lui, et des lettres et quelques autres documents qui nous ont été confiés par des membres de sa famille. Malheureusement l'apathie de quelques-uns de ses amis et de ses parents, et, faut-il l'avouer, un reste de cette crainte que leur inspirèrent les réactions de la Restauration, nous ont privé de secours qui auraient pu nous être précieux.

Nous nous sommes proposé, dans cette notice, de raconter et non de juger; et si parfois nous sommes entré dans l'examen des évènements auxquels prit part Jean-Bon Saint-André, ce n'a été que pour faire comprendre par quelles considérations il s'est décidé dans ces diverses circonstances. En cela encore nous n'avons fait que raconter.

Nous n'avons cru devoir tenir compte que de ceux de ses actes qui ont un intérêt général. Peut-être aurions-nous dû insister sur les services qu'il rendit à sa ville natale, ainsi que sur ceux qui eurent pour objet plusieurs de ses concitoyens, ne fût-ce que pour prouver combien sont illégitimes et dénuées de fondement les récriminations qu'ont fait si souvent entendre les ennemis du parti politique qu'il adopta.

Nous aurions peut-être dû entre autres rappeler que ce fut par son influence que fut établie à Montauban une manufacture d'armes (1), qui enrichit plusieurs familles, en sauva quelques autres de la proscription, et fournit un prétexte plausible à à beaucoup de jeunes gens de se délivrer des réquisitions militaires et de rester dans leurs foyers. Plusieurs autres faits analogues se présentaient à nous ; nous avons préféré les laisser de côté et nous borner au récit de sa vie publique.

Pour ce qui est des trois écrits qui forment la partie importante de ce volume, nous devons dire d'abord que nous les avons préférés à plusieurs autres, quoique l'un d'entre eux ne soit qu'un fragment (2), par la raison qu'ils appartiennent à trois époques différentes de la vie de Jean-Bon

---

(1) Décret de la Convention, du 24 juillet 1793. Jean-Bon Saint-André présidait à cette époque l'Assemblée nationale.

(2) Il est possible que quelque membre de la famille de Jean-Bon Saint-André possède une copie complète et probablement le manuscrit autographe de cet écrit. Mais nous n'avons pu nous en procurer que deux copies également mauvaises. Nous devons ajouter ici que nous avons quelques raisons de croire que l'écrit sur l'organisation civile des protestants n'est aussi qu'un fragment, quoique les questions les plus importantes qui se rapportent à ce sujet soient toutes traitées.

Saint-André, et qu'ils peuvent ainsi nous donner une image fidèle de ce qu'il fut au commencement, au milieu et à la fin de sa vie (1). Si nous ne les avons pas rangés dans l'ordre chronologique de leur composition, c'est que le récit de la captivité en Orient, le plus considérable d'ailleurs des trois, nous a paru offrir un intérêt plus général que les considérations sur l'organisation civile des protestants. De ces trois écrits deux sont publiés ici pour la première fois, et le discours prononcé à l'Académie de Mayence, quoique déjà imprimé, n'est guère sorti du cercle restreint de cette Société, et, dans tous les cas, n'a pas été connu au-delà des limites de l'ancien département du Mont-Tonnerre.

Les considérations sur l'organisation des protestants furent composées sous le règne de Louis XVI;

---

(1) Nous n'avons pas cru devoir reproduire dans ce volume les discours qu'il prononça à la Convention, et les différents rapports imprimés par ordre de l'Assemblée. On peut lire les premiers dans le *Moniteur*, et les seconds se trouvent entre les mains de tous ceux qui ont gardé une collection des documents de cette époque de notre histoire. D'ailleurs, dans la notice biographique, nous avons cité des uns et des autres des extraits assez étendus, pour qu'on puisse se faire une idée de ses opinions et de son caractère; et puis, ses faits parlent ici plus haut que ses écrits et ses paroles.

à l'époque où Jean-Bon Saint-André exerçait le ministère évangélique. Comparé aux sermons dont nous citons quelques fragments dans la partie biographique, cet ouvrage est une preuve de la modération des sentiments politiques qu'il professait au commencement de sa carrière. On est même étonné qu'il demande si peu pour ses co-religionnaires, et ce fait ne s'explique que par la manière dont il juge et condamne les entreprises politiques dont le protestantisme avait été, pendant les guerres de religion, plutôt le prétexte que la cause, et par la crainte de voir exploiter les passions religieuses, soit par des ambitieux, soit par la politique des gouvernements étrangers. Au reste, avant la Révolution, les protestants ne portaient pas plus loin leurs vœux et leurs espérances. On en a une preuve dans les démarches que fit Paul Rabaut, et dans les mémoires qu'il présenta au marquis de Paulmi et à d'autres personnages de distinction, peu de temps avant l'époque de la composition de cet écrit, dans le but de solliciter des lois moins sévères pour les protestants (1).

(1) Cette modération n'excluait pas le zèle religieux. Nous en citerons encore pour preuve Paul Rabaut, qui calma souvent la trop légitime indignation de ses co-religionnaires, et qui même

On est frappé à la lecture de ces considérations du sens droit, de l'impartialité, de la justesse de jugement, et des vues saines de Jean-Bon Saint-André. La dangereuse position que l'édit de Nantes avait faite aux protestants, y est appréciée avec une sagacité et une vérité dont certains écrivains de nos jours pourraient faire leur profit ; et les différentes idées qu'il émet sur la nécessité de l'instruction des ministres, sur la composition des consistoires, sur celle des synodes provinciaux, sur le rôle prépondérant de l'élément laïque dans les églises réformées, sont encore dignes d'être méditées et prises en considération par ceux qui s'occupent de l'étude de ces matières. En un mot, on reconnaît déjà ici le talent d'administration qui distingua à un haut degré Jean-Bon Saint-André.

Ce que nous publions du récit de sa captivité sur les bords de la Mer Noire n'est qu'un fragment

---

une fois, pour prévenir les funestes effets de l'emploi de la force, eut assez d'influence sur eux pour leur faire abattre de leurs propres mains un temple élevé aux environs de Castres, et que le prince de Bauvais avait reçu ordre de faire démolir avec éclat. Voir pour tous ces faits la notice biographique de Paul Rabaut qui se trouve à la fin d'un ouvrage remarquable sur la *Tolérance religieuse*, publié à Paris par J. P. de Nimes en 1808.

d'un écrit qui devait être étendu (1). Le commencement qui manque, aurait offert un assez grand intérêt, surtout par ce qu'il nous aurait appris de la conduite et des intrigues des agents diplomatiques de la République française en Orient, au moment où la paix fut rompue entre la France et la Turquie. Nous avons quelques raisons de croire que cet ouvrage n'a pas été poussé au-delà du point où s'arrête le fragment que nous publions. La captivité de Jean-Bon Saint-André ne se prolongea pas long-temps après l'époque dont il est question à la fin de notre manuscrit ; et il est probable que les soins que réclama l'arrangement de ses affaires en Orient, les fatigues de la route, et les fonctions dont il fut chargé depuis son retour en France, l'empêchèrent de continuer un écrit dont la composition n'avait eu d'autre but que de le distraire de ses ennuis et de remplir les longues heures de sa captivité (2).

Cet ouvrage nous a paru offrir quelque intérêt ;

(1) Plusieurs raisons nous le font croire. Ainsi il fait souvent allusion, dans le fragment que nous avons, à des faits racontés précédemment ; voir entre autres la page 207 où il est question d'un individu du nom de Georges dont il dit avoir déjà beaucoup parlé.

(2) Voir page 217 à la fin.

non pas tant par ce qu'il raconte de ses privations et de ses souffrances, et de la manière dont furent traités des agents diplomatiques arrêtés contrairement au droit des gens, que par le triste tableau qu'il présente des lieux qu'il fut forcé de visiter et d'habiter. Ces chétives bourgades, ces hameaux désolés, ces champs incultes et déserts furent dans les temps anciens des centres de civilisation, d'industrie et de commerce, les théâtres de grandes batailles, les témoins d'une magnifique prospérité. Depuis Diogène le Cynique, qui vivait trois siècles avant Jésus-Christ, jusqu'à Georges et Bessarion de Trébisonde, qui rendirent leurs noms célèbres à l'époque de la renaissance des lettres, les bords de la Mer Noire ont donné le jour à une foule d'hommes célèbres à divers titres dans l'histoire. Les écrits de Xénophon, de Strabon, d'Arrien, de Plutarque, de Pline, sont pleins des noms de ces lieux aujourd'hui à peine connus (1).

Le troisième et dernier ouvrage est un discours

---

(1) C'est pour faire sentir le contraste de ce que furent jadis ces contrées et de ce qu'elles sont aujourd'hui, que nous avons ajouté quelques notes à cet écrit. Nous ne faisons du reste cette observation que pour avertir le lecteur que les notes du discours prononcé à Mayence appartiennent à Jean-Bon Saint-André.

prononcé à l'Académie de Mayence, le 6 avril 1804. Deux motifs nous ont engagé à le reproduire. D'abord, il nous fait connaître que les sentiments politiques de Jean-Bon Saint-André n'avaient rien perdu à cette époque de leur vivacité. L'éloge qu'il fait de la Révolution est d'autant plus remarquable, que le moment était déjà venu de laisser le plus possible dans l'ombre ce grand évènement. Ensuite nous y voyons l'ancien membre du Comité de salut public sous un jour tout nouveau. Le fond même de ce discours, les citations qu'il fait d'ouvrages scientifiques, les idées qu'il y soutient, nous montrent non-seulement qu'il possédait des connaissances littéraires étendues, mais qu'il se tenait au courant de ce qui se passait dans le monde savant. Les travaux d'Oberlin et de Haffner lui sont connus, et il a dans ses jugements, malgré quelques traces du goût de cette époque, une justesse qui a lieu de surprendre et qui fait honneur à son esprit. On est étonné de retrouver dans ce discours un dernier écho de cet enthousiasme pour la vertu moralisante et civilisatrice des sciences, des lettres et des arts qui distingua les premiers moments de la Révolution. La littérature est ici envisagée comme la plus noble de toutes les magistratures, le plus saint de tous les sacerdoces; et ce sentiment est la preuve la plus certaine de son amour réel pour l'humanité et de sa ferme confiance en la raison humaine.

Il ne nous reste qu'à ajouter un mot. S'il est vrai qu'un homme se peint dans ses écrits, nous sommes persuadé que les trois ouvrages que nous publions donneront une idée avantageuse de leur auteur, et qu'ils inspireront une haute estime pour le caractère si droit et si ferme de Jean-Bon Saint-André.

NOTICE HISTORIQUE

SUR

Jean-Bon Saint-André.

NOTICE HISTORIQUE

SUR

JEAN-BON SAINT-ANDRÉ.

I

1749 — 1792

André Jean-Bon naquit à Montauban en 1749, d'une famille protestante, aisée et honorable. Il reçut une éducation soignée au collége des Jésuites de cette ville. Ses maîtres, qui avaient remarqué son aptitude et sa facilité peu communes, désiraient se l'attacher; mais son père, zélé protestant, le retira de leur école pour l'éloigner de toute séduction.

La profession d'avocat souriait à Jean-Bon; mais, pour pouvoir l'exercer, il aurait fallu dissimuler sa qualité de protestant : cette dissimulation ne pouvait lui plaire; les principes religieux de son père n'auraient pu d'ailleurs s'en accommoder. Il se tourna vers le commerce, et se destina à la marine marchande. Il étudia le pilotage à Bordeaux, et fit quelques voyages sur mer, d'abord comme lieutenant, ensuite comme capitaine. Un naufrage qu'il essuya en partant de Saint-Domingue, et dans lequel il perdit tout le fruit de ses économies, le dégoûta de cette carrière ; alors il conçut le dessein de se consacrer au ministère évangélique. Les protestants n'étaient plus traités aussi rigoureusement que dans la première moitié du dix-huitième siècle; mais il y avait encore plus d'un danger à courir pour le pasteur. Les lois rigoureuses portées contre eux n'étaient pas abrogées ; leur application dépendait du degré d'humanité ou de superstition des juges ; les ministres étaient toujours censés proscrits et condamnés à mort.

Après avoir fait des études de théologie à Lausanne, Jean-Bon exerça le ministère évangélique à Castres : c'est à cette époque qu'il prit le nom de Saint-André, sous lequel il est généralement connu. Les pasteurs protestants étaient obligés de se cacher sous un nom supposé pour échapper aux poursuites dont ils étaient encore parfois l'objet. En 1788 il quitta Castres pour Montauban, où il exerça la même profession ; ceux qui l'ont entendu prêcher, vantent cette facilité d'élocution qu'il porta plus tard à la tribune politique.

On a de lui quelques sermons imprimés : ce sont en général des discours de circonstance, publiés à la demande des membres de son Eglise. Nous allons en citer quelques passages, ils feront connaître ce que fut Jean-Bon Saint-André comme prédicateur; en même temps qu'ils nous apprendront quelles étaient à cette époque ses opinions politiques.

Dans un sermon d'actions de grâces prononcé à l'occasion de la naissance de la fille du roi, on rencontre le passage suivant, qui offre un constraste frappant avec les sentiments qu'il professa plus tard.

« Tel est le caractère de la nation française : vive et légère, mais généreuse et sensible, l'amour de ses rois est pour elle un sentiment indestructible, à l'épreuve de toutes les vicissitudes. Quelles que soient les révolutions que la monarchie a essuyées, les troubles qui l'ont agitée, les opinions qui l'ont divisée, l'amour des souverains a toujours fait parmi nous le fond du génie national; c'est une sorte de besoin particulier aux cœurs français, que la douceur de la législation fait naître, que l'éducation fortifie, et qui tient peut-être aussi à des causes plus dignes.

« Cela même, pour le dire en passant, devrait rendre plus circonspect dans les soupçons de sédition et de révolte dont on a plus d'une fois, mais toujours injustement, accusé une classe nombreuse de citoyens. Avant de me persuader qu'il existe en France des hommes ennemis par principe du roi et de l'Etat, je demanderai : Sont-ils Français? Si l'on me répondait qu'ils le sont, je voudrais les preuves les plus claires, les plus frappantes, les plus démonstratives du crime dont on les charge, et lorsqu'on me les aurait fournies, j'hésiterais encore ; je croirais que leur cœur est en opposition avec leur doctrine, et que leurs sentiments démentent leurs principes. De quel œil verriez-vous un docteur armé des syllogismes de l'école venir vous prouver méthodiquement que vous ne devez pas aimer le gouvernement sous lequel vous êtes nés, et le prince qui en fait mouvoir les ressorts? Vous le rejetteriez avec horreur, ou plutôt, le dénonçant au magistrat, vous lui feriez subir la peine due à sa prévarication. Que s'il a paru en France de tels docteurs, outre qu'ils n'étaient pas nés parmi nous, ils ont été désavoués hautement par toutes les communions. Les régicides qui souillent l'histoire de ce royaume, sont les crimes de quelques particuliers et non pas ceux de la nation. »

Que l'on se reporte à l'époque où ces lignes furent écrites, et l'on ne sera pas surpris de les trouver sous la plume d'un homme qui devait contribuer, sinon à la ruine du roi, elle était consommée quand il arriva aux affaires, du moins à sa condamnation et à sa mort: quiconque se rappellera les espérances qu'avaient généralement fait naître les premières années du règne de Louis XVI, restera convaincu qu'il n'est aucun de ceux qui plus tard embrassèrent le plus vivement la cause de la république, qui n'eût en ce moment tenu un langage semblable. Jean-Bon Saint-André n'était pas plus avancé dans ses opinions politiques que l'ensemble de la nation; il fut comme tous les autres poussé par les évènements.

Le passage que nous venons de citer peut servir à constater le changement qui s'était introduit dans les sentiments politiques des protestants, traités encore en France comme des étrangers, et regardés comme des ennemis. Pour s'intéresser aux destinées d'un pays, pour en aimer le souverain, il faut être citoyen. « Et sommes-nous en effet citoyens? s'écrie Jean-Bon Saint-André, pouvons-nous, misérables réformés, nous envisager comme tels? Proscrits par la loi de l'État, nous supportons le poids de la législation sans avoir part à ses bienfaits; nous sommes regardés dans le sein de notre patrie, de cette patrie pour laquelle nous verserions jusqu'à la dernière goutte de notre sang, comme une nation étrangère en quelque sorte.

« Non seulement nous ne pouvons pas aspirer à aucun des avantages dont jouissent nos compatriotes, non seulement nous ne pouvons pas, sans craindre l'infamie ou le supplice, nous livrer aux plus douces, aux plus innocentes affections de la nature; il ne nous est pas même permis de pousser en liberté notre voix vers le ciel, et de rendre à l'auteur de notre existence le culte simple et spirituel qui nous paraît être le mieux assorti à sa nature. Contraints, pour servir l'Être suprême, de fuir les lieux qu'habitent nos semblables, d'errer dans les déserts, de nous exposer aux chaleurs brûlantes de l'été, aux froids rigoureux de l'hiver, notre obéissance aux lois de Dieu est une désobéissance à celles du souverain. Si même nous jouissons aujourd'hui d'une apparence de calme, si nos femmes, nos enfants, nos biens, nos vies, ne sont plus exposés comme ils le furent autrefois, les ordonnances qui nous proscrivent ne sont pas révoquées; elles sont toujours un glaive menaçant, qu'un fil délié tient suspendu sur nos têtes.

« Je l'avoue et j'en gémis; qui plus que nous doit ressentir les maux de l'Eglise? qui plus que nous doit être attaché aux *pierres de Jérusalem?* Jérusalem, si jamais l'Éternel daignait rebâtir tes murailles, si jamais il *rassemblait ceux d'Israël qui sont dispersés çà et là* (1), si jamais il ranimait la poudre de nos sanctuaires! Ah! tu serais alors *le principal sujet de nos réjouissances.* Les pleurs que nous arrachent nos infortunes seraient changés en des chants d'allégresse. Espoir trop consolant! est-il encore permis à notre cœur?

« Cependant, notre situation fût-elle mille fois plus déplorable encore, vous êtes chrétiens, et des chrétiens remplissent leurs devoirs indépendamment des circonstances particulières dans lesquelles la providence a trouvé à propos de les placer. Vous ne l'ignorez point, au plus fort des tribulations vos pasteurs n'ont cessé de vous exhorter avec force à *craindre Dieu et à honorer le Roi* (2); c'est la doctrine constante et invariable de nos Églises, celle que nos réformateurs ont prêchée, celle qui a été consignée dans nos confessions de foi,

(1) Psaume 147, v. 2.
(2) I Pierre, II, 17.

dans nos livres de piété, dans nos prières particulières et dans nos liturgies publiques. Bien plus encore, c'est la doctrine de Jésus-Christ et de ses Apôtres, vos guides et vos maîtres. Un chrétien réformé ne mérite véritablement ce nom que lorsque, prenant l'évangile pour règle, il y conforme ses mœurs et ses sentiments. Nous vous avons dit que saint Paul exhorte les fidèles à faire *des requêtes, des prières, des supplications, des actions de grâces pour tous les hommes, mais premièrement,* ajoute-t-il, *pour les rois et pour tous ceux qui sont constitués en dignité* (1). Et à qui cet ordre est-il adressé? Est-ce à des chrétiens dont la religion florissante leur permet de compter les princes de la terre au nombre des adorateurs de Jésus? Non, mais à des chrétiens gémissant sous le joug des princes païens, traités par eux avec la dernière rigueur, et chaque jour *livrés à la mort, chaque jour traînés comme des brebis à la boucherie* (2) pour l'amour de leur divin chef. Comparez votre état à celui de ces malheureuses victimes de l'idolâtrie, et en vous applaudissant de goûter dans vos revers une tranquillité qui leur fut inconnue, vous imiterez leur piété et leur dévouement à la patrie. »

Nous citerons un autre passage de ce même discours; il prouve encore la modération des sentiments

(1) I Tim., II, 1, 2.
(2) Rom., VIII, 35.

politiques de Jean-Bon Saint-André à cette époque.

« Et qui sait si le prince, attendri par les témoignages réitérés de votre patriotisme, ne se décidera pas enfin à adoucir votre sort! J'en juge par les compassions de Dieu long-temps courroucé contre nous, mais qui ne nous a pas cependant abandonnés. Sion a dit, *l'Eternel m'a délaissée*, etc (1). J'en juge par le repos dont vous jouissez depuis quelques années après un siècle d'agitation et de trouble. Une tempête violente ne s'apaise pas tout-à-coup. Les vents retiennent d'abord leur haleine, mais la surface de la mer qu'ils ont agitée ne reprend que peu à peu son premier équilibre. Les lois qui vous proscrivent ne sont pas révoquées, il est vrai, mais elles sont muettes; leur glaive terrible, émoussé entre les mains des magistrats qui en sont les dépositaires, ne frappe plus vos têtes. Serait-ce dans l'instant précisément où vous commencez à revivre, que votre régénération vous paraîtrait impossible et désespérée? J'en juge enfin par la bonté du cœur de votre roi, par cette humanité qui est en lui l'effet d'un heureux naturel, dirigé par les pures lumières de la raison. En montant sur le trône de ses ancêtres il a promis de prendre pour modèle ce prince compatissant, ce bon Henri qui fut votre bienfaiteur; déjà il a dignement marché sur ses traces. Les ré-

(1) Esaïe, XLIX, 14, 17.

formes qu'il a opérées sont le prélude de celle qui fera votre félicité.

« Oh! si du fond de cette extrême humiliation à laquelle nous sommes réduits, ils nous était permis d'élever notre voix jusqu'à lui, assurés d'émouvoir ses entrailles paternelles, nous lui dirions : Grand Roi, ayez pitié d'une portion infortunée de vos sujets qui n'attend pour être heureuse qu'un regard de votre bonté. Soulagez nos maux. Et que vous demandons-nous? Des temples fastueux? des honneurs? des dignités? Non; nous ne demandons que la grâce de pouvoir vivre en paix sous votre gouvernement, fertiliser nos campagnes, vivifier notre commerce, donner sans opprobre le jour à des enfants qui apprendront de nous à bénir votre nom, et exercer sans éclat, sans orgueil, un culte, dont la tolérance ne saurait produire des inconvénients, et dont la proscription en a entraîné de si sensibles. Par ces genoux que nous embrassons, par cet enfant dont nous célébrons la naissance, par cette mère sensible qui lui a donné le jour, Prince généreux, écoutez nos prières; vous nous verrez toujours soumis à vos lois, en respecter l'autorité sacrée. Eh! ne l'avons-nous pas toujours fait? Cendres des deux Henri, vous nous êtes témoins du zèle qui nous a toujours animés au service de nos maîtres. L'un trouva parmi nous un asile, l'autre combattit et triompha par nos mains; le trône sur lequel il s'assit, fut cimenté de notre sang.

« Et vous, nos concitoyens et nos frères, ouvrez-nous vos cœurs. Divisés par des opinions, soyons du moins unis par les doux liens de la charité. C'est à la charité principalement qu'on connaît les disciples de Jésus-Christ. La foi elle-même n'est rien sans la charité (1).

« Si nous errons, Dieu qui sonde les cœurs et les reins, sait que nous sommes dans l'erreur de bonne foi. Cela seul ne nous rendrait-il pas dignes de support? Nous ne sommes point jaloux de vos priviléges; nous vous voyons sans envie occuper tous les postes brillants de l'Etat. Serait-ce donc trop à vos yeux qu'il nous fût permis de jouir dans l'obscurité des droits les plus naturels de l'homme et du citoyen. »

A travers la modération de langage que lui imposait sa position de pasteur, et que prescrivait l'état politique des protestants, il n'est pas difficile de voir percer les idées radicales qu'il professa plus tard à la Convention. Quand les droits civils furent rendus aux protestants, il ne fut enthousiasmé que médiocrement de cette demi-mesure. « Pleins de confiance en la bonté paternelle de notre monarque et rassurés par sa parole royale, dit-il dans un discours qu'il prononça à cette occasion, nous devons attendre avec soumission l'abrogation de ces lois rigoureuses qui nous menacent encore. Rassemblés

---

(1) Jean, IV, 7, 8; I Cor. XIII, 2.

autour du trône, nous n'avons plus à gémir de leur exécution ; mais nos cœurs patriotes ne s'affligeraient-ils pas de ce que la France ne retirera que de minces avantages de sa nouvelle loi, en comparaison de ceux qu'un édit plus favorable lui aurait procurés ? »

Les protestants, long-temps poursuivis en France, long-temps regardés comme des ennemis publics, et obligés de tourner leur cœur vers la Suisse, la Hollande, la Prusse et l'Angleterre, où un grand nombre d'entre eux avaient trouvé une nouvelle patrie, les protestants n'avaient pas cessé d'être français; ceux qui avaient cherché un asile dans les pays étrangers, conservaient toujours un vif sentiment d'amour pour la France. Dès que les droits civils leur furent rendus, toute animosité religieuse envers ceux qui les avaient si long-temps opprimés disparut; et, quoi qu'on en ait dit, dès ce moment ils ne virent que des concitoyens dans les catholiques, si long-temps leurs ennemis. Ces sentiments se trouvent énergiquement exprimés dans le sermon dont nous venons de citer un passage.

« Sujets de l'Etat comme tous les Français, dit Jean-Bon Saint-André à ses coreligionnaires, soumis aux mêmes lois et au même gouvernement, nous soutenons maintenant avec tous nos concitoyens des relations plus étroites ; nous ne devons composer avec eux qu'un peuple de frères.

« Loin de nous le souvenir amer qui nous rappelle-rait l'idée de nos souffrances passées ! Effaçons, s'il se peut, de l'histoire ces scènes d'horreur si humiliantes pour tous. Opposons à ce tableau la douceur et l'humanité françaises. Non, nous ne sommes point faits pour nous haïr; nos mœurs ont été moins barbares que nos lois, et si la nation s'est livrée quelquefois à des cruautés indignes de son caractère, reconnaissons à sa gloire que des impulsions étrangères l'avaient égarée. O Français! nous sommes tous frères : que la tendre charité nous unisse! Qu'il n'y ait plus parmi nous, ni *division,* ni *secte,* ni *grec,* ni *barbare!* Aimons-nous, *supportons-nous mutuellement.*

« Eh quoi! quelques points de doctrine, quelques différences dans le culte serviront-ils d'éternels prétextes au mépris et à la haine? Faut-il que l'amour de la religion rompe le lien d'union que la nature et les lois ont formé entre nous? Est-il nécessaire d'être d'accord sur tout, pour s'aimer comme des frères? Et où sont-ils ces hommes qui ne diffèrent jamais sur rien? Ah! laissons un libre cours à la pensée! La vérité seule a le droit de l'enchaîner. Celui qui s'égare, la cherche; et le devoir de tous, c'est de l'aimer et de la suivre.

« Mais vous, souvenez-vous que les opinions religieuses sont toujours respectables aux yeux de ceux qui les adoptent. Toute nation qui professe un culte, quel qu'il soit, a droit d'exiger au moins le respect extérieur pour ses cérémonies. C'est en vain que vous l'exigeriez pour vous, si vous le refusiez aux autres. Et qui sont ceux en faveur desquels nous vous invitons à remplir ce devoir ? Ce sont des chrétiens qui croient tout ce que vous croyez, des frères qui viennent à vous avec des sentiments d'humanité et de bienveillance, des concitoyens avec lesquels vous devez désormais concourir à la restauration de l'État. Vos intérêts et vos devoirs sont les mêmes ; rien ne vous est étranger dans ce royaume. Réunissez-vous donc à eux dans ces circonstances précieuses où tout tend au bien général. Que vos intérêts particuliers soient sans regret sacrifiés à l'amour de la patrie. Félicitez-vous de pouvoir donner un libre cours à vos sentiments généreux. Le gouvernement réclame vos secours ; la nation est assemblée autour du trône ; la France est en danger : puissent ceux des nôtres qui sont appelés à cette auguste assemblée, y porter toute l'ardeur de notre zèle et cet esprit de dévouement et de patriotisme qui nous anime ! Oui, si vous avez donné un conseil utile, si vous avez contribué à la confection de quelque loi sage, si vous avez pu faire réformer quelque abus, si vous avez concouru, selon l'étendue des pouvoirs qui vous ont été confiés, à rétablir l'ordre dans les finances, à régler toutes les parties de l'administration et à redonner à notre bon roi la tranquillité et le bonheur qu'il a perdus et dont il est si digne, revenez parmi nous, nous vous reconnaissons pour nos frères, vous avez satisfait nos cœurs, la reconnaissance et l'amour vous attendent. Mais si..... Ah ! livrons-nous à l'espérance, et qu'une douce joie nous transporte à l'idée du bonheur public. »

Il en fut des sentiments politiques de Jean-Bon Saint-André comme de ceux de la plupart des âmes généreuses de cette époque : ils se développèrent avec la marche des évènements. Les plus chauds partisans de la liberté ne portaient pas en 89 leurs désirs et leurs espérances plus haut que l'établissement d'un gouvernement constitutionnel dont ils se faisaient encore du reste une idée assez vague; mais les fautes grossières du parti du roi, qui ne sut ni résister ni céder au moment opportun et d'une manière digne, convenable et utile pour ses intérêts, les firent réfléchir, les conduisirent à de nouvelles idées, et, tout en élevant leurs prétentions, leur fournirent de terribles armes. L'établissement des clubs contribua puissamment à pousser en avant l'opinion publique. Les discussions qui y avaient lieu sur toute espèce de sujets politiques, apportèrent de l'ordre, de la clarté et de la logique dans des idées qu'on n'entrevoyait d'abord que confusément, qu'on ne saisissait que par instinct, et qu'on était plus porté, dans tous les cas, à regarder comme des vérités philosophiques, bonnes à être exposées dans des livres, que comme des principes destinés à être appliqués dans un gouvernement.

Il se forma à Montauban une société populaire qui tint ses séances dans une des salles de la cour des Aides (1).

(1) L'hôtel de la cour des Aides s'élevait sur l'emplacement occupé aujourd'hui par le tribunal de commerce.

Jean-Bon Saint-André en fut l'âme. Quoiqu'il commençât déjà à défendre les idées radicales, il maintint cependant cette société dans une ligne de conduite assez modérée qu'elle ne quitta jamais, même pendant qu'il siégeait à la Convention, grâce à ses fréquentes lettres, et au patriotisme éclairé des hommes qu'il avait poussés à sa tête. On se souvient encore à Montauban qu'étant officier municipal, il protégea de sa présence contre l'effervescence populaire l'arrivée des officiers du régiment de Cambrésis, qui, conduits à Versailles, finirent, quelque temps après, leur triste existence sous les coups des septembriseurs (1). Cependant à l'assemblée populaire qu'il dominait par son intelligence et par sa rare facilité d'élocution, il professait déjà en partie les sentiments qui le guidèrent pendant sa carrière politique à la Convention; c'est ainsi qu'il attaquait l'instruction classique et le système d'éducation suivi dans les écoles. C'est ainsi encore qu'il aimait à établir l'égalité politique de tous les hommes, quelle que fût leur position sociale. Cette opinion, qui fut celle des Jacobins, était trop blessante pour la classe moyenne, qui voulait bien renverser la noblesse, mais dans l'intention de se mettre à sa place, pour qu'elle n'attirât pas sur Jean-Bon Saint-André

(1) Parmi ces officiers se trouvait un jeune homme appartenant à une famille montalbanaise connue par ses opinions monarchiques.

la colère de tous ceux qui s'étaient imaginé d'exploiter la révolution à leur profit. Les négociants et les banquiers de Montauban ne lui pardonnèrent jamais de soutenir qu'un tondeur de draps valait autant qu'un fabricant (1): ce fut en partie à leur opposition qu'il dut de ne pas être nommé député à l'Assemblée législative (2).

(1) Cependant, encore à cette époque, Jean-Bon Saint-André comptait un assez grand nombre de partisans et d'admirateurs parmi les négociants de Montauban. Ils ne se déclarèrent à peu près tous contre lui que quand il eut pris place au milieu des Montagnards, et qu'il eut brisé avec le parti Girondin, dont il regardait le triomphe comme la ruine certaine de la France. Malgré la haine qu'on lui voua dès-lors, Jean-Bon Saint-André ne se permit jamais la moindre représaille contre ceux qui, à Montauban, étaient à la tête de ce parti; mais il faut avouer qu'il leur jeta souvent l'épouvante dans l'âme, entre autres quand, pendant un court séjour qu'il fit dans sa ville natale en se rendant en mission à Toulon, il s'écria du haut de la tribune du club : *Vous voulez savoir où sont les ennemis de la République? cherchez-les à la bourse de Bordeaux, à la loge de Marseille, dans les comptoirs de Villebourbon.*

(2) Au mauvais vouloir d'une certaine portion de la population de Montauban à son égard, venaient se joindre quelques autres circonstances qui rendaient sa nomination presque impossible. A l'époque où se firent les élections pour la Législative, sa réputation ne dépassait pas l'enceinte de la ville, tandis que le concurrent qu'il aurait rencontré, M. du Puy-Montbrun, commandant des gardes nationales du département, était connu et estimé de

Il serait aussi inutile que peu intéressant de raconter la part qu'il prit, soit comme officier municipal, soit comme membre influent du club, aux évènements qui agitèrent Montauban dans les premières années de la Révolution. Nous ne pouvons cependant laisser ignorer que si, après le 10 mai 1790, les Bordelais marchèrent sur cette ville pour y ramener le triomphe des principes de la liberté, ce fut sur ses instances pressantes que Pierre Sers, le principal promoteur de ce mouvement, arrangea cette expédition (1). En même temps, Jean-Bon Saint-André, pour mettre ses jours en sûreté, fut obligé de se sauver à Toulouse, où il chercha vainement à faire naître en faveur des patriotes montalbanais une manifestation semblable à celle qui fit avancer les Bordelais jusqu'à Moissac (2).

A l'époque où se firent les élections pour la Convention, deux circonstances favorisèrent Jean-Bon Saint-André. D'abord, d'après un décret de l'Assemblée lé-

---

tous les électeurs. Il faut ajouter que les élections se firent au chef-lieu du département, et que Jean-Bon Saint-André ne comptait là ni amis ni partisans. Le moment de se produire n'était pas encore venu pour lui.

(1) La preuve de ce fait, qui est peu connu, même à Montauban, se trouve dans une lettre adressée à Porcher, et que nous aurons occasion de citer plus loin.

(2) Voir les souvenirs de Matth. Dumas, I, p. 476.

gislative, les élections se firent à Montauban (1), ce qui lui assura toutes les voix des amis de la Révolution, dont un grand nombre n'aurait pas pu se déplacer et se rendre à Cahors pour voter pour lui (2).

Ensuite les mouvements qui venaient de s'accomplir donnaient une nouvelle force au parti populaire, et commandaient la prudence aux ennemis de la liberté. Les patriotes les plus exaltés profitèrent de cet avantage pour assurer, ou, pour mieux dire, pour forcer l'élection de leur candidat. Ils proposèrent de nommer les députés à haute voix. Peu d'électeurs osèrent s'opposer à cette hardie proposition, et la nomination de Jean-Bon Saint-André fut enlevée (3).

(1) Les électeurs nommés le 26 août 1792, se réunirent au nombre de 800 à peu près dans la cathédrale de Montauban, le 2 septembre. Les opérations électorales ne furent terminées que le 10 du même mois.

(2) C'est dans ce but que les nombreux amis que Jean-Bon Saint-André comptait à la Législative, et qui désiraient lui voir porter sur un théâtre plus digne de lui, ses grands talens et la fermeté de son caractère, firent rendre le décret qui transportait à Montauban le centre des élections.

(3) C'est une des accusations contenues dans l'adresse à la Convention nationale, adoptée par la société populaire de Montauban, le 24 prairial an III (12 juin 1795), page 4.

II

1792 — 1795.

De grandes espérances étaient fondées sur la Convention. Des débats, jusqu'alors inconnus, avaient agité et divisé la Constituante et la Législative ; on s'imaginait que ces scènes ne se renouvelleraient pas dans une assemblée qui n'avait qu'à établir une législation sur les bases déjà posées, la liberté et l'égalité; que les orages révolutionnaires étaient passés, et que le flot populaire, après avoir tout entraîné, trône, noblesse, clergé, rentrerait dans son lit, retenu et conduit paisiblement par des lois nouvelles. Qu'étaient cependant les orages des deux premières assemblées, comparés à ceux qui allaient bouleverser la Convention?

Jusqu'à ce moment les amis de la liberté avaient été unanimes pour repousser des institutions consacrées par le temps, mais contraires à la raison. Maintenant il s'agissait, par des institutions nouvelles, d'établir et de défendre un nouvel ordre de choses encore vaguement défini! S'entendront-ils sur sa nature? Seront-ils unanimes dans le choix des moyens à employer pour le faire marcher? Pour abattre une royauté absolue qui n'avait ni les prestiges de la gloire, qui voilent les vices de ces sortes de gouvernements, ni le sentiment des besoins publics et des moyens de les satisfaire, qui les fait regarder comme utiles; une noblesse qui n'avait d'autre éclat que le nom de ses aïeux, et dont le bras s'était affaibli et le cœur énervé au milieu des fadeurs d'une étiquette courtisanesque et d'une démoralisation, fruit de ses richesses et de son oisiveté; un clergé qui n'était plus à la tête de la nation, ni par ses connaissances, ni par ses vertus, il avait suffi d'assez de raison pour en sentir les inconvénients et d'assez d'enthousiasme et de générosité pour se sacrifier au bien public. Mais maintenant qu'il est question de l'organisation d'un état entièrement en désordre, les théories ne vont-elles pas se trouver en présence et entrer en lutte?

Il est vrai qu'à son début la Convention est unanime; mais c'est encore pour une œuvre de destruction, l'abolition de la royauté en France : sera-t-elle aussi unanime quand il s'agira d'organiser la république?

On pouvait donc s'attendre dans la nouvelle assemblée à des luttes encore plus vives que celles qui avaient éclaté, et à des luttes qui n'auraient pas pour l'imagination le même intérêt. S'il y a quelque chose de brillant à renverser un ordre de choses consacré par le temps, le triomphe d'une théorie sur une autre n'offre pas le même éclat, et son utilité ne frappe pas tous les esprits. C'était cependant à des oppositions de théories politiques que la Convention semblait condamnée. Ce rôle aurait été utile, mais peu éclatant, si les puissances étrangères, en prenant la défense de l'ancien ordre de choses, n'étaient venues lui offrir sur les frontières le rôle de défenseur des idées nouvelles. Aussi, pendant toute la durée de la République, la gloire sera dans les armées, le dogmatisme dans l'assemblée, et cependant ce sera le dogmatisme qui soulèvera les citoyens, armera leurs bras, excitera leur courage, formera leur esprit, fera luire un jour nouveau, et en sauvant la France, la poussera dans une ère nouvelle de développement.

Les premières séances virent se dessiner deux partis professant chacun des doctrines bien arrêtées.

L'un de ces partis, admirateur de la constitution de la Grande-Bretagne, appartenant à cette école anglaise qui avait brillé pendant le dix-huitième siècle, aurait voulu un roi, une chambre haute et une chambre des communes remplies par des élections. Ses chefs étaient pour la plupart les mêmes hommes qui avaient formé l'opposition pendant la Législative; ils étaient convaincus de l'impossibilité de maintenir Louis XVI sur le trône; mais ils ne désespéraient pas de la royauté en France. La première séance de la Convention put les convaincre de leur erreur. Surpris par le mouvement du 10 août, ce parti n'avait pas d'idées bien arrêtées sur une constitution républicaine ; tout ce qu'il pouvait maintenant désirer, c'était de faire triompher la théorie la plus rapprochée de son type de constitution. Quelques-uns de ceux qui lui appartenaient, espéraient peut-être encore que leurs idées pourraient à la fin l'emporter. On a assuré que Brissot songeait à faire accepter pour roi de France un prince anglais avec une constitution imitée de celle de l'Angleterre. D'autres s'étaient rabattus sur la constitution républicaine des Etats-Unis d'Amérique. L'effervescence du peuple de Paris et les évènements postérieurs les affermirent de plus en plus dans la pensée qu'une constitution semblable était, momentanément du moins, une nécessité. Pour tous en général, la révolution avait été trop loin ; il fallait en arrêter la marche trop rapide ou du moins la régulariser le plus possible.

Ce parti avait d'abord beaucoup compté sur la Convention qu'il espérait dominer ; il se trompa. Il eut, il est vrai, la majorité dans les premiers temps ; mais elle l'abandonna bientôt. Resté en arrière du mouvement qu'il avait imprimé et qu'il n'eut pas l'habileté de diriger, il ne sut que faire entendre des plaintes, éloquentes il est vrai, mais intempestives, et il périt victime de la modération de ses idées et de la violence de ses attaques.

L'autre parti, composé d'hommes qui, pour la plupart,

avaient puissamment contribué aux derniers mouvements populaires, non seulement acceptait, mais approuvait les évènements consommés et voulait en tirer toutes les conséquences. Franchement républicains, ceux qui le composaient voulaient une organisation tout-à-fait opposée à celle qui venait d'être détruite. Ils n'en cherchaient le modèle, ni dans la Grande-Bretagne, ni en Amérique, ni, comme on l'a dit souvent, dans l'ancienne Grèce ou dans la république romaine. Imbus des principes de la philosophie du XVIIIe siècle, élevés à l'école des encyclopédistes, et, pour la plupart, disciples de Rousseau, ils réclamaient la liberté et l'égalité pour tous; ils aimaient à considérer les citoyens comme des frères, ayant les mêmes droits et les mêmes devoirs. Les principes de tous n'étaient ni aussi purs, ni aussi élevés, ni aussi désintéressés; mais pour tous il fallait une réforme radicale. Ces opinions absolues les rendaient raides, dogmatiques, opposés à toute concession et prêts à tout oser pour le succès d'idées qu'ils croyaient fondées sur la raison. Dans les premiers temps la majorité au sein de la Convention ne leur appartenait pas; mais ils avaient pour eux l'inflexibilité de leurs théories, l'audace de leurs caractères et l'assentiment des classes les plus remuantes de la société. D'ailleurs tout ce qui s'était fait depuis 89 conduisait à leur but, et la suite naturelle des évènements devait, par la force même des choses, tourner au triomphe de leurs principes. Ils affectaient d'appeler leurs adversaires des hommes d'état, faisant une ironique allusion à leur facilité à se plier à tous les besoins du moment. Pour eux, ils professaient des idées trop absolues pour se prêter aux circonstances ; ils les préparaient et les faisaient succéder à leur gré par leur influence sur les masses, ou se raidissaient contre elles, quand elles ne leur étaient point favorables ; et leur énergie, qui ne reculait devant rien, devait finir par les vaincre, jusqu'à ce que, comme un ressort trop tendu, ils fussent brisés eux-mêmes par l'excès même de leur vigueur.

Ce parti était la réaction la plus complète et la plus violente contre l'ancien ordre de choses. Il voulait dans la constitution nouvelle en effacer toutes les traces, en écarter tout ce qui pourrait lui ressembler, même de loin. Tandis que les hommes du premier parti auraient désiré voir le pouvoir passer dans les mains de la classe moyenne, ceux qui appartenaient au dernier ne voulaient ni de la domination des nobles, ni de celle des riches. N'oublions pas, écrivait l'un d'eux (1), que la dernière et la plus dangereuse des aristocraties, parce

(1) Jean-Bon Saint-André, dans un écrit sur l'éducation nationale. Pour qu'on comprenne bien la pensée du représentant, il faut citer ce passage du même écrit : « Des républicains ne veulent que des frères; et ce titre, qui fait évanouir toutes les distinctions, impose aux législateurs le devoir, non de niveler les fortunes, comme on accuse les vrais amis de la liberté de vouloir le faire, mais d'établir un ordre de choses tel, qu'aucun citoyen n'éprouve les horreurs d'un dénuement absolu.

qu'elle est la plus vile et la plus méprisable, l'aristocratie des richesses reste à détruire.

Ce fut cependant du côté des Girondins que Jean-Bon Saint-André se rangea en arrivant à la Convention. Lié déjà avec plusieurs des hommes les plus influents de ce parti, voyant en eux les défenseurs les plus actifs des idées de liberté, ne les connaissant que par la vive opposition qu'ils avaient faite dans la Législative à toutes les mesures réactionnaires, il prit place dans leurs rangs; mais ce ne fut pas pour long-temps.

Les querelles violentes qui éclatèrent entre les deux partis, dès les premiers jours de la Convention, avaient un tel caractère de personnalité, qu'elles durent surprendre et profondément blesser les hommes qui, comme Jean-Bon Saint-André, arrivant pour la première fois dans le sein d'une assemblée nationale, y apportaient, avec une bonne foi parfaite, le seul désir de travailler au bien public. Quel que fût le parti auquel ils appartenaient, ils voyaient avec peine ces récriminations dont il était difficile de ne pas sentir le danger, et ils auraient désiré qu'on parlât un peu moins et qu'on agît un peu plus.

A l'occasion d'un rapport de Bazire sur la tranquillité de Paris et la sûreté de la Convention au milieu de la capitale, Jean-Bon Saint-André se fit l'interprète de cette opinion; il exprima son sentiment avec une vivacité qui fait honneur à son caractère, et qui excita à plusieurs reprises les applaudissements, les murmures, les interruptions, les interpellations et tous ces incidents qui donnent à certaines séances des assemblées nationales quelque chose de si dramatique.

Après avoir montré le danger de soulever l'opinion des départements contre Paris par des exagérations, et réfuté l'erreur exploitée par les Girondins et répandue dans presque toutes les provinces, que la vie de quelques-uns des membres de la Convention n'était pas en sûreté, il proposa de mettre fin à toutes les discussions personnelles. « Il est temps, s'écria-t-il, que nous sentions la sainteté de nos devoirs, il est temps de remplir les engagements que nous avons contractés.

« Responsables envers la nation, responsables envers l'univers entier, et, ce qui est plus encore pour l'homme de bien, responsables envers nous-mêmes de la manière dont nous userons des pouvoirs qui nous sont confiés, je demande que nous allions au but sans tergiverser ; le seul chemin par lequel nous y parviendrons, c'est la confiance, c'est la vertu, c'est de fouler aux pieds toute considération personnelle, toute animosité particulière. N'êtes-vous donc pas la Convention représentative d'une grande république? Quel spectacle avez-vous donné jusqu'ici à vos commettants? Voilà six semaines que cette Convention est assemblée : qu'elle s'interroge; qu'a-t-elle fait pour le salut public? On nous détourne de nos travaux; on affecte de nous parler sans cesse de périls imaginaires; on nous demande des lois de rigueur, des gardes de sûreté. Un représentant de la République ne doit connaître d'autre danger que celui de ne pas faire son devoir.

« Je demande donc que la Convention interdise à ses membres toute dénonciation particulière. Si l'on a des délits à dénoncer, il existe des lois et des tribunaux ; qu'on fasse aux tribunaux les dénonciations, mais qu'on ne fatigue pas la Convention nationale de toutes ces déclamations qui ne prouvent, j'ose le dire, que la méchanceté du cœur de ceux qui les font (1). »

Comme on pouvait le prévoir, cet appel ne servit qu'à rendre les récriminations plus vives. Buzot, l'orateur dont Jean-Bon Saint-André admirait le plus l'éloquence, prend la parole après lui, pour porter des accusations plus violentes encore contre les agitateurs du peuple de Paris. Le résultat de ces violences fut de détacher du parti modéré les âmes honnêtes mais fermes qui se seraient volontiers rangées de son côté, qui lui avaient même d'abord appartenu, et qui l'abandonnèrent dès qu'il fut évident qu'il n'avait d'autre but que de déposséder du pouvoir la noblesse au profit de la classe moyenne. Jean-Bon Saint-André se trouva dans ce cas. Son admiration pour le beau talent oratoire de plusieurs Girondins, ses liaisons avec la plupart d'entre eux, son amitié avec Lassource et quelques autres, ne l'empêchèrent pas de voir les conséquences désastreuses de leur système et de leur conduite ; mieux

(1) Séance du 5 novembre 1792, *Moniteur*, p. 315.

qu'aucun autre il les leur montra : le discours qu'il prononça pendant le jugement du roi, et dont nous citerons quelques passages, en donnera la preuve. Il renonça à d'anciennes amitiés, sans cesser toutefois d'aimer et d'admirer ceux qui en avaient été l'objet ; et si, à l'époque de leur condamnation, il ne put rien faire pour les sauver, il saisit plus tard, quand le premier moment d'irritation fut passé, toutes les occasions d'être utile à ceux qui avaient survécu à la proscription.

Après avoir proclamé la République, il restait à la Convention de décider sur le sort de Louis XVI. L'issue de ce procès ne pouvait pas être douteuse. L'irritation contre le malheureux roi était telle, que même ceux qui voulaient le sauver, n'osaient pas soutenir qu'il n'était pas coupable. Les plus modérés de l'Assemblée nationale proclamaient hautement qu'il devait être puni ; mais ils cherchaient en même temps des subterfuges pour le soustraire à la peine de mort. L'Assemblée législative n'avait pas osé le juger ; mais le déposer et le faire emprisonner, n'était-ce pas déjà le condamner ? Elle se débarrassa en temporisant d'une affaire épineuse dans laquelle elle craignait de s'engager ; mais, sans être utile en rien au roi, elle montra une pusillanimité qui est une de ses plus grandes fautes (1). Il était

---

(1) « La postérité n'absoudra pas l'Assemblée législative de n'avoir pas jugé Capet, et d'avoir jeté au milieu de vous ce tison

facile de prévoir qu'elle serait ici l'opinion de la majorité de la Convention.

Parmi ceux qui auraient voulu sauver la vie du roi, les uns, comme Rouzet, firent valoir un système de temporisation, dans l'espérance qu'une fois les passions calmées, il serait facile d'étouffer les accusations qui pesaient sur lui; les autres, comme les Girondins, tout en reconnaissant ce que, dans le langage de l'époque, on appelait les crimes du tyran, soutenaient que la Constitution acceptée par le roi et le peuple, garantissant l'inviolabilité du premier, il ne pouvait être poursuivi pour tout ce qu'il avait fait sous le règne de cette constitution. Ni les uns ni les autres ne pouvaient réussir, malgré les sentiments d'humanité des premiers et les raisons véritablement constitutionnelles des seconds.

Ils se trouvaient en présence d'un parti bien autrement puissant, non pas seulement, comme on l'a dit, parce qu'il s'appuyait sur l'exaspération populaire et qu'il était animé de ces passions violentes qui seules peuvent vaincre les difficultés et les dangers des révolutions, mais surtout parce qu'il était conséquent avec les faits déjà accomplis. Ce parti voulait la mort du roi; il la voulait, pour rompre avec le passé d'une manière définitive, et pour donner aux gouvernements étrangers une preuve de son audace et de son dessein bien arrêté

---

de discorde. » Discours de la section de l'unité à la barre de la Convention, 12 germinal an III (1er août 1795).

de ne pas faire un pas en arrière. Ce n'est pas un procès qu'il demandait, mais une exécution ; parmi les hommes de ce parti, on le répétait souvent, il ne s'agissait pas de juger Louis, mais de le frapper (1); il ne pouvait pas être question d'un jugement, mais d'un coup politique (2). Aussi toutes les raisons qu'on ne peut se refuser de reconnaître comme très-fondées en droit, mises en avant par le parti modéré, devaient paraître singulièrement intempestives, quand il était facile à la plus simple logique de montrer qu'elles conduiraient, non pas seulement à sauver le roi, mais encore à condamner les conquêtes les plus précieuses de la Révolution.

Si la Constitution ne permettait pas de juger et de condamner le roi, elle n'avait pas pu permettre de le déposer et de l'emprisonner ; si la Constitution était la règle sur laquelle il fallait mesurer tous les actes accomplis avant l'établissement de la République, les

(1) Thiers, *Révolution Française*, t. III, p. 358, 4e édition.

(2) « Vous n'avez point ici de procès à faire, disait Robespierre ; Louis n'est point un accusé, vous n'êtes pas constitués en tribunal : vous êtes, vous ne pouvez être que des hommes d'état et les représentants du peuple. Vous n'avez pas de sentence à rendre pour ou contre un homme, mais une mesure de salut public à prendre, un acte de providence nationale à exercer. » De même, Saint-Just : « On ne juge pas ceux qu'on doit combattre ; c'est le droit des gens, non la loi civile, qu'on applique à ces grands ennemis. »

vainqueurs du 10 août ne pouvaient être considérés que comme des rebelles ; les Girondins eux-mêmes, qui les premiers avaient demandé sa déchéance, et qui l'avaient prononcée, étaient sous le coup de la même accusation ; les droits de la royauté étaient garantis, et la souveraineté populaire n'était plus qu'un vain mot. Ces conséquences, qui ne pouvaient échapper, excitèrent une vive indignation contre la doctrine politique d'où elles découlaient, et firent soupçonner dans les Girondins des partisans de la royauté ou du moins d'un régime constitutionnel qui, après les épreuves qu'on en avait faites, était resté aussi odieux que la monarchie absolue.

Les hommes du parti modéré se trouvaient dans une position très-fausse; ils avaient contribué à la déposition et à l'emprisonnement du roi pendant la Législative ; ils avaient décrété une Convention pour le juger ; maintenant ils soutiennent que le roi ne peut être jugé, ni par conséquent condamné. Telle est la cause de l'embarras dans lequel ils se trouvèrent pendant toute la durée de ce célèbre procès.

Les hommes du parti franchement républicain, au contraire, étaient conséquents avec eux-mêmes ; la plupart d'entre eux avaient été à la tête de toutes les insurrections ; ils avaient toujours proclamé la souveraineté du peuple ; ils voyaient dans le roi un ennemi déclaré des droits de la nation ; ils l'avaient vaincu ; ils voulaient le frapper. Les Girondins répétaient souvent qu'il n'y avait point de juges dans la Convention, mais des vainqueurs qui se constituaient de la manière la plus illégale juges et parties ; et cela était vrai ; mais les Jacobins prétendaient, avec non moins de raison du point de vue généralement reçu, que le peuple étant souverain, la Convention, qui représentait le peuple, avait le droit de punir un mandataire de la nation. En définitive, c'était deux idées, deux principes qui étaient en présence ; pour les Girondins, le roi, puissance égale et parallèle à celle du peuple, pouvait traiter avec lui : un contrat les liait l'un à l'autre; pour les Jacobins, le roi n'était que le mandataire du peuple et se trouvait par conséquent son justiciable. L'idée des premiers était conforme aux théories anglaises et aux opinions constitutionnelles reçues aujourd'hui ; celle des seconds était plus en harmonie avec les idées du temps et avait quelque chose de plus rationnel. Il n'était pas difficile de prévoir de quel côté pencherait la balance. Les Girondins eux-mêmes se voyaient si isolés de l'opinion générale, qu'ils n'osèrent pas être francs, proclamer et soutenir leurs principes avec courage. Ils furent éloquents sans doute ; mais ces hommes qui savaient si bien s'entendre, ne montèrent à la tribune que par boutade, et comme poussés plus par un sentiment d'humanité que par leurs principes.

Jean-Bon Saint-André fut celui qui fit le mieux ressortir les conséquences contre-révolutionnaires de la conduite des Girondins ; c'était prouver en même temps que la condamnation du roi était la suite inévitable et logique de la révolution. Le discours dans lequel il présenta son opinion sur le jugement de Louis XVI produisit un grand effet.

Le *Patriote français*, journal rédigé par Girey-Dupré, et organe de Brissot, qui travailla d'abord à sa rédaction, s'explique au long sur ce discours; il trouve que l'orateur est fort de raisons et souvent éloquent quand il prouve que Louis est coupable et doit être puni, mais qu'il parle en théologien, c'est-à-dire en homme qui ne croit pas trop ce qu'il dit, quand il arrive à établir qu'il ne faut pas consulter les assemblées primaires. Cependant, ajoute Girey-Dupré, ce discours est en général le meilleur qui ait été prononcé par ceux qui s'opposent au renvoi aux assemblées primaires (1).

La condamnation du roi semblait à Jean-Bon Saint-André la conséquence nécessaire de tout ce qui avait été fait déjà. Il sentait que si le principe de l'inviolabilité était admis, il fallait faire le procès, non au roi, mais au peuple qui l'avait renversé du trône au mépris de cette inviolabilité, et détruire l'ouvrage de la Révolution tout entière. Et en cela il était logique; les Girondins ne l'étaient point en revendiquant pour le roi l'inviolabilité, après l'avoir déposé et mis en jugement.

« Le peuple sait, s'écrie Jean-Bon Saint-André, que si Louis Capet ne peut être puni, tout ce qui a suivi l'in-

(1) Buchez, *Hist. parl. de la Révol. franç.*, t. XXII, p. 380.

surrection du 10 août est un crime. Si Louis est inviolable, pourquoi le traiter en criminel ? pourquoi le renfermer et le tenir en prison ? pourquoi appeler une Convention nationale pour le juger ?

« Peuple généreux, sais-tu à quoi tendent ces arguments captieux, par lesquels on cherche à émouvoir ta pitié, ou à surprendre ta bonne foi ? Ils tendent à te faire regarder toi-même comme coupable pour tous les efforts que tu as faits pour être libre. Ces efforts sont des crimes, et ta vertu même te rend digne du châtiment que les despotes infligent à ceux qu'ils appellent rebelles. »

La position de la Convention est nettement dessinée dans ces paroles, qui durent mettre les Girondins dans un singulier embarras. Si le roi est inviolable, non seulement les révolutionaires sont des rebelles, mais les premiers coupables sont ces mêmes hommes qui, aujourd'hui modérés à la Convention et cherchant à le sauver, l'ont cependant, dans l'Assemblée législative, déposé, privé du trône et mis en jugement. Comme nous l'avons déjà fait remarquer, la source de tout ceci doit être cherchée plus haut, dans la faiblesse de l'Assemblée législative, qui ne sut ni défendre ni condamner Louis XVI, et qui, par son système de temporisation, le perdit en croyant le sauver.

La contradiction dans laquelle les membres du parti modéré se placèrent pendant le procès du roi, ne contribua pas peu à les faire considérer comme des hommes faibles et timides, qui, effrayés de s'être tant avancés, voulaient maintenant reculer. Déjà on les avait vus inquiets du mouvement révolutionnaire, disposés à revenir sur leurs pas, opposés aux mesures hardies qui seules pouvaient entretenir l'enthousiasme, unique soutien de ces premiers jours de liberté. Ils se dessinèrent encore mieux dans le procès du Roi. On peut les louer de leur humanité et de leurs sentiments de justice, qui étaient peut-être ici déplacés, parce qu'ils venaient un peu tard ; mais on ne peut disculper d'une rare imprévoyance des hommes qui, après le 10 août, ne surent pas voir qu'une assemblée formée sous l'influence des opinions les plus bouillantes, serait emportée plus loin que l'Assemblée législative ; on ne peut s'empêcher de leur reprocher de n'avoir pas su être d'accord avec eux-mêmes, d'avoir flotté indécis entre des idées contraires, d'avoir ébranlé d'une main ce qu'ils s'efforçaient de soutenir de l'autre ; dans tous les cas, de n'avoir pas eu le courage de leur opinion, et de s'être épuisés en de petites luttes et de petits débats d'intrigue contre un parti qui leur semblait dangereux, mais qu'ils n'ont jamais attaqué de front sur le point qui le leur faisait paraître tel.

Après la mort du Roi, les Girondins se trouvèrent dans une fausse position ; on peut dire qu'ils étaient déjà vaincus. Jean-Bon Saint-André ne prit pas une part moins active à leur défaite qu'à la condamnation de Louis XVI. On a vu déjà avec quelle peine il entendait les accusations réciproques qui agitaient chaque jour la Convention. Les récriminations continuelles des Girondins lui prouvèrent qu'ils n'étaient que des esprits inquiets ; leurs préventions contre Paris et leur dessein de contrebalancer son influence par les assemblées primaires des départements, les lui représentèrent comme des hommes dangereux pour la cause de la Révolution.

L'esprit public dans les départements était en général moins favorable qu'à Paris aux changements qui venaient de s'opérer. Dans presque tous, le peuple était encore attaché à l'ancien régime ; et les classes aisées ne portaient pas leurs prétentions plus haut qu'à obtenir une constitution analogue à celle de la Grande-Bretagne. On pourrait croire le contraire, si on jugeait l'esprit public des départements d'après les opinions de leurs représentants aux différentes assemblées. Mais quand on fit la nomination des membres de la Constituante, on était loin de prévoir où aboutirait le mouvement qu'elle allait imprimer ; l'enthousiasme présida aux nominations de l'Assemblée législative ; et quand une Convention fut appelée, les exaltés étaient déjà les maîtres et purent disposer des élections comme la Montagne disposa long-temps des voix de l'assemblée entière. D'ailleurs il s'en fallait de beaucoup que les hommes décidés fussent en majorité à la Convention. La plupart de ceux qui siégeaient au centre étaient des homme timides, auxquels la peur arrachait les votes, et qui dans d'autres circonstances auraient manifesté de tout autres sentiments, comme cela se vit du reste après le 9 thermidor. C'était donc à Paris qu'il fallait faire triompher la révolution ; une fois la République bien assise, on aurait ramené peu à peu l'esprit public dans les départements ; mais en ce moment le parti des hommes décidés devait s'en défier, et par conséquent aussi des membres de l'assemblée qui étaient portés à s'appuyer sur eux.

On sait jusqu'où ces défiances furent poussées ; c'est d'elles que naquit l'absurde imputation de fédéralisme, qui n'est qu'une fausse explication du fait vrai en soi, que le parti modéré aurait voulu opposer aux opinions exagérées des Parisiens les opinions plus calmes des départements, et faire même prédominer celles-ci sur celles-là.

Les Girondins attaquèrent les premiers les membres du côté gauche de l'assemblée, et cette attaque fut aussi violente qu'intempestive, puisque dans les premiers jours de la Convention la majorité était de leur coté. On ne comprend pas que des hommes aussi éclairés que l'étaient les Girondins, n'aient pas vu que leurs attaques n'auraient d'autre résultat que de donner de la consistance et de la force au parti menacé, de lui attirer la faveur publique, et de grouper autour de lui les esprits les plus énergiques. Il est vrai que les mouvements de septembre devaient faire considérer les hommes exaltés comme capables de se porter aux dernières extrémités ; mais c'est à la Législative qu'on aurait dû les accuser; il ne fallait pas jeter alors un voile sur ces évènements (1), pour en faire plus tard le prétexte de violentes accusations. Quoiqu'il en soit, les Girondins sont inexcusables, quand ils avaient la majorité à la Convention, d'avoir engagé une lutte qui ne pouvait leur être d'aucune utilité, puisque le succès ne les aurait pas rendus plus forts.

Déjà, lors du procès du Roi, Jean-Bon Saint-André attaqua sans ménagement ce parti, qu'il représenta sous son véritable jour. « Quels sont ceux qui nous ont proposé la force armée? Quels ont été les hommes les plus passionnés? Quels sont ceux qui font de ce temple de la liberté un autre tartare qui semble habité par les furies? Quels sont ceux qui n'ont encore ici proposé que des lois de sang avant des lois humaines? Ce sont les mêmes qui proposent l'appel au peuple (2). »

On a reproché à la Convention d'avoir fait une faute énorme en laissant entamer la représentation nationale.

Le reproche est juste; mais il doit retomber sur les Girondins, qui voulurent les premiers épurer la Convention. Ils firent renvoyer Marat devant les tribunaux (3);

---

(1) Lettre de Rolland à la Législative, du 3 septembre; comparez Adresse de Rolland aux Parisiens : 13 septembre.

(2) *Moniteur* du 4 janvier 1793.

(3) Quelques sentiments qu'inspire Marat, on est obligé de reconnaître que ceux qui le firent arrêter, brisèrent l'inviolabi-

ils voulaient faire poursuivre Robespierre ; et quand ils virent que ces attaques isolées restaient sans succès, ils méditèrent le projet de faire épurer l'assemblée par les assemblées primaires. Ce fait est connu ; Jean-Bon Saint-André les en accuse dans le discours dont nous avons déjà cité quelques extraits. « Souvenons-nous, dit-il, qu'on a laissé entrevoir aux assemblées primaires la possibilité d'épurer la Convention ; et cela, au moment où des discussions règnent parmi nous, où l'opinion flotte incertaine et partagée sur le compte des représentants, où celui qu'on regarde comme un ami de l'ordre et des lois dans une commune, est regardé par une autre commune comme un désorganisateur et un factieux. »

La conduite de Jean-Bon Saint-André au sein de la Convention, ses talents, son activité, la part qu'il prit à toutes les grandes mesures, le firent bientôt regarder comme un homme capable et digne d'être placé à la tête des affaires. Aussi quand le 10 juillet on nomma un second Comité de salut public, son nom fut le premier sur la liste des membres appelés à le composer.

Quel fut son rôle dans le sein de ce terrible Comité qui a soulevé tant de haines et qui a été poursuivi de tant d'accusations ?

En admettant même que le Comité de salut public

lité des représentants. Les Girondins ouvrirent eux-mêmes la voie qui leur fut si funeste, et dans laquelle les Jacobins ne firent que les suivre.

dût être regardé comme le promoteur de toutes les mesures de rigueur excessive qui marquèrent son passage aux affaires, il faudrait faire une exception en faveur de Jean-Bon Saint-André, comme aussi en faveur de quelques autres de ses collègues. C'était un fait connu dans la Convention, que Jean-Bon Saint-André et Prieur de la Marne n'étaient pas aussi fanatiques que leurs autres collègues. Après le 9 thermidor, Dubois-Crancé prétendit même que si ces deux membres n'avaient pas été si souvent en mission, on n'aurait pas hésité si long-temps à attaquer les triumvirs (1).

On sait que dans le Comité de salut public il y avait le parti qu'on appelait les *gens d'examen* et le parti qu'on désignait comme les *gens de la haute main*. Les premiers ne prenaient presque pas de part à la politique et s'intéressaient peu aux rivalités qui armaient les chefs de parti les uns contre les autres. Jean-Bon Saint-André appartenait à cette fraction. Chargé de la marine, il ne s'occupait que de cette spécialité ; et d'ailleurs, comme nous allons le voir, il passa une grande partie du temps qu'il fut membre du Comité de salut public à des missions auprès des armées et dans les ports.

Il est vrai qu'on l'a accusé d'avoir introduit Robespierre dans le Comité, et on a voulu le rendre responsable en quelque sorte de l'usage que celui-ci fit de son pouvoir. Pour faire justice de cette accusation il n'y a qu'à rétablir les faits. Ce fut Couthon et Saint-Just qui le

(1) Thiers, *Hist. de la Révol. française*, tom. VII, p. 5.

proposèrent pour succéder à Gasparin ; plusieurs membres de la Convention avaient déjà témoigné le désir de le voir prendre part aux travaux du pouvoir central. Le demander, fait observer Barère (1), c'était l'obtenir, parce qu'un refus eût été une sorte d'accusation. Jean-Bon Saint-André fut chargé de faire à la Convention le rapport de la proposition du Comité (2). Voilà toute la part qu'il prit à cette affaire ; il n'agit que par ordre du Comité, et la manière dont il s'exprima, prouve suffisamment qu'il ne parlait pas en son privé nom. « La mauvaise santé de notre collègue Gasparin, dit-il à la Convention, l'a obligé de sortir du Comité de salut public ; les travaux du Comité ne permettent pas de le laisser incomplet. Je suis chargé de vous proposer de faire remplacer Gasparin par Robespierre aîné. »

Nous pourrions citer une foule de faits qui montreraient jusqu'à l'évidence que Jean-Bon Saint-André fut un homme ferme et énergique, mais en même temps ennemi des mesures violentes, surtout quand ces mesures n'étaient pas forcément exigées pour le salut de la République. C'est ainsi qu'en septembre 1793, quand Chaumette, à la barre, demandait au nom de la commune la création d'une armée, que Robespierre ap-

(1) Barère, *Mémoires*, tom. II, p. 115.
(2) Jean-Bon Saint-André ne vit pas mieux que moi alors, dit encore Barère (*Mémoires*, tom. II, p. 352), les dangers que l'esprit tyrannique, sombre et cruel de Robespierre pouvait faire courir à la France.

prouvait la mesure, que Moïse Bayle faisait de la proposition de la commune l'objet d'une motion, que Bazire voulait rédiger, publier et envoyer par des délégués extraordinaires dans tous les départements le décret que la France est en révolution, nous le verrions faisant tous ses efforts pour empêcher qu'on décrétât des mesures violentes et improvisées au milieu de l'émeute (1). C'est ainsi qu'au moment où l'esprit public était très-prononcé contre le clergé et contre la religion qu'on confondait avec lui, nous le verrions, lui protestant, sauver la vie à des prêtres (2), s'élever aux Jacobins contre la suppression du culte, et condamner, dans un rapport du 31 janvier 1794, l'inconséquence ou la mauvaise intention de ces hommes qui vantent avec tant de complaisance les faciles victoires qu'ils remportent sur des statues, des images ou des ossements vermoulus (3).

(1) Cette proposition, qui fut enlevée par Danton, fut le point de départ de toutes les mesures violentes qui se succédèrent jusqu'au 9 thermidor. Elle n'avait pas l'approbation de la majorité du Comité de salut public ; mais il fut obligé de suivre le mouvement que lui imprimait la Convention. On peut même dire qu'en général il marcha plutôt à la suite de l'Assemblée nationale qu'à sa tête.

(2) On lui fit même plus tard un crime d'avoir employé dans ses bureaux un prêtre nommé Verteuil, qu'il avait sauvé de l'orage révolutionnaire.

(3) Rapport des représentants du peuple envoyés à Brest, p. 17.

Nous laissons de côté tous ces traits de détail, pensant qu'il vaut mieux nous borner à faire connaître la part qu'il prit aux grands évènements publics : le rôle qu'il y joua est plus propre d'ailleurs à mettre dans tout son jour sa fermeté, ses sentiments d'humanité, son désintéressement, son amour pour la patrie, que ne pourrait le faire le récit de quelques actes de sa vie privée.

Le 1er août 1793, Barère, au nom du Comité de salut public, annonce à la Convention que la garnison de Valenciennes a capitulé le 28 juillet. Ce malheur, arrivant en même temps que les agitations dans les provinces, ne paraissait pas un fait isolé. Une lettre trouvée à Lille sur un anglais, parlait de différentes mesures à prendre pour augmenter les embarras de la République, d'argent à distribuer, d'une conspiration générale à faire éclater le même jour dans toute l'étendue de la France. La prise de Valenciennes fut présentée à la Convention comme le premier acte d'un immense complot tramé par les Anglais et appuyé à l'intérieur par les royalistes et les fédéralistes. La route de Paris allait être ouverte aux ennemis par les plaines de la Picardie. Cambrai tenait encore, mais ne semblait pas devoir faire une longue résistance.

Le danger était pressant, universel, incalculable (1). Les places fortes des frontières du Nord n'opposaient

---

(1) Barère, rapport, *Moniteur* du 2 août 1793.

plus de barrière aux armées ennemies; les forts, les arsenaux, les établissements publics étaient menacés d'incendie, comme on venait d'en avoir une triste preuve à Huningue; les départements étaient presque tous agités; plusieurs avaient armé des troupes pour marcher sur Paris; la Vendée était livrée aux horreurs de la guerre civile; les subsistances manquaient; les armées se trouvaient dans le plus grand dénuement. Une extraordinaire vigueur pouvait seule sauver la République menacée par tant de côtés à la fois.

L'effet des dangers sur les âmes fortes est de réveiller, d'exciter leur énergie. C'est ce qui arriva en France pendant toute la durée de la Convention. Chaque péril qui se présente, on l'écarte par un redoublement de vigueur.

Pour conjurer l'orage, il fallait un gouvernement fort, et l'autorité était divisée en une foule de comités, de commissions, de conseils. Que pouvait un gouvernement si compliqué, une autorité si divisée, contre les attaques des cabinets étrangers?

Danton proposa d'ériger le Comité de salut public en gouvernement provisoire, ayant la haute main sur toutes les administrations. Une foule de susceptibilités se réveillèrent à cette proposition. On sentait le besoin d'un gouvernement fort et actif; mais, d'un autre côté, on craignait de donner un pouvoir excessif à quelques ambitieux. Danton se hâte pour sa part d'aller au-devant de ces craintes; il jure au nom de la liberté et de la patrie de n'accepter jamais de fonction dans ce Comité. En même temps les membres du Comité de salut public, tous hommes intègres et dévoués, redoutant, non la responsabilité du pouvoir, mais les accusations de concussion et les calomnies, refusent de prendre le maniement des fonds. Jean-Bon Saint-André demande en leur nom que les ministres continuent à être chargés de la partie des dépenses (1). Quant au Comité de salut public, il fait voir qu'il est un véritable gouvernement qui ne manquerait pas de force à l'occasion; que le titre qu'on lui conférerait, en adoptant la proposition de Danton, ne lui donnerait pas une plus grande puissance, et qu'il pourrait au contraire gêner ses mouvements et exciter souvent l'opposition. Jean-Bon Saint-André fit tous ses efforts pour que cette proposition fût renvoyée à l'examen du Comité; Thuriot l'appuya; et le lendemain, sur le rapport de Hérault de Sechelles, elle fut rejetée. Il n'en resta pas moins dans les esprits le sentiment de la nécessité de fortifier le gouvernement; et comme ce gouvernement était dans les mains du Comité de salut public, ce Comité devenait peu à peu, et par la force même des choses, une véritable dictature.

Cependant il fallait parer les coups des ennemis.

(1) Barère dit dans ses mémoires que la proposition de Danton était un piége qu'il tendait au Comité de salut public. Il semble cependant difficile de l'expliquer dans ce sens.

Dans cette séance du 1ᵉʳ août, la formation d'un camp entre les frontières et Paris est décrétée. Il fallait en même temps tirer parti des armées qui semblaient assister en tranquilles spectateurs aux succès de l'ennemi ; il fallait relever leur énergie, inspirer à leurs chefs un peu de cet esprit bouillant qui animait les membres de l'Assemblée nationale ; il fallait mettre les frontières en état de résister. On commençait à voir que l'autorité militaire avait agi mollement. On décréta que deux membres du Comité de salut public, Prieur de la Marne et Jean-Bon Saint-André se rendraient aux armées du Nord, des Ardennes, de la Moselle, du Rhin, pour se concerter avec les généraux sur les circonstances présentes (1).

Jean-Bon Saint-André et Prieur de la Marne partirent aussitôt pour remplir leur mission. Il est inutile de les suivre pas à pas ; le rapport qu'en fit Jean-Bon Saint-André à leur retour, en rend un compte détaillé : il suffit de s'arrêter sur quelques faits.

La présence des représentants du peuple auprès des armées n'était pas aussi inutile qu'on l'a quelquefois prétendu ; ils apportaient au milieu des masses armées un peu de cette énergie qui animait la Convention et qui était en ce moment si nécessaire aux soldats. Elle

(1) Lebas leur avait été adjoint ; mais il paraît qu'il n'exécuta pas cette mission. Le rapport fait par Jean-Bon Saint-André ne parle qu'en son nom et en celui de Prieur de la Marne.

l'était surtout sur les bords du Rhin. Les généraux avaient adopté une conduite, prudente peut-être, mais dans ce moment fort désastreuse. L'enthousiasme seul pouvait sauver la France sur les frontières comme au dedans, et les armées étaient sur la défensive : c'était les ruiner, les décourager, les livrer à la discrétion de l'ennemi. Jean-Bon Saint-André, homme d'action très-propre à la conduite des affaires, et doué d'une vue saine des choses, fut frappé de ce système d'inertie. Ce système était celui de Custine ; il avait des apologistes ; mais le jargon militaire avec lequel ils le présentaient, ne pouvait donner le change au représentant du peuple. Sans vouloir résoudre des problèmes de tactique qui n'étaient pas dans ses attributions et qu'il n'avait pas étudiés, Jean-Bon Saint-André sentit et il répéta aux généraux, que disséminer sur un territoire très-étendu les forces de la République, c'était les livrer en détail à l'ennemi, qui, se présentant sur chaque point avec des forces supérieures, devait rester constamment vainqueur. C'était là une vérité profonde, une vue utile, comme le prouvèrent plus tard les opérations de Bonaparte en Italie, et comme le bon sens aurait dû le faire sentir, malgré les règles d'une tactique routinière.

Il comprit en même temps que c'était une faute énorme de retenir les soldats dans des retranchements, et de les décourager par le repos, quand il aurait fallu profiter de l'enthousiasme qui double les forces, et au lieu de l'éteindre s'en servir pour culbuter l'ennemi. « On voit auprès du général Houchard, que je crois bon soldat et qui sans doute remplira les espérances de la patrie, un état-major qui ne parle que de se défendre, comme s'il ne savait pas que c'est dans l'attaque que le Français montre le plus d'ardeur ; c'est un instinct dont il faut savoir faire usage (1). » A une conférence qui eut lieu à Bitche, le 8 août, les deux représentants du peuple insistèrent sur ces réflexions ; ils les répétèrent à l'armée du Nord ; on ne voulut pas ou on ne sut pas les comprendre.

C'est ce système que Jean-Bon Saint-André présenta à la Convention dans son rapport, comme propre à renverser tous les obstacles.

« Donnez-nous, dit-il, un général capable, qui veuille s'entourer de quelques patriotes intelligents, et je vous réponds et du zèle du soldat et du succès de vos armes. Ce général ne laissera pas ses forces éparses et dispersées ; il en formera des masses aussi imposantes que sa situation le lui permettra ; il ne voudra pas que chaque bourg, chaque village ou chaque hameau ait sa garnison ou son cantonnement, mais il se portera dans tous les points avec son armée ; sa marche rapide atteindra l'ennemi partout où il sera ; le soldat se réjouira de n'être plus condamné à l'oisiveté ; il fera des prodiges de valeur, la confiance renaîtra, et les hordes de brigands étrangers cédant à leur impétuosité, fui-

---

(1) Séance du 29 août, *Moniteur* du 31.

ront devant lui : ils vous demanderont la paix (1). »

Ce n'était pas seulement des avis et des conseils que les deux représentants du peuple devaient donner aux armées. Les 15,000 hommes qui sortaient de Mayence étaient déguenillés ; il fallait prendre des mesures pour les vêtir. Ce corps d'armée devait se rendre dans la Vendée ; on dut trouver les meilleurs moyens de le faire arriver à sa destination le plus tôt et le plus commodément possible. Les dépôts étaient mal dirigés, mal administrés, mal placés ; de nouveaux arrangements furent pris. Les approvisionnements étaient mal faits; il fallut y pourvoir. Un déplacement considérable d'hommes était nécessaire pour garder les lieux les plus menacés ; on l'effectua rapidement. Les arsenaux étaient vides ; on établit des services pour confectionner à Metz des armes de toute espèce; on attacha mille ouvriers aux réparations de la place de Sédan ; à Charleville, à Péronne, à Arras, des mesures semblables furent prises. La cavalerie était presque sans chevaux ; des réquisitions furent ordonnées, et des instructions détaillées furent données pour assurer la prompte exécution des ordres.

Quinze jours suffirent à ces infatigables représentants du peuple pour mettre en mouvement toute la frontière depuis Strasbourg jusqu'à Arras.

A peine Jean-Bon Saint-André arrivait-il de sa mission auprès des armées de la frontière du Rhin et de la

(1) Rapp. de Jean-Bon Saint-André et Prieur de la Marne, p. 19.

Moselle, que les évènements qui s'étaient passés pendant le mois d'août l'appelèrent à une mission nouvelle.

Le 27 août 1793, Toulon avait été livré aux Anglais; onze vaisseaux de ligne étaient perdus pour la France. Une escadre restait encore à la République dans la rade de Quiberon : mais des mouvements séditieux s'y étaient fait sentir; les équipages avaient peu de confiance en leurs chefs; deux partis divisaient les officiers; l'esprit des habitants de la côte et des principaux ports offrait peu de garanties. Brest devait-il suivre l'exemple de Toulon ? et la flotte de l'Océan allait-elle être livrée aux ennemis, comme celle de la Méditerranée? Tout le faisait craindre. Il fallait un prompt remède aux malheurs qui de ce côté menaçaient encore la République.

Déjà Bréard avait été envoyé à Brest, et Tréhouart à Lorient. Ce dernier s'était rendu à bord de la flotte, l'avait fait conduire d'abord à Belle-Isle, et ensuite dans le port de Brest; en même temps il avait commencé une instruction sur les désordres qui avaient eu lieu. Vingt-deux vaisseaux, la dernière ressource de la République sur les mers, se trouvaient réunis dans ce port; ces représentants en avaient consigné quelques-uns; ils avaient fait arrêter un certain nombre d'officiers, de soldats et de matelots; des papiers avaient été saisis. Mais malgré quelques mesures énergiques, les efforts de Tréhouart et de Bréard, couronnés d'abord de succès, avaient fini par rester impuissants au milieu d'une population opposée aux changements politiques qui venaient de s'accomplir. Jean-Bon Saint-André et Prieur de la Marne furent alors envoyés à Brest pour vider cette affaire et organiser la marine; c'était en septembre 1793.

Qu'y avait-il à faire dans ces circonstances ? Monge avait essayé de renouveler le personnel de la marine; mais, soit par suite de mauvaises informations, soit à cause de la difficulté de trouver des officiers instruits, les choix furent mal faits : on confia les vaisseaux à des hommes incapables pour la plupart, et en général peu amis du gouvernement républicain. On avait d'ailleurs donné moins d'attention aux armées de mer, dont on ne pouvait dans ce moment tirer un grand parti, qu'aux armées de terre qui étaient une barrière nécessaire aux efforts des puissances ennemies, menaçant la France d'une invasion sur les frontières du Nord. La trahison de Toulon fit sentir la nécessité d'apporter dans la marine les mêmes réformes et la même énergie qui avaient donné des soldats si braves et si dévoués. Il fallait recueillir et sauver ce qu'il restait de navires à la France, et pour cela épurer les équipages, en écarter les hommes douteux, punir les traîtres, et former tout d'un coup des officiers et des matelots. Ce travail revenait naturellement à Jean-Bon Saint-André.

On a reproché au Comité de salut public, et à Jean-Bon Saint-André en particulier, d'avoir désorganisé notre marine. Cette accusation n'a pu se trouver que dans la bouche de ceux qui ne connaissent pas les faits, ou encore de ceux pour qui c'est un parti pris de condamner en masse tout ce qu'a fait le gouvernement républicain. Par la marche même des évènements, les armées navales se désorganisèrent d'abord par l'émigration d'un très-grand nombre d'officiers : il fallut pourvoir à leur remplacement ; les nominations furent faites dans le sens des Girondins, alors au pouvoir, de sorte qu'à la chute de ce parti les vaisseaux se trouvèrent de nouveau sous le commandement d'officiers pour la plupart irrités contre le parti vainqueur. Le Comité de salut public ne l'ignorait pas ; mais il ne croyait pas des officiers français, quelle que fût leur opinion, capables de livrer aux Anglais nos ports et nos escadres, et dans cette funeste confiance il s'était décidé à procéder lentement à la réforme du personnel de la marine, convaincu que s'il est possible en quelques semaines de créer des armées de terre, il ne saurait en être de même pour les armées de mer.

Cette conduite paraissait sage, et cependant les évènement montrèrent qu'elle ne l'était pas. Que serait-il arrivé si l'on eût agi avec la même prudence pour les armées qui couvraient les frontières? En régénérant la marine de la même manière et avec autant d'énergie qu'on l'avait fait pour les autres administrations, on se condamnait, il est vrai, à n'avoir pas de long-temps une flotte commandée par des hommes possédant les connaissances spéciales et l'habileté nécessaire ; mais agir autrement, c'était s'exposer à perdre tous nos vaisseaux et à voir nos ports livrés aux Anglais. De toute l'escadre qui se trouvait à Toulon, trois vaisseaux seulement avaient commencé par résister à la flotte anglaise; tout le reste l'avait reçue avec joie. Il était donc pressant d'arracher le commandement des vaisseaux et des ports à des hommes qui avaient donné lieu à de justes plaintes et auxquels la perfidie de la plus grande partie des officiers d'une escadre avait fait perdre toute confiance.

Jean-Bon Saint-André fit aux représentants réunis à Brest un rapport sur les mouvements qui avaient eu lieu sur l'escadre, et sur sa rentrée dans le port de cette ville (1). Les résultats de ce rapport furent le renvoi d'un certain nombre d'officiers. Le vice-amiral Morard de Galles, parmi les papiers duquel on ne trouva rien qui pût le faire soupçonner de trahison, mais qui, dans les derniers mouvements, s'était montré faible et irrésolu, fut reconnu incapable de commander, destitué et envoyé auprès du Comité de salut public pour y rendre compte de sa conduite. Le contre-amiral Le Large, qui avait tenu une conduite équivoque, et le contre-amiral Kerguelen, qui avait montré des sentiments incompatibles avec les principes nouveaux, furent également cassés. Le contre-amiral Landais était patriote; mais son âge avancé et un caractère défiant à l'excès qui lui avait attiré l'inimitié des officiers et des équipages, ne

(1) Ce rapport fut imprimé avec les pièces justificatives.

permettaient pas de l'élever au poste auquel, après les réformes qu'on venait d'indiquer, il aurait eu droit de prétendre : il offrait sa démission, elle fut acceptée. Douze capitaines ou officiers furent en même temps destitués et mis en jugement. Des matelots, des canonniers, de simples soldats furent également mis en réclusion comme suspects : on les avait vus souvent à genoux gémir sur la perte de la religion et sur l'impiété des représentants du peuple. « La loi est la même pour tous, dit Jean-Bon Saint-André dans les conclusions de son rapport : amiral, officiers, matelots, tous sont les enfants et les serviteurs de la commune patrie, chacun dans le grade qu'elle lui a assigné. S'il est parmi ces matelots des contre-révolutionnaires qui aient agi en haine de la République, ils doivent être traités comme tels. (1) »

La flotte se trouvait sans commandant ; le capitaine Villaret-Joyeuse, qui s'était distingué sous Suffren, fut nommé provisoirement contre-amiral. Mais il restait bien des vides à remplir, bien des mesures à prendre : l'activité de Jean-Bon Saint-André suffit à tout. En moins de dix mois les faibles restes de la marine française furent mis en état de se mesurer avec la vieille marine anglaise.

Pendant les deux séjours qu'il fit à Brest (2), il fit tra-

(1) Rapport, page 57.

(2) De vendémiaire à floréal. Il passa cependant le mois de

vailler avec énergie à la construction et à l'équipement de nouveaux vaisseaux, ainsi qu'à la réparation d'anciens. Il prit une foule de mesures sur les objets les plus importants. Il fit des règlements pour le bagne, pour les hôpitaux, pour les ateliers, pour les chantiers, pour les distributions de vivres. Il établit un code pénal provisoire pour la marine, qu'il chercha à rapprocher autant qu'il était possible des idées nouvelles sur la législation, par la création d'un jury (1) appelé à prononcer sur les peines afflictives; les peines disciplinaires étaient laissées à la discrétion de l'officier commandant.

A côté de ce code pénal provisoire, il faut citer un arrêté contenant des dispositions qui durent peut-être paraître un peu singulières aux anciens matelots, mais qu'ils adoptèrent avec empressement. Le représentant du peuple proposa de remplacer, à bord des vaisseaux de 20 canons et au-dessus, les aumôniers par des instituteurs chargés de donner des leçons de lecture, d'écri-

pluviôse à Paris; on verra plus loin la cause de ce voyage.

(1) Chaque vaisseau devait avoir son jury, composé de deux officiers, deux sous-officiers et trois matelots, soldats ou canonniers. Il était renouvelé tous les mois; les nominations étaient faites par le commandant, circonstance qui le rendait un peu illusoire; il est vrai qu'il lui était recommandé de choisir les matelots de préférence parmi les pères de famille et nécessairement parmi les meilleurs sujets.

— 58 —

ture, de calcul, et même, autant que faire se pourrait, d'enseigner les premiers éléments de la théorie de la navigation (1).

Pendant sa mission dans les villes maritimes de l'Ouest, Jean-Bon se conduisit avec une modération telle, qu'il fut accusé à Paris d'être un aristocrate. Il n'est point vrai qu'il ait établi un tribunal révolutionnaire à Brest, comme on l'en a accusé. Dans sa réponse à une dénonciation qui plus tard fut lancée de Brest contre lui, il prouva le fait d'une manière positive et il raconta quelle fut sa vie politique pendant cette mission (2).

« Quand j'arrivai à Brest avec Prieur, dit-il dans cet écrit, nos collègues Bréart et Tréhouard rassemblaient les fils de la sédition qui avait éclaté sur l'escadre ; ils étaient disposés à établir un tribunal révolutionnaire pour juger les prévenus : Prieur adopta d'abord leur

(1) Nous passons sous silence plusieurs autres arrêtés ; nous n'avons même fait mention de ceux dont nous venons de parler que pour montrer que l'activité de Jean-Bon Saint-André s'étendait à tout dans la partie qui lui était confiée. Ces derniers arrêtés furent imprimés à Brest l'an II, et forment un volume de 165 pages.

(2) On ne saurait taxer d'imposture un écrit adressé à la Convention et imprimé par son ordre, à une époque où, après l'avoir décrété d'arrestation, on aurait été bien aise de trouver des griefs contre lui : on peut ajouter qu'on reconnut la vérité des faits qu'il y rapporte, car il ne fut pas même mis en jugement.

opinion ; je m'y opposai fortement, fondé sur ce que je ne croyais pas que le droit d'érection d'un nouveau tribunal pût appartenir aux représentants du peuple en mission.

« J'alléguai des motifs d'un autre genre, que Bréard n'aura sûrement pas oubliés : il se rangea le premier à mon avis; Prieur suivit son exemple et Tréhouart céda ; ainsi il ne fut plus question pour le moment d'un pareil tribunal et nous nous en référâmes à la Convention.

« Je partis pour une mission qui m'était donnée dans le département de la Manche. Des inculpations sourdes de modérantisme circulaient contre nous à Paris ; elles étaient dangereuses alors. Bréard revint, en mon absence, à l'idée d'un tribunal révolutionnaire, et il écrivit à l'accusateur public du tribunal criminel de Rochefort pour l'inviter à se rendre à Brest ; mais Bréard ne mettait pas une grande chaleur dans l'exécution de ce projet ; je n'y en mis pas plus que lui, et il fut encore une fois abandonné.

« Bréard partit pour Paris. Ma mémoire ne me rappelle pas bien si ce fut avec lui ou séparément que fut établie la commission dont je vais parler ; mais ce fut à l'époque de son départ, que six citoyens furent nommés pour travailler dans nos propres bureaux à l'examen de toutes les arrestations, des motifs de détention, et de toutes les pétitions présentées par les détenus en vertu de la loi du 17 septembre. L'objet de cet examen était de désigner aux représentants du peuple les personnes que la précipitation, la haine, les vengeances particulières, les soupçons mal fondés avaient injustement privées de la liberté, afin qu'elle leur fût rendue sur-le-champ.

« La commission était en pleine activité, et déjà quinze ou vingt personnes avaient été élargies, lorsque Laignelot arrive à Brest. Il venait, me dit-il, chargé de pouvoirs et instructions du Comité de salut public, qu'il ne me montra pas, pour l'érection d'un tribunal révolutionnaire. En effet, Hugues, accusateur public du tribunal de Rochefort, arriva deux jours après Laignelot. Mes idées sur ce tribunal n'avaient point changé, et la tournure de Hugues ne me plut point. Je pris le seul parti que je pouvais prendre dans la circonstance; je partis sans rappel et je me rendis à Paris. Le Comité fut surpris de me voir; je ne lui dissimulai pas que l'envoi de Laignelot à Brest et l'objet de sa mission me déplaisaient; on ne me répondit rien, et la chose tomba.

« Je demeurai à Paris pendant quelque semaines, persuadé qu'il n'était plus question pour moi de retourner à Brest ; mais on projettait une entreprise sur Jersey et Guernesey. Il fallait faire partir de Brest une division de six vaisseaux pour cette expédition ; on jugeait même qu'il serait peut-être nécessaire que la flotte entière sortît pour soutenir la division; on me pressa de partir.

« Cependant, non seulement le tribunal s'organisait à Brest, il était même déjà en activité, et moi j'étais à

Paris (1); j'y étais, me plaignant à la Convention de ce tribunal même, et de l'espionnage par lequel on assujettissait les volontés des représentants du peuple en mission (2). Il y a plus; aux Jacobins même, je m'élevai contre le système de l'anéantissement du culte et l'exagération des faux patriotes.

« On insista pour que j'acceptasse la mission qui m'était offerte; on m'en fit un devoir: mais on voulait aussi un tribunal. Ne pouvant l'empêcher, j'exigeai au moins deux choses : la première, que le tribunal de Rochefort, et surtout l'accusateur public, ne seraient pas maintenus; mais qu'à la place on nommerait des

(1) C'est pendant ce séjour à Paris qu'il proposa à la Convention de remplacer par le pavillon tricolore celui qu'avait établi la Constituante, et qui ne portait les couleurs nationales que dans un angle. Il fit décréter que le pavillon français serait formé des trois couleurs, disposées en trois bandes égales, posées verticalement, de manière que le bleu serait attaché à la gaule du pavillon, le blanc au milieu, et le rouge flottant dans les airs. — Séance du 27 pluviôse an II (15 février 1794), *Moniteur*, n° 149. — On avait ainsi un drapeau qui, composé des seules couleurs nationales, était un emblème de la souveraineté populaire. Jean-Bon Saint-André désirait surtout par cette combinaison éviter toute apparence d'humiliation au pavillon français. On sait que quand un vaisseau se rend, il renverse son pavillon; avec la disposition nouvelle, il n'est pas de renversement possible; les couleurs gardent toujours le même ordre, dans quelque sens qu'on le tourne.

(2) Voyez rapport du 2 pluviôse an II.

hommes d'un caractère sage et juste; la seconde, que le Comité nommerait lui-même les sujets et établirait le tribunal, parce que je ne voulais point prendre sur moi cette responsabilité; je déclarai que je m'occuperais exclusivement du port et de l'armée, et que le tribunal agirait indépendamment de moi, en vertu des pouvoirs qui lui seraient donnés.

« Dès-lors, qu'ai-je à démêler avec ce tribunal ? Ses jugements ne pourraient m'être reprochés qu'autant que je les aurais influencés; mais jamais je n'ai exercé sur lui la moindre influence. Je me trompe, j'ai exercé celle de la sagesse; j'ai toujours cherché à modérer son activité; et tant que j'ai été présent à Brest, elle n'a pas été grande. Mes collègues Alquier et Dubois-Crancé ont été tous deux témoins de mes sollicitudes à cet égard: qu'ils disent les entretiens que nous avons eus ensemble, dans ces moments où, parlant sans réserve l'un à l'autre, nous nous communiquions nos pensées sur l'état des affaires, sur le caractère de quelques-uns des membres du gouvernement, et sur l'effroi que nous inspiraient les mesures qu'ils adoptaient. Qu'il parle aussi, Bréard, qui a connaissance de tous ces faits; qu'il me peigne tel qu'il m'a vu dans une mission de quatre mois, pendant lesquels la concorde mutuelle qui doit régner entre des représentants n'a pas été un seul instant altérée entre nous.

« Je fis plus; j'employai ce même tribunal à prononcer un grand nombre d'élargissements, soit à Brest, soit à

Lorient. Je témoignais de la bienveillance au président et à l'accusateur public, afin qu'ils se prêtassent à ces vues ; et quel est l'homme sensible qui osera m'en blâmer ? Quand la tempête est déchaînée et qu'il faut prêter le côté au vent, celui qui s'efforce de gagner le port en louvoyant n'est peut-être pas indigne de quelque estime.

« Je ne parlerai pas de tous les obstacles qui étaient semés sous les pas des représentants du peuple ; de l'audace des comités révolutionnaires, de leur insolence et de leurs délations. Je ne dirai pas que celui de Lorient me résistait ouvertement ; que celui de Morlaix me reprochait, comme autant de faiblesses, les élargissements que j'ordonnais ; que d'autres, dont les noms ne se présentent pas à mon esprit, ouvraient les paquets qui m'étaient adressés. Je ne dirai pas non plus que j'eus plusieurs disputes violentes avec Laignelot et Hugues ; qu'ils accoururent à Paris, le cœur ulcéré contre moi, et qu'au Comité de salut public, dans l'intérieur de la salle de la Convention, dans les cafés, je fus tympanisé par eux comme un modéré, un aristocrate. Bréard doit se souvenir de m'avoir dit que Laignelot menaça de nous dénoncer tous deux à la tribune, et qu'il le défia de l'oser (1). »

Cependant, la marine française, que venait de réor-

(1) Réponse de Jean-Bon Saint-André à la dénonciation des citoyens de la commune de Brest, pag. 12-19.

ganiser Jean-Bon Saint-André, allait être appelée à prouver qu'elle ne le cédait en rien en courage aux armées de terre.

Le 27 floréal an II (16 mai 1794), à 4 heures du soir, la flotte française appareilla de la rade de Brest; elle était divisée en trois escadres et se composait de vingt-cinq vaisseaux de ligne et seize frégates ou corvettes. Villaret-Joyeuse commandait en chef; il était monté sur le vaisseau *La Montagne*. Jean-Bon Saint-André était sur le même bord.

L'instruction de tous les officiers était loin d'égaler leur courage. La plupart avaient été depuis peu promus à leur nouvel emploi; l'épurement qui venait d'avoir lieu, épurement qui, ainsi que nous l'avons vu, avait été exigé par les circonstances, n'avait laissé dans la marine presque plus d'anciens officiers. Les matelots étaient en général aussi des novices. Après la trahison de Toulon, il n'était guère resté à la République que vingt-deux vaisseaux dont il avait encore fallu renvoyer une partie des équipages; c'était donc avec des officiers nommés la veille et des matelots peu exercés, qu'on allait lutter contre la vieille marine anglaise.

Cette flotte, la seule ressource de la République sur les mers, n'avait ordre que de protéger l'arrivée du convoi qu'accompagnait le contre-amiral Wenstabel, et qui apportait d'Amérique une quantité considérable de grains. Il s'agissait moins en ce moment de disputer aux Anglais l'empire des mers, ce qui était impossible, que de pourvoir aux subsistances de la République. D'ailleurs on ne voulait pas trop aventurer les quelques vaisseaux que possédait la France, et qui devaient servir de noyau à une nouvelle marine. Il ne fallait livrer de combat qu'autant qu'il serait nécessaire pour le salut du convoi ; tel était l'ordre du Comité de salut public : il était sage et en rapport avec les besoins du moment ; Jean-Bon Saint-André était chargé de le faire exécuter.

On était à peine sorti de la rade, qu'on s'aperçut qu'en général les ordres du contre-amiral étaient mal suivis. La plupart des officiers manœuvraient avec la timide circonspection d'hommes qui manquent de connaissance ou de pratique ; mais s'ils n'avaient pas l'instruction, fruit de l'étude, et l'habileté, résultat de l'exercice, ils avaient du moins de la bonne volonté et du courage. On montrait même souvent une ardeur intempestive et déplacée, surtout sur les petits vaisseaux, dont les officiers ne savaient pas toujours résister au plaisir de se livrer à des chasses opiniâtres, et croyaient faire merveille en faisant beaucoup de prises sur le commerce ennemi, oubliant, comme le signale Jean-Bon Saint-André, que dans une armée le premier des devoirs est de se conformer strictement aux ordres du général, et de le perdre de vue le moins possible. Soit par suite de cette impétuosité, soit parce qu'on détacha quelques corvettes pour convoyer les prises faites sur le commerce ennemi, le 7 prairial (26 mai) il ne restait à la flotte que quatre frégates.

Depuis douze jours on croisait et on ne voyait paraître ni la division du contre-amiral Nielly (1), ni le convoi du contre-amiral Wenstabel (2). Pendant ce temps on avait pris un grand nombre de vaisseaux de commerce anglais. Vous nous prenez en détail, disaient les capitaines de ces vaisseaux à nos marins, mais l'amiral Howe va vous prendre en gros.

Le 9 prairial, à 8 heures du matin (28 mai), une flotte est signalée par les frégates de l'avant ; c'était l'armée anglaise, forte de trente-trois vaisseaux et douze frégates. Aussitôt qu'elle aperçut la flotte française, elle manœuvra pour se former en ligne de bataille. Nos escadres poussent des cris d'enthousiasme et demandent à marcher à l'ennemi. Quoique les instructions du Comité de salut public ne permissent de se battre que pour sauver le convoi, Jean-Bon Saint-André consent au combat et fait donner l'ordre de s'y préparer.

Toute la journée se passa en diverses évolutions. Le vent avait considérablement augmenté ; la mer était devenue très-grosse. Cependant, quoique la rapidité des

---

(1) La division de Nielly, qui croisait au-dessous de Bayonne, et jusque sur les bords du Portugal, avait reçu ordre de se réunir, soit au convoi de Wenstabel, soit à la flotte commandée par Villaret-Joyeuse.

(2) Le convoi de Wenstabel, qui aurait dû partir de la baie de Chesapeack vers le 20 germinal (9 avril), avait été contrarié par les vents et obligé de retarder son départ de quelques jours.

mouvements fût un peu contrariée, la ligne se forma assez bien ; seulement, vers le soir un vaisseau de l'arrière-garde, *Le Révolutionnaire*, n'ayant pas pris le poste qui lui avait été assigné, se trouva engagé contre les Anglais, fit une résistance opiniâtre, perdit son capitaine, et fut obligé de gagner Rochefort, remorqué par *L'Audacieux*.

Le lendemain, 10 prairial (29 mai), les deux flottes étaient placées dans une position telle, qu'il fut facile de deviner que le dessein de l'amiral Howe était d'inquiéter l'arrière-garde. Aussitôt la flotte française reçut ordre d'arriver lof pour lof par la contre-marche.

Le mouvement que l'armée venait de faire, combiné sur le mouvement de l'ennemi, devait amener un engagement ; et en effet notre avant-garde fut bientôt aux prises avec celle de la flotte anglaise : le choc fut soutenu vaillamment. Cependant l'amiral anglais s'apercevant que l'arrière-garde française peut être coupée, fait arriver ses vaisseaux de la tête pour se porter dans cette partie. Villaret-Joyeuse ordonne aussitôt de virer vent arrière.

Le signal n'est pas suivi, et l'ennemi, profitant de cette lenteur, fait porter tout le poids de son feu sur l'arrière-garde. *L'Indomptable* et *Le Tyrannicide* (1)

---

(1) *L'Indomptable* était commandé par le capitaine Hamel, et *Le Tyrannicide* par le capitaine Dordelin, tous les deux très-bons officiers.

se battaient avec la plus grande intrépidité, faisant feu des deux bords, et déjà ils étaient désemparés. Villaret-Joyeuse, voyant qu'il ne pouvait pas faire arriver la flotte par la contre-marche, prend son parti, substitue à ce signal celui d'arriver tous ensemble, et fait sur-le-champ effectuer l'ordre au vaisseau qu'il montait, résolu, s'il le fallait, d'aller seul dégager les deux vaisseaux en danger. Tous les autres alors suivirent; la ligne se forma rapidement et régulièrement, et se trouva en bon ordre sur la flotte anglaise avant que celle-ci eût reviré; malheureusement la lenteur qu'on mit à obéir fit perdre l'avantage du vent qu'on avait au commencement.

L'action fut chaude, et durant cet engagement, qui fut le troisième de la journée et qui dura une heure et demie, les Français rendirent aux Anglais le mal qu'ils avaient fait à notre arrière-garde; le champ de bataille et les deux vaisseaux menacés nous restèrent. Le combat avait été glorieux pour les armes de la République; mais on ne pouvait pas le regarder comme décisif. Le champ de bataille était le lieu même assigné au passage du convoi. Ce qu'il y avait de mieux à faire, c'était d'en éloigner l'ennemi. Il s'agissait donc de l'entraîner dans le nord et l'ouest, pour laisser un libre passage à Wenstabel. Cette combinaison était d'autant plus juste, qu'elle fut vérifiée par l'évènement.

Le 11 et le 12 prairial (30 et 31 mai), un épais brouillard couvrit la mer et empêcha les deux armées de se voir. Pendant ce moment de repos le contre-amiral Nielly rallia la flotte française avec trois vaisseaux ; deux des frégates qui l'avaient quittée depuis quelques jours, revenaient avec lui. Ce renfort était d'autant plus précieux, que le brouillard s'étant dissipé un moment, on s'aperçut que *L'Indomptable* avait disparu avec *Le Brutus*, qu'on supposa le remorquer jusqu'à Brest, et que *Le Montagnard* et la frégate la *Seine* n'étaient pas non plus présents. En même temps la flotte anglaise avait rallié quelque vaisseaux. L'amiral Howe avait alors sous ses ordres trente-six vaisseaux de ligne, dont sept à trois ponts ; huit officiers généraux, tous d'un nom connu dans la marine anglaise, en commandaient les différentes divisions. La flotte de la République était composée de vingt-six vaisseaux, dont quatre formaient la division du contre-amiral Nielly, épuisée par une longue croisière ; elle n'avait d'ailleurs que trois vaisseaux à trois ponts et trois officiers généraux.

Que fallait-il faire avec cette inégalité de forces ? On a reproché à Jean-Bon Saint-André d'avoir permis le combat ; mais si la flotte française prenait chasse devant l'armée anglaise, il était à craindre que l'ennemi, après avoir fait mine de la poursuivre quelque temps, ne se reportât sur la route du convoi, et ne s'en emparât. Nous pensâmes, dit Jean-Bon Saint-André, qu'il était plus conforme à vos vues et à l'intérêt public de périr plutôt que de livrer à Pitt cette riche proie et de lui abandonner les subsistances d'un grand peuple. La victoire pour nous, quelles que fussent les suites du combat, était de mettre l'armée anglaise hors d'état de tenir la mer (1).

Le 13 au matin le brouillard se dissipa ; un soleil éclatant éclaira les deux flottes. Dans l'armée française le contre-amiral Nielly prit le commandement de l'arrière-garde ; le contre-amiral Bouvet celui de l'avant-garde ; Villaret-Joyeuse resta au centre. Une des frégates qui avait rallié la flotte avait eu des nouvelles du convoi de Wenstabel ; il devait être en ce moment assez près ; il était donc nécessaire d'occuper encore la flotte anglaise pour l'éloigner de la route qu'il suivait.

Ce combat, que M. Thiers appelle un des plus mémorables dont l'Océan ait été le témoin, s'engagea vers les 9 heures du matin. Il devint bientôt très-vif. On se battait de part et d'autre avec chaleur, quand une manœuvre maladroite du *Jacobin* permit à l'amiral anglais de couper notre ligne et de se porter sur *La Montagne*, qu'il isola. Le vaisseau français supportait le feu de l'ennemi sans pouvoir le lui rendre, crainte de tirer sur un de nos vaisseaux. Ordre fut donné au *Jacobin* de venir placer l'amiral anglais entre deux feux ; on le répéta inutilement. Jean-Bon Saint-André le lui transmit lui-même ; ce fut en vain. Cependant *La Montagne* parvint à se dégager ; alors elle put se défendre. Cinq à six vaisseaux l'entouraient ; un fut coulé, les autres plus ou moins maltraités.

(1) Séance du 16 messidor.

Le combat n'était pas moins violent sur les autres points. On se battait à la portée du pistolet avec un acharnement sans exemple.

Cependant l'avant-garde avait plié ; le contre-amiral Bouvet avait seul gardé son poste, et il se battait avec vigueur, quoiqu'il eût perdu son grand mat. Pour rallier sa division, il traversa la ligne anglaise avec autant d'audace que de courage.

L'arrière-garde supporta seule un moment tout le choc de l'ennemi ; le contre-amiral Nielly le soutint avec fermeté. Cette partie de l'armée navale éprouva, avec le centre, la plus grande perte ; l'avant-garde, qui se débanda assez tôt, ne souffrit pas beaucoup.

C'est pendant ce combat que se passa un fait qui a inspiré une ode admirable à Lebrun. *Le Vengeur* démâté, à moitié coulé, refusa d'amener son pavillon, et s'enfonça dans les flots aux cris de *vive la république, vive la liberté*. L'équipage ne périt pas tout entier, comme on le crut dans le temps ; une partie fut recueillie et faite prisonnière par la flotte anglaise (1).

Le sort du *Vengeur* fut partagé par *L'Impétueux*,

---

(1) C'est ce que, quelques mois après l'évènement, Bréard annonça à la Convention (le 22 fructidor an II, — 8 septembre 1794) : « Je suis bien aise, dit-il, d'apprendre à la Convention que tout l'équipage du *Vengeur* n'a pas péri ; le commandant est de retour à Brest, où il vient d'être promu au commandement du *Jemmapes*. »

commandé par Douville. Ce vaisseau était le matelot de l'arrière du *Terrible*. Un vaisseau anglais ayant essayé de couper la ligne en avant de lui, *L'Impétueux* serre son général, se laisse aborder par l'ennemi, et préfère de s'abîmer avec lui dans les flots plutôt que de lui céder le poste qu'il devait garder.

Le courage et l'audace de nos marins d'un jour dépassèrent ce qu'on pouvait en attendre. Le combat durait depuis cinq heures, quand les Anglais cessèrent les premiers le feu.

Les deux flottes étaient également hors d'état de livrer une troisième bataille. Quelques-uns de nos vaisseaux désemparés étaient à une très-grande distance du lieu du combat, confondus pêle-mêle avec les vaisseaux anglais, qui se trouvaient dans le même état. Villaret-Joyeuse fit donner des remorques à tous ceux que sa position permettait de recueillir; il mit en panne pour faire cette opération : l'armée anglaise était trop harassée pour pouvoir l'en empêcher. Il ne restait que dix-neuf gros vaisseaux au contre-amiral français.

M. Thiers prétend que le lendemain Villaret-Joyeuse ayant réuni son avant-garde et sa droite, voulait fondre sur les Anglais et reprendre ses vaisseaux capturés. Les Anglais, fort endommagés, nous auraient peut-être, ajoute-t-il, cédé la victoire; Jean-Bon Saint-André s'opposa à un nouveau combat, malgré l'enthousiasme des équipages. L'avis du représentant du peuple était sage; il ne fallait pas risquer les quelques vaisseaux qui restaient encore à la République, pour une victoire très-chanceuse et d'ailleurs peu utile, dès que la flotte anglaise était mise hors d'état de s'emparer du convoi de vivres.

Les marins français avaient du courage : ils venaient d'en faire preuve ; mais en général ils manquaient d'instruction et de pratique. Il fallait les leur donner avant de se mesurer de nouveau avec les Anglais. D'ailleurs tout n'était pas fini ; le convoi était sauvé de la flotte de l'amiral Howe, mais ne pouvait-il pas rencontrer quelque autre escadre anglaise ? Et, en effet, douze vaisseaux ennemis étaient en croisière sur les côtes de Bretagne, couvrant les ports de Brest et de Lorient, et prêts à se porter à l'entrée de celui de ces deux ports que le convoi tenterait d'aborder.

Le 22 prairial (10 juin) la flotte française, malgré son état de délabrement, leur donna la chasse depuis le commencement du jour jusqu'à 11 heures du soir. L'entrée devenait alors libre au convoi, qui le 13 prairial, pendant que les deux flottes se battaient, passa sur le champ de bataille du 10 ; il y trouva les débris du combat, et fut rallié par *Le Montagnard* et la frégate *La Seine* qui, comme nous l'avons dit, avaient abandonné le corps d'armée pendant les brumes épaisses du 11 et du 12.

Les vaisseaux français croisèrent jusqu'au 22. A cette époque, supposant que le convoi était arrivé, ils mouillèrent à la rade de Bertheaume. Le jour suivant le convoi aborda au même lieu.

Si les officiers français avaient été aussi capables que courageux, la flotte anglaise était détruite; mais l'avant-garde manœuvra mal et fut mise en déroute sans avoir presque combattu, et le vaisseau *Le Jacobin* compromit gravement le centre. Cependant les Anglais, qui avaient l'avantage du vent, n'eurent, malgré la supériorité numérique de leurs vaisseaux, ni la supériorité du courage, ni celle du feu.

Ce combat naval est devenu plus tard un sujet de vifs reproches pour Jean-Bon Saint-André. Déjà Prudhomme, qui raconte mal les faits, et prouve par là qu'il était mal informé, accuse le représentant du peuple d'être cause de la perte de la bataille, en ordonnant précipitamment la retraite (1). Plus tard, on renchérit sur cette première accusation: on fit grand bruit de la prétendue crainte que le représentant du peuple avait montrée pendant l'action. Ces calomnies sont misérables. Dictées par la lâche vengeance de ceux qu'il avait punis ou éloignés du service comme traîtres ou incapables, elles sont en opposition avec l'opinion généralement répandue à Brest après la bataille du 13 prairial. Après la rentrée

(1) Ce *précipitamment* est d'autant plus singulier dans Prudhomme, qu'il rapporte lui-même que le combat dura depuis six heures du matin jusqu'à six heures du soir. Il n'y avait pas grande précipitation à se retirer après douze heures de combat. — Prudhomme, *Hist. Révolut.*, tom. VIII, pag. 277-278.

de la flotte, on s'accordait à louer le zèle et la fermeté de Jean-Bon Saint-André; nous en avons pour preuve l'assertion d'hommes honorables qui étaient dans cette ville à cette époque. Plus tard, quand il fut décrété d'arrestation, il arriva de Brest une dénonciation contre lui; il n'y est pas dit un seul mot de cette affaire, dont on aurait pu cependant tirer parti pour le perdre, dans le moment le plus violent de la réaction thermidorienne.

On peut ajouter que ces calomnies sont absurdes. Si le représentant avait craint les coups de canons, il aurait fait battre en retraite après le 10 prairial; il ne se serait pas exposé à un nouveau combat. Il faut ajouter que rien ne l'obligeait à monter sur la flotte : il pouvait attendre à Brest le résultat de la croisière. Faisons remarquer que Jean-Bon Saint-André connaissait la mer, et qu'il savait ce qu'il faisait en passant sur le bord de l'amiral. Enfin, reprocher un défaut de courage à des hommes qui tous les jours étaient exposés à perdre la vie sur l'échafaud ou sous le poignard de l'assassin, c'est méconnaître singulièrement cette époque de surexcitation politique. Le représentant du peuple fit au contraire preuve de courage et de présence d'esprit à bord de l'amiral. Nous avons déjà dit qu'il était sur le pont au moment que *La Montagne* était foudroyée par les feux de l'amiral anglais; nous devons ajouter qu'il y fut même blessé.

Il faut encore faire remarquer que tous ceux qui ont attaqué Jean-Bon Saint-André sur ce point, connaissent si peu l'évènement dont ils parlent, qu'ils en dénaturent les principaux détails. Cela est surtout vrai pour Prudhomme, et l'on peut en dire autant de l'auteur de l'article *Saint-André* dans la *Biographie universelle*, qui, pour le dire en passant, a puisé la plupart des faits qu'il attribue à ce représentant, dans la dénonciation lancée contre lui de Brest à l'époque où il était en état d'arrestation (1). Cela suffit pour faire connaître l'impartialité de l'écrivain.

Kerguelen, qui est loin d'être un ami de Jean-Bon Saint-André, ne le blâme que sur ces deux points : d'abord de n'avoir pas fait exercer les officiers avant de sortir du port, ce que le temps ne paraît pas avoir permis de faire ; et ensuite d'avoir laissé livrer le combat. Il est possible que sur ce dernier point il ait raison ; du moins ce qu'il dit en faveur de son opinion paraît juste et logique ; mais cette accusation même dément complètement les calomnies dirigées plus tard contre le représentant du peuple (2).

Enfin, ajoutons que les Anglais ont été plus justes dans leur jugement sur cette affaire que les Français, qui semblent avoir pris plaisir à la regarder comme honteuse pour la France. Le 21 messidor, Barrère pré-

---

(1) En mai 1795.

(2) Kerguelen, *Histoire des évènements des guerres maritimes entre la France et l'Angleterre, depuis 1778 jusqu'en 1796*, pag. 356-362.

senta à la Convention un rapport dans lequel il cita plusieurs extraits de journaux anglais faisant l'éloge de la valeur de nos marins. L'un d'eux raconte que les matelots anglais disaient à leurs camarades restés dans les ports, en leur parlant de ce combat : « Les Français sont comme des cailloux; plus on les frappe, plus ils rendent du feu. »

Les Anglais voyaient dans Jean-Bon Saint-André l'âme de la marine française, comme ils croyaient que Robespierre était la force de la République; on en a des preuves dans des papiers trouvés sur des prises faites à l'ennemi. « Je tiens à la main, dit Barrère dans la séance du 24 prairial, un papier anglais qui nous a été envoyé de Brest par Prieur, et qui a été trouvé dans un bâtiment dont nous nous sommes emparés. Vous y verrez la trace de ce qui se passe à Londres. C'est sur Jean-Bon Saint-André, chargé de diriger les forces navales contre cette Carthage moderne, que Pitt dirige ses poignards et ses calomnies, parce que c'est lui qui est à la tête de notre marine (1). »

Si l'on considère, en effet, ce qu'était la marine au moment qu'il se chargea de son administration; si l'on se représente qu'elle venait d'éprouver à Toulon des pertes immenses et pour long-temps irréparables; que l'émigration l'avait laissée presque sans officiers; que le personnel, opposé à peu près en entier au nouvel

(1) *Moniteur* du 26 prairial (14 juin 1794.)

ordre de choses, avait dû être réformé et renouvelé; qu'au milieu des agitations révolutionnaires, les plus grands désordres s'étaient glissés dans tous les services, on sera étonné qu'en si peu de temps, avec des moyens extrêmement bornés et des crédits très-insuffisants, il ait pu mettre une flotte en état de se mesurer avec avantage, malgré l'infériorité du nombre, avec les armées navales de l'Angleterre ; et loin de se joindre à ses détracteurs, on ne saura ce qu'il faut le plus admirer, de son audace ou de son habileté. Les faits parlent ici plus haut que des calomnies qui ne s'appuient sur rien.

Nous avons déjà dit quelques mots du zèle et des soins qu'il apporta à l'organisation des diverses branches qui se rattachent à la marine (1) ; nous aurions bien d'autres faits à faire connaître ; nous nous contentons de rappeler les principaux.

A Brest, les travaux du port languissaient ; il redonna la vie aux ateliers, aux chantiers, aux arsenaux. A Toulon, presque tout était en ruine ; envoyé en mission dans cette ville, il appela des ingénieurs et des constructeurs, et fit relever en peu de temps les principaux établissements maritimes.

Après les pertes faites à Toulon, la France manquait de vaisseaux ; Jean-Bon Saint-André proposa et fit hâter la construction de plusieurs navires. L'ancienne marine était prompte à déclarer les vaisseaux hors de ser-

(1) Voyez pag. 56-58.

vice ; des visites exactes prouvèrent qu'avec quelque radoub on pouvait encore tirer parti de plusieurs bâtiments condamnés, qui sans l'inspection sévère de Jean-Bon auraient été perdus pour l'Etat (1).

L'administration civile de la marine avait besoin d'une grande réforme. Les négligences, les dilapidations y étaient aussi scandaleuses que nuisibles aux intérêts de la République ; Jean-Bon Saint-André prévint et rendit impossibles les friponneries qui se commettaient dans l'embarquement et le débarquement des approvisionnements, par un arrêté que la Convention ratifia par un décret.

Il n'est pas jusqu'au bien-être des marins qui ne fixât son attention. Il fit décréter par la Convention quelles seraient la quantité et la qualité des effets des matelots et des novices embarqués sur les vaisseaux de la République. Ce décret entre dans les détails les plus minutieux pour assurer la propreté du linge, sa bonne conservation, la santé des marins, etc. Ainsi, pour citer un seul exemple, il prescrivait que toutes les fois que les marins formant le quart auraient essuyé du mauvais temps, ou lorsque des manœuvres forcées, soit en rade, soit en mer, les auraient exposés à la pluie et qu'ils en auraient souffert, il serait donné un verre d'eau-de-vie à chacun, à raison d'une bouteille par trente-deux

(1) Rapport des représentants du peuple envoyés à Brest, pag. 15 et 18.

hommes; que des fanaux leur seraient accordés de distance en distance pour se coucher, et qu'on veillerait à ce que personne ne restât mouillé dans ses hardes (1).

Tout cela cependant était peu, si l'on ne parvenait à former des matelots et des officiers.

Pour former des matelots, nous avons déjà vu que Jean-Bon Saint-André établit à bord des vaisseaux de 20 canons et au-dessus, des instituteurs qui, tout en en donnant une instruction primaire générale, propre à mettre les hommes en état de se développer ensuite par eux-mêmes, devaient, autant que faire se pourrait, enseigner les premiers éléments de la théorie de la navigation. A côté de cet enseignement théorique il créa un enseignement pratique. On confia à chaque matelot gabier l'instruction et la direction d'un certain nombre de novices, et on prit des mesures pour encourager les instructeurs et les élèves (2).

Pour former des officiers, on établit sur chaque vaisseau un cours d'instruction à leur usage, sur la théorie

(1) Nous ne citons ces derniers détails que comme une preuve que ces mêmes représentants du peuple qui sauvaient et régénéraient la France par de grandes institutions, ne regardaient rien comme au-dessous de leurs soins quand il s'agissait du bien-être du peuple.

(2) « La nécessité de faire promptement des matelots me suggéra l'idée d'établir une école de matelotage sur chaque vaisseau. Les matelots gabiers furent désignés pour être, dans cette partie, les instructeurs des novices. Des récompenses furent pro-

des mouvements des armées navales ; le capitaine en était chargé. Quand la flotte était au mouillage, il devait s'ouvrir à bord du commandant en chef un cours d'instruction pour les capitaines (1).

Ces mesures étaient évidemment insuffisantes, et l'on se demande pourquoi, quand la Convention ouvrait des écoles militaires pour les armées de terre, Jean-Bon Saint-André ne proposa jamais la création d'un établissement semblable pour les armées navales. L'explication est facile à trouver.

Jean-Bon Saint-André avait puisé dans la marine marchande les préventions qu'elle avait eues de tout temps contre la marine royale. Il craignait, en établissant une école spéciale, de voir renaître dans le corps des officiers qui s'y formeraient, l'esprit aristocratique qui le distinguait autrefois. Il caressait d'ailleurs un projet qui lui semblait propre à rapprocher la marine du commerce et celle de l'Etat, et à pourvoir en même temps cette dernière d'officiers de mérite. Ce plan, que les anciens marins regardèrent comme la ruine la plus certaine de la marine française (2), et que les marins

---

mises au zèle et à la bonne volonté des uns, des encouragements à la docilité et à l'application des autres. » — Rapport des représentants du peuple envoyés à Brest, pag. 7.

(1) Voir l'arrêté des représentants, § 10 et 11, à la suite du journal sommaire de la croisière.

(2) La marine semblait peu propre à une organisation répu-

de nos jours ne jugeront sans doute pas plus favorablement, était conforme à l'esprit du temps et fut sans doute aussi la conséquence des souvenirs que Jean-Bon Saint-André avait gardés de sa première profession.

Dans son projet de décret pour l'organisation de la marine, il proposa à la Convention de faire à l'avenir de la marine marchande l'école et la pépinière au milieu de laquelle on irait choisir les officiers auxquels on

blicaine, et cependant c'était là ce que demandait l'esprit de l'époque. Que Jean-Bon Saint-André se soit trompé, c'est possible ; mais il serait injuste qu'une erreur, qui fut celle de son temps, fît fermer les yeux sur les services réels qu'il rendit à la marine. Ses idées à ce sujet et sa juste sévérité à l'égard des officiers menacés du nouveau mode de gouvernement, l'ont rendu odieux à la marine de l'État, qui professe, et qui surtout avant la révolution professait le plus souverain mépris pour la marine du commerce. On ne froisse jamais impunément les préjugés et l'esprit de corps. La grande raison pour laquelle les marins ont toujours détesté Jean-Bon Saint-André, c'est parce qu'il a voulu que les officiers de la marine marchande pussent devenir leurs égaux et même leurs supérieurs en passant au service de l'État. Cela suffit à expliquer pourquoi, quand les armées de terre n'ont jamais méconnu et renié le mérite des hommes qui les organisèrent à cette époque, celui qui seul, dans les premiers jours de la République, fit quelques efforts pour organiser la marine, a toujours été maltraité et dénigré par les officiers des armées navales.

confierait le commandement des vaisseaux de l'Etat ; et voici comment il entendait que ce système fût mis à exécution.

Au moment que ce nouveau plan était proposé, il s'agissait d'épurer les cadres de l'armée navale, ou, pour mieux dire, de les refaire en entier. Jean-Bon Saint-André voulait qu'on procédât de la manière suivante :

On aurait dressé un état des officiers de tous grades nécessaires pour former la marine de la République, et en même temps un tableau du nombre d'officiers que devrait fournir, proportionnellement à l'ensemble, chaque bureau des classes.

Ces tableaux dressés et affichés, on aurait convoqué au chef-lieu de la classe tous les marins qui en faisaient partie, et chaque classe aurait procédé par scrutin individuel et à la pluralité absolue des suffrages, à la nomination du nombre de candidats qu'elle devait fournir, sans désignation de grades.

Le ministre aurait ensuite délivré des brevets aux officiers élus, d'après les règles suivantes :

Auraient pu être nommés capitaines de vaisseau, ceux des élus par les classes qui auraient au moins 35 ans et pas plus de 55, et cinq ans de navigation en qualité de capitaine en chef ou de capitaine en second sur les vaisseaux de commerce, ou autant d'années ou de campagnes sur un vaisseau de l'État en qualité d'officier ou de maître pilote ;

Capitaines de frégate, ceux qui auraient au moins

30 ans et trente-six mois de navigation, dans les mêmes conditions que les précédents ;

Lieutenants de vaisseau et capitaines de corvette, ceux qui, âgés de 25 ans au moins, justifieraient de cinq années de navigation à bord des vaisseaux de commerce ou de l'Etat, dans les grades d'officier ayant commandé un quart.

Et ainsi de suite, et proportionnellement pour les autres emplois.

Une fois la marine ainsi organisée, on aurait renoncé aux nominations par élection; et pour les nouveaux emplois vacants, le ministre aurait choisi parmi les capitaines marchands ceux qui auraient pu subir des examens propres à prouver leurs connaissances (1).

Voyons maintenant sur quelles raisons Jean-Bon

(1) Jean-Bon Saint-André, dans l'écrit qui contient son opinion sur l'organisation de la marine française, invite le Comité de marine à examiner la question intéressante, s'il faut conserver dans l'armée navale de la République des élèves entretenus par l'Etat et destinés à devenir officiers, ou s'il ne convient pas mieux de prendre à l'avenir les officiers parmi les capitaines marchands qui, toujours en activité, ont beaucoup plus d'expérience des manœuvres nécessaires à la conduite des vaisseaux, et dont on peut exiger, s'il est jugé convenable, des examens plus sévères pour s'assurer de leurs connaissances. Il est facile de voir, à la manière dont il pose la question, dans quel sens il la résolvait lui-même.

Saint-André appuyait lui-même son système ; il les exposa dans un projet de décret qu'il présenta à la Convention pour l'organisation de la marine.

« C'est dans la marine du commerce que vous trouverez des hommes dignes de combattre cette nation dont les vaisseaux flottent avec orgueil sur les mers des deux mondes. Je sais qu'on regrette que plusieurs de ces officiers n'aient pas toutes les connaissances mathématiques qu'une longue étude dans les écoles nationales offre aux officiers de la marine de la République les moyens d'acquérir. Je suis loin de déprécier l'utilité de ces connaissances; mais je dois faire observer d'abord qu'elles ne sont pas aussi rares parmi nos marins marchands que se plaisent à le dire les détracteurs de notre liberté. J'ajoute que la guerre que vous allez faire sur mer doit être différente de toutes les autres. Le courage et l'audace, voilà ce qui doit animer vos marins ; voilà, sinon les seules, au moins les premières qualités qui doivent les distinguer. Il faut qu'ils renouvellent les temps des Jean-Bart et des Duguay-Trouin, qui certes n'étaient pas de grands géomètres, mais qui avaient cette chaleur de l'âme, ce coup-d'œil rapide qui est le vrai talent du marin, et qui seul commande la victoire ; qu'ils mettent à profit l'impétuosité française, l'enthousiasme de la liberté, pour triompher de leurs ennemis. Peut-être, dédaignant, par esprit de réflexion et de calcul, des évolutions savantes, jugeront-ils plus convenable et plus utile de tenter ces combats à l'abordage où le

Français fut toujours vainqueur, et d'étonner ainsi l'Europe par de nouveaux prodiges d'intrépidité.

« Mais pour vous assurer que vous n'aurez que des hommes capables de déployer une si grande valeur, il faut consulter les navigateurs eux-mêmes, et les intéresser par le mobile de l'honneur, toujours si puissant sur des âmes libres, à ne désigner au gouvernement que ceux qui, dignes de sa confiance, pourront la justifier. Une sainte émulation s'établira alors entre toutes les villes maritimes; elles voudront toutes, à l'envi, avoir la gloire de fournir à la République les marins les plus distingués, et cette rivalité leur donnera de nouveaux titres à la reconnaissance nationale : c'est l'objet du projet de décret que j'aurai l'honneur de vous proposer. La base des dispositions qu'il présente, est l'abolition, l'anéantissement de cette organisation maritime qui a excité tant de réclamations et dont la conservation éloignerait de vous, comme elle en a déjà éloigné, des navigateurs qu'il vous importe si fort d'attacher au service de la République. Vous avez détruit les priviléges, pourriez-vous souffrir que vos lois en offrissent la trace?

« C'est par des élections que le peuple exerce le droit qui lui appartient de nommer ses représentants et ses magistrats. Vous avez donné aux bataillons de gardes nationales la faculté de nommer leurs officiers; des militaires ont cru voir des inconvénients dans cette méthode; mais le principe n'en est pas moins bon. C'est aussi une élection que je vous propose. Elle n'aura pas les désavantages de celle des bataillons de volontaires ; elle ne sera pas faite par les équipages des vaisseaux que ces officiers devront commander, mais par les assemblées des marins de chaque département des classes, réunis dans le chef-lieu de la classe. Ces assemblées n'auront que le droit de désigner le nombre des sujets qui leur seront demandés ; et le ministre de la marine jugera s'ils remplissent les conditions prescrites par la loi, et ne pourra leur délivrer des brevets qu'autant que ces conditions seront remplies ; ainsi la confiance du gouvernement sera éclairée par le choix des assemblées, et la responsabilité du ministre demeure dans son entier, puisque l'exécution des lois sur les promotions lui appartient invariablement (1). »

Il est possible que, jugé en soi et d'un point de vue absolu, le plan de Jean-Bon Saint-André ne soit pas bon et qu'il ait été en grande partie conçu, comme nous l'avons fait remarquer, sous l'influence des préjugés qu'il avait puisés dans la marine marchande, et auxquels, du reste, les dernières trahisons devaient donner une singulière force et une grande apparence de raison. Mais seul il était en rapport avec l'esprit du temps, qui détestait toute espèce de distinction (2) ; et

(1) Opinion et projet de décret par Jean-Bon Saint-André sur l'organisation de la marine française, p. 3-5.

(2) Ce désir d'égalité allait si loin, que le Comité de salut public, considérant que les compagnies de grenadiers et de chasseurs de la garde nationale sont un outrage à l'égalité, demanda

ensuite, ce qui est ici le plus important à considérer, il était le seul possible, car il n'existait pas d'autre moyen d'avoir sans retard des officiers exercés pour les armées navales que de les demander à la marine marchande.

Il y a plus, les évènements semblent avoir donné raison à Jean-Bon Saint-André, et prouvé que le genre de guerre maritime qu'il proposait était pour le moment le meilleur. En effet, tandis que pendant long-temps notre marine s'est fait écraser en bataille rangée par les Anglais, les bâtiments de la marine marchande qui, armés en corsaires, sortaient des ports de Marseille et du Hâvre, se couvraient de gloire et ramenaient de riches captures.

Jean-Bon Saint-André pensait que la marine française pouvait rendre de grands services ; il rêvait pour elle un rôle glorieux dans la grande lutte que la France soutenait pour la cause de la liberté. Il ne suffisait point, selon lui, pour l'affranchissement des peuples, du triomphe de nos armes sur le continent. Les mers sont les routes du monde ; il fallait les rendre libres pour que la liberté pût s'étendre en tous lieux. Quand il travaillait à mettre la marine française en état de déposséder l'Angleterre de l'empire des mers, il ne

à la Convention qu'elles fussent incorporées dans les autres compagnies et qu'elles entrassent dans la classe commune. Ce fut Jean-Bon Saint-André qui fut chargé de présenter à l'Assemblée nationale cette proposition, le 20 septembre 1793.

songeait pas à élever la puissance maritime de la France sur les ruines de celle de l'Angleterre ; les sentiments des hommes politiques de cette époque s'étendaient au delà des limites de la patrie ; ils ne voulaient rendre la France puissante que pour qu'elle pût devenir l'instrument de la délivrance de tous les peuples. « Si l'empire des mers ne doit plus appartenir à un peuple de marchands qui, depuis si long-temps, scandalise l'Europe et l'univers des crimes de son insolence et de sa cupidité; c'est, disait Jean-Bon Saint-André à la Convention, pour que la mer soit libre comme la terre ; et l'une et l'autre doivent l'être par vous (1). »

A cette liberté des mers, routes ouvertes par la nature à toutes les nations, Jean-Bon Saint-André faisait cependant une exception. La France, selon lui, devait dominer en souveraine sur la Méditerranée. La Méditerranée, répétait-il souvent, est un lac français. Quelles conséquences tirait-il de cette idée ? Qu'entendait-il par là ? Quels étaient les projets qu'il fondait sur elle ? C'est ce qu'il est fort difficile de déterminer nettement, et c'est sous ce rapport que nous devons surtout regretter vivement la destruction de ses papiers et de sa correspondance, qui auraient jeté quelques lumières sur un sujet encore aujourd'hui palpitant d'intérêt.

Cependant le calme avait peine à se rétablir à Toulon.

(1) Rapport des représentants du peuple envoyés à Brest, page 21.

Tour à tour dévastée par la réaction royaliste et par le triomphe des armes de la République, cette ville était agitée par de fréquents mouvements séditieux; l'autorité de la Convention y était souvent méconnue; un de ses représentants avait même été assassiné. Pour maîtriser ces mouvements, il fallait un homme ferme et capable; mais il ne suffisait pas de ramener le calme dans la ville, il s'agissait encore de relever ses établissements maritimes détruits : un homme spécial était par conséquent nécessaire. Cette mission difficile ne pouvait être confiée qu'à Jean-Bon Saint-André.

Tout était à refaire : le port, dans un état difficile à décrire, demandait des réparations considérables; l'arsenal était dans un désordre complet; il n'y avait plus de discipline sur l'escadre; des troubles continuels agitaient la ville; le commerce était entièrement suspendu. Jean-Bon Saint-André étendit ses soins à tout. Des ingénieurs habiles furent chargés de diriger et de pousser les travaux du port; les séditions furent réprimées sans l'emploi de moyens violents, mais seulement par la persuasion, l'énergie et l'habileté du représentant du peuple, qui se trouvait partout où sa présence était nécessaire; l'escadre fut organisée sur le même pied que celle de Brest; des réquisitions bien entendues remplirent l'arsenal, et l'ordre y fut rétabli. Il ne restait plus qu'à ranimer le commerce, mais ici la tâche était au-dessus du pouvoir du représentant du peuple; la loi avait taxé le prix des produits et des denrées; tant que cette loi était en vigueur, le commerce devait languir. Jean-Bon Saint-André essaya dans sa correspondance de faire sentir les inconvénients immenses pour la prospérité du commerce, du maintien, quoique partiel, du maximum (1).

« Quels que soient nos efforts pour encourager le commerce, écrivait-il à l'Assemblée nationale, ils seront impuissants, tant que la Convention nationale hésitera sur le retour indispensable aux principes dont des circonstances impérieuses avaient fait une nécessité de s'écarter. »

On avait, il est vrai, laissé libre le commerce des matières premières, quoique la loi portée sur ce point fût loin d'être claire, et pût donner lieu à une foule de difficultés. Mais le maximum pesait toujours sur les produits manufacturés. « Si le maximum est aboli sur les matières premières apportées de l'étranger, continuait Jean-Bon Saint-André, il ne peut pas subsister sur les marchandises manufacturées qui en proviendront. Quel est le fabricant qui achètera des matières, qui les soumettra aux différentes préparations qu'elles exigent, pour livrer ensuite des produits de son industrie à des prix plus bas que ceux de la matière elle-même ? Il est évident que la loi du maximum doit être rapportée, ou qu'il faut renoncer au projet de ressusciter le commerce (2). »

---

(1) *Moniteur* de l'an III (1794) n° 100.
(2) Lettre des représentants du peuple, délégués dans les dé-

Jean-Bon Saint-André était encore en mission à Toulon, quand éclatèrent les évènements du 9 thermidor (27 juillet 1794). Le rôle qu'il avait joué dans le Comité de salut public, n'était pas de nature à le compromettre. Il fallait que la réaction allât beaucoup plus loin pour qu'elle pût l'atteindre. En attendant, on le laissa poursuivre librement le cours de ses travaux à Toulon.

On sait qu'en brumaire an III le décret du 6 août 1793 fut rapporté et les poursuites contre les Girondins suspendues. Un seul homme de ce parti fut excepté de cette amnistie, et resta hors la loi ; c'était Pierre Sers, ancien président du département de la Gironde, et lié depuis long-temps avec Jean-Bon Saint André par des nœuds étroits. A cette nouvelle le représentant du peuple en mission à Toulon se hâte d'écrire à Porcher, rapporteur de cette affaire. Voici sa lettre (1); nous l'insérons ici en entier parce qu'elle est propre à donner une idée du caractère de son auteur. Elle est datée de Port-la-Montagne, 30 brumaire an III (Toulon, 10 décembre 1794).

« J'ai applaudi, mon cher collègue, comme tout le monde, au sage rapport que tu as fait sur l'affaire de Bordeaux et au décret qui en a été le résultat. Cependant, si j'eusse été présent à la séance, j'en aurais com-

partements des Bouches-du-Rhône, du Var, etc, à la Convention nationale, du 28 frimaire an III.

(1) *Moniteur* de l'an III (1794), n° 80.

battu l'exception de toutes mes forces, parce qu'elle est une injustice. Je connais parfaitement Bordeaux; j'ai été lié avec Pierre Sers : la diversité d'opinion politique m'en avait à-peu-près fait un ennemi. Eh bien! je dois cet hommage à la vérité, que Pierre Sers est un homme droit et probe; qu'il n'a jamais eu dans son cœur que l'amour du pays, et que même en se trompant il croyait le servir. Les erreurs de Pierre Sers sont les crimes de Gensonné. Je sais par quels moyens celui-ci était parvenu à capter sa confiance, et de quelle indigne manière il en avait abusé; ces détails me sont connus, je les aurais développés à la tribune; je ne puis le faire dans les courtes bornes d'une lettre, mais j'affirme que le décret qui rappelle à Bordeaux des hommes profondément tarés et très-suspects, n'exclut qu'un honnête homme qui est père de famille.

« Je t'envoie un mémoire qu'un ami de cet infortuné m'a fait passer. Prends la peine de le lire: il contient la vérité. Tu as fait honneur aux bordelais de leur expédition sur Montauban. Pierre Sers en fut le principal promoteur; j'entretenais alors avec lui une correspondance suivie; j'étais intéressé dans cette affaire malheureuse, puisque ma tête fut alors mise à prix par les aristocrates de Montauban, et nul ne sait mieux que moi les soins qu'il s'est donnés dans cette occasion pour faire triompher la cause de la liberté.

« Il est digne de toi, mon cher collègue, il est digne des trois Comités, digne de la Convention, d'effacer cette exception, j'ose le dire peu honorable pour vous tous. Eh quoi! quand vous pardonnez à toute une ville, vous paraissez encore redouter un homme! Non, il ne sera pas dit que la Convention ait voulu appesantir sa vengeance sur un individu. Prends toi-même, mon cher collègue, cette cause.

« Mais si les efforts que je fais en ce moment pour sauver un malheureux étaient sans effet, à quelque époque que je reparaisse dans le sein de la Convention, j'en ferai la motion expresse, tant je suis intimement convaincu de la pureté des intentions d'un homme qu'on n'avait entrainé dans le parti qu'à force de ruses et de perfidies. »

En germinal an III (mars 1795), Jean-Bon Saint-André était de retour de sa mission à Toulon, et avait repris sa place dans le sein de la Convention. Quel rôle va désormais y jouer l'ancien membre du Comité de salut public?

La majorité de la Convention, incapable de diriger l'opinion publique, prenait chaque jour des mesures de rigueur pour réduire ses nombreux opposants, et s'appuyant sur la force brutale, cherchait à se maintenir par un déplorable système d'équilibre. Quand les Jacobins deviennent trop pressants, elle les fait guillotiner; quand les ultra-modérés s'agitent, elle les fait mitrailler. Ces hommes, qui n'ont pas assez de voix contre les terroristes de l'ancien Comité de salut public, ne trouvent plus assez expéditif ce tribunal révolutionnaire qu'un jour Robespierre voulait faire fusiller parce qu'il lui semblait trop cruel ; ils le remplacent par une commission militaire qui juge et fait exécuter à l'instant ses arrêts. Dans cet état de choses la presse était dangereuse; il fallut lui imposer silence. Chenier, dans un rapport sur la situation de la République, fut chargé de proposer, entre autres choses, des peines sévères contre les calomniateurs, contre ceux qui, par leurs écrits ou leurs discours séditieux, auraient provoqué l'avilissement de la représentation nationale.

Avant le 9 thermidor, Jean-Bon Saint-André avait défendu la liberté de la presse contre les Jacobins (1) ; il avait gagné sa cause. Il prit encore à cette occasion sa défense contre les modérés (2) ; il fut remarquable de raison et d'éloquence, mais ce fut en vain.

Après avoir montré combien sont dangereux pour la liberté publique les écrivains aux gages du gouvernement, il fit voir que le mal ne peut être affaibli que si la liberté de la presse permet de les réfuter et d'établir ainsi une sorte de compensation qui tourne quelquefois au triomphe de la vérité. La libre discussion peut seule, selon lui, éclairer ceux qui sont à la tête des affaires ; il est de leur intérêt et de leur devoir de la permettre et même de la provoquer.

« Quelle est donc, s'écrie-t-il, cette intervention

(1) *Moniteur* du 10 mars 1795.
(2) Séance du soir du 11 prairial an III (30 avril 1795).

funeste de tous les principes qui met la censure dans les mains de ceux qui, par la nature de leurs fonctions, doivent la subir et non l'exercer ; sont tenus de rendre compte de leurs mesures et n'ont pas le droit de demander compte aux autres de leurs opinions ; pour qui la critique elle-même est un bienfait, puis qu'elle les éclaire sur leurs fautes, et qui néanmoins regardent la critique comme un outrage et la transforment en délit national ? »

Mais la liberté de la presse laissera se répandre des erreurs nuisibles au bien public. « Eh bien, répond Jean-Bon Saint-André, n'est-ce pas le triste, mais nécessaire apanage de la faiblesse humaine de se tromper ? Prétendriez-vous faire d'une République composée de 25 millions d'individus une nation d'hommes infaillibles ? Et le gouvernement lui-même l'est-il ? Peut-il l'être ?

« N'oublions pas que nous posons les éléments de l'ordre social, que les droits de l'homme dictés par la nature n'ont été découverts que de nos jours, que la Révolution française a changé toutes les idées politiques, et que, dans cette crise heureuse pour l'humanité, nous avons dû voir avec un étonnement mêlé d'admiration et d'effroi que nous étions renvoyés à l'apprentissage des lois qui constituent une société bien policée. Nos premiers pas n'ont été que des essais ; ceux que nous ferons à l'avenir seront plus fermes sans doute. Mais dans la nécessité où nous avons été de tâtonner pour nous approcher du but et le bien distinguer avant de l'atteindre, sachons puiser une leçon d'indulgence pour les erreurs passées, de précaution et de justice pour les erreurs à venir. Surtout ayons soin de nous garantir nous-mêmes de celles qui nous sont connues, et songeons qu'un gouvernement qui veut tout faire, tout savoir, tout approuver, tout censurer, tout gouverner, ne gouverne jamais ou gouverne tyranniquement.

« S'il est des erreurs volontaires qui attaquent les fondements de la société, c'est aux tribunaux à les poursuivre et non au gouvernement à les punir. Et encore ces erreurs volontaires qui auraient besoin d'être réprimées, sont en très-petit nombre, et ne peuvent porter que sur la liberté, la sûreté et la propriété ; encore les idées doivent-elles être précisées avec beaucoup de soin, pour ne pas ouvrir la porte à l'arbitraire, et opprimer la liberté au nom de la liberté même. »

Une fois la liberté mise hors d'atteinte, ce n'est point, ajoute Jean-Bon Saint-André, attaquer la liberté que de proposer des vues sur la meilleure manière d'organiser la République ; car la République démocratique étant susceptible dans son organisation de formes et de modifications diverses, c'est ici qu'un vaste champ s'offre à toutes les spéculations, et que chaque citoyen a le droit d'énoncer son opinion. A plus forte raison doit-il avoir celui de l'énoncer sur les actes du gouvernement qui, pesant immédiatement sur lui, sur son état, sur sa personne, sur sa fortune, ne peut être en-

9

visagé que comme le ministre du peuple, c'est-à-dire son serviteur. »

Enfin Jean-Bon Saint-André termine son discours en s'écriant qu'arrêter un écrivain, en sa qualité d'écrivain par mesure de sureté générale, c'est la plus horrible des absurdités et la plus abominable des tyrannies. « Je demande que les Comités du gouvernement ne puissent excercer aucune censure sur les écrits livrés au public par l'impression, et que ma proposition soit renvoyée à la commission des onze, chargée de vous proposer les réformes à faire dans la forme du gouvernement actuel.»

Les raisons que fit valoir Jean-Bon Saint-André étaient vraies et justes, mais les circonstances ne permettaient pas de les écouter et de les suivre. La liberté de la presse aurait ranimé le parti Jacobin; peut-être même l'aurait-elle ramené à la tête des affaires. Il est vrai que c'est principalement le royalisme que la Convention voulait atteindre par cette mesure ; mais en réalité les vrais républicains en étaient frappés. Quoi qu'il en soit, la Convention ne pouvait s'arrêter dans sa marche rétrograde : elle adopta le projet de Chénier, et prononça la peine de bannissement contre tout écrivain qui provoquerait à l'avilissement de la représentation nationale et au retour de la royauté (1).

Jean-Bon Saint-André prit encore à cette époque une grande part aux discussions financières. Il faut surtout

(1) Thiers, *Histoire de la Révolution*, vol. VII, pag. 593-596.

citer celle qui porta sur les moyens de rétablir le rapport entre la valeur nominale des assignats et leur valeur réelle (1). Il proposa de prendre pour mesure des valeurs le blé, qui est chez tous les peuples la valeur essentielle à laquelle toutes les autres doivent se rapporter. Pour appliquer cette idée, on n'aurait eu qu'à calculer la quantité de blé qu'on pouvait se procurer avec une certaine somme, et à payer en assignats ce qu'il en faudrait pour se procurer, au moment où le paiement devrait se faire, la même quantité de blé. Par exemple, celui qui devait une rente, ou un fermage, ou une contribution de 1000 francs, à une époque où 1000 francs représentaient cent quintaux de blé, donnerait la valeur actuelle de cent quintaux de blé en assignats (2). Ce système était impraticable; les malheurs de la guerre et les pertes de l'agriculture avaient fait hausser considérablement le blé par rapport à toutes les autres denrées et marchandises; son prix était quatre fois le prix moyen; on ne pouvait donc en ce moment le prendre pour mesure des valeurs.

Cependant le peuple mourait de faim. Le 12 germinal an III (1er avril 1795), les gardes de la porte de la Convention sont forcées; des flots d'hommes et de femmes se précipitent, agitant leurs bonnets et criant *du pain! du pain! nous n'avons pas de pain!* Cette séance,

---

(1) *Moniteur* du 11 prairial an III (31 mai 1795).
(2) Thiers, *Hist. de la Révolution*, vol. VII, pag. 405-406.

une des plus orageuses depuis le 9 thermidor, fut encore marquée par un appel à la force armée contre les agitations du parti Jacobin. Jean-Bon Saint-André, dans un discours vivement applaudi et dont l'insertion au bulletin fut décrétée, chercha à faire sentir à la Convention, et la cause de ces agitations, et les meilleurs moyens de les calmer et de les rendre impossibles à l'avenir.

« Ce qui s'est passé dans cette enceinte, dit-il, doit faire naître des réflexions profondes, et sans doute les méditations que nous en tirerons tourneront au bien de la chose publique. Je m'abstiens à présent de prononcer sur cet évènement : lorsque nous serons plus calmes, peut-être en trouverons-nous la cause, l'origine et le but secret.

« De grandes mesures sont nécessaires pour sauver la République. Déjà vous vous êtes occupés des subsistances et vous vous en occuperez encore demain ; mais ce n'est pas assez. On a dit que l'assignat était bien au-dessous de la valeur réelle qu'il devait avoir ; on vous a proposé un plan de finances ; je crois aussi que vous devez vous occuper de finances, mais le discrédit des assignats doit nous faire prendre des mesures plus larges. Lorsqu'on se présente avec du numéraire on a toutes les denrées que l'on veut ; ainsi l'avilissement du signe ne vient pas de la trop grande quantité des assignats, mais de la faiblesse du gouvernement.

« S'il n'y avait pas dans toute la France un seul malveillant qui pût douter de la stabilité du gouvernement, cela vaudrait mieux que le meilleur plan de finances. L'hypothèque des assignats ne repose pas précisément sur tel ou tel domaine national, mais sur la solidité du gouvernement (*on applaudit*). Aussi, est-ce toujours sur l'existence précaire de la République que les malveillants insistent pour effrayer les hommes faibles. Il importe donc, pour que l'assignat reprenne sa valeur, pour que les denrées deviennent abondantes, pour que le commerce soit vivifié, que la République soit fondée (*on applaudit*). Tout se tient dans l'ordre social ; et le tronc duquel sortent toutes les branches, est précisément ce qu'il importe de vivifier, afin de faire prospérer les rameaux *(nouveaux applaudissements)*. Ceux-là ont raison, qui nous ont dit que les subsistances et les finances étaient deux mots qu'il est toujours dangereux de prononcer ; mais le bonheur public, la garantie des propriétés, la liberté et l'égalité, voilà ce dont nous pouvons nous occuper sans crainte ; que vos comités, dans le silence des délibérations, donnent leurs soins aux finances et aux subsistances. Vous leur demanderez ce qu'ils auront fait, quand vous le croirez utile à la chose publique ; mais en nommant dans les comités des hommes dignes de votre confiance, vous aurez le soin de ne les interroger que le moins qu'il vous sera possible : c'est à vous à faire les lois, c'est à vos comités que vous devez en laisser l'exécution.

« On vous a dit souvent qu'il fallait bannir les haines de votre sein ; on vous a pour cela proposé plusieurs moyens. Je crois que le seul, l'unique moyen d'y parvenir, c'est de vous occuper sans cesse du bonheur du peuple. Le mal dont vous êtes atteints, est une maladie contagieuse qui est repandue sur toute la France : c'est que tout le monde veut gouverner et que personne ne veut obéir. Ce n'est pas là l'ordre qu'indique la sagesse; ce n'est pas le moyen d'établir un gouvernement, d'assurer la République, de commander la paix et de ramener l'abondance.

« Citoyens, prenez une autre attitude. Semblables à la voix du créateur, quand il créa le monde, et qu'il dit à la mer : là tu briseras tes vagues, dites aux administrations : la borne est posée; si vous ne l'atteignez pas ou que vous la dépassiez, vous serez punis. Je vous le répète, citoyens, pour rattacher tous les liens du système social, pour rétablir le crédit des assignats, pour raviver le commerce, ramener l'abondance, il faut que sans délai vous organisiez le gouvernement républicain, et que vous forciez tout le monde à croire à la République. » *(Applaudissements).*

Il y avait pour Jean-Bon Saint-André quelque danger à se mettre en avant; la scène qui venait de se passer dans le sein de la Convention, les mouvements qui agitaient en ce moment le peuple de Paris, prouvaient que le parti des Jacobins était encore vivant et énergique, et devaient faire sentir au parti vainqueur la nécessité de l'écraser entièrement; et en effet, dans cette séance on décréta l'arrestation de plusieurs membres des anciens

Comités de salut public et de sureté générale. Mais, il faut le dire à la gloire de Jean-Bon Saint-André, jamais, quand il croyait pouvoir être utile à la patrie par sa parole ou ses actions, il ne mettait dans la balance ses intérêts privés. D'ailleurs, fort de sa conscience, sachant bien qu'il n'avait agi que pour le bien public, il ne songea même pas à chercher sa sureté dans l'oubli et le silence. Mais il avait appartenu au Comité de salut public, il avait professé des opinions qu'on voulait faire disparaître à tout prix ; et quelque inoffensif qu'il eut été pour les personnes, il devait à son tour tomber victime de la réaction thermidorienne.

Les réactionnaires n'étaient pas plus satisfaits de leur victoire qu'ils n'avaient été contents, au commencement, de leur majorité. Deux sentiments les animaient et les faisaient agir, peut-être sans qu'ils s'en rendissent eux-mêmes bien compte : une pensée de vengeance du passé qui les poussait à frapper des hommes devant lesquels ils avaient si longtemps tremblé (1), et une pensée de vague inquiétude pour l'avenir qui leur faisait craindre sans cesse le retour au pouvoir du parti vaincu. Leurs passions et leur intérêt se réu-

---

(1) Quand il fut question de faire rentrer dans la Convention les députés proscrits, Thuriot dit avec beaucoup de raison aux membres de l'Assemblée : « Vous ne savez ce que vous faites ; ces hommes ne vous le pardonneront jamais. » — Thiers, *Hist. de la Révolution*, tom. VII, pag. 273.

nissaient pour demander la perte de tous ceux qui avaient pris quelque part aux actes du gouvernement renversé le 9 thermidor.

Déjà l'un d'eux, Legendre, avait dit que la source des troubles qui agitaient la République, était dans les membres des anciens Comités du gouvernement, qu'ils abusaient de l'indulgence que l'Assemblée avait montrée à leur égard, et qu'il était temps enfin de punir leur ancienne tyrannie, pour en empêcher une nouvelle. Une foule de députés avaient approuvé et appuyé cet avis (1). On avait profité de chaque circonstance pour mettre en accusation et faire condamner ceux contre lesquels les griefs étaient les plus apparents (2). L'insurrection du 1er prairial offrit une occasion favorable de se débarrasser de ceux contre lesquels on n'avait pas de motifs suffisants d'accusation. En révolution, dit Grégoire, frapper vite et frapper fort est un moyen de salut (3). En conséquence on décrète d'arrestation, d'abord Forestier pour avoir tenu des propos séditieux, ensuite Paches, Audouin, Bouchotte, Daubigny, Clément, Marchand, Héron, Hassenfratz, puis Rossignol (séance du 5), Escudier, Ricard, Salicetti, Panis, Laignelot, Thirion (séance du 8). Ces accusations en détail ne suf-

---

(1) Thiers, *Hist. de la Révolution*, tom. VII, pag. 128-129.
(2) Collot, Billaud, Barère, Vadier.
(3) *Moniteur* du 9 prairial an III (28 mai 1795); Robespierre n'aurait pas dit mieux.

fisaient pas. Dans la séance du 9 prairial, Gouly demande qu'on décrète d'arrestation tous ceux qui avaient osé défendre Collot, Billaud, Barère et Vadier, tous ceux qui avaient été leurs collaborateurs et leurs complices. C'était accuser en masse tous ceux qui avaient pris part au gouvernement de la République avant le 9 thermidor.

En conséquence, Gouly vota pour l'arrestation de Robert Lindet, Voulland, Jean-Bon Saint-André, Jagot, Elie Lacoste, Lavicomterie, David, Carnot, Prieur, Barban Dubarran et Bernard de Saintes, tous membres des anciens Comités de salut public et de sureté générale. En vain Prieur (de la Côte-d'Or) fait observer que les mesures générales enveloppent toujours des innocents; on l'empêche de continuer. En vain Taveau et Doulcet citent des traits de générosité et d'humanité de Robert Lindet ; le girondin Henri Larivière s'écrie que les scélérats ont toujours au moins une bonne action à faire valoir en leur faveur. En vain Carnot veut dire quelques mots pour sa défense; Gouly revient à la charge, étend sa proposition, dit qu'il ne s'agit pas ici d'accusations particulières, mais d'un grand acte de justice, et demande qu'on décrète également l'arrestation de tous les membres des anciens Comités du gouvernement.

Les arrestations furent décrétées les unes après les autres. Quand on mit aux voix celle de Jean-Bon Saint-André, Legendre demanda qu'il fût entendu, alléguant en sa faveur qu'il était resté long-temps en mission. Les motifs d'accusation étaient misérables ; Lehardy prétendait qu'il était membre d'un comité d'insurrection ; Blod lui reprochait d'avoir proposé de laisser au Comité de salut public la nomination de tous les agents, et je demande, ajoutait-il, s'il fut jamais une mesure plus despotique ; il le dénonçait pour avoir nommé un ancien prêtre, appelé Verteuil, inspecteur des hôpitaux ; enfin il lui faisait un crime d'une proclamation par laquelle, en montant sur l'escadre, il avait chargé le tribunal révolutionnaire de Brest de veiller à la tranquillité de la ville. Il n'était pas jusqu'aux troubles qui venaient d'éclater à Toulon qu'on ne l'accusât d'avoir préparés.

La réponse de Jean-Bon Saint-André à ces diverses accusations fut aussi ferme que convenable. « Citoyens, dit-il en finissant de répondre aux griefs qu'on lui imputait, je ne me refuse point à la mesure que l'on vous a proposée contre les membres des anciens Comités du gouvernement, si vous croyez que j'y doive être englobé ; si, au contraire, en suivant les principes, vous croyez que je doive être rangé dans la classe des représentants qui ont été en mission, je donnerai à votre Comité tous les éclaircissements qu'il croira nécessaires sur ma conduite. Au surplus, je ne prendrai aucune conclusion : tranquille et calme, j'attends votre décision. »

On tenait en réserve une dénonciation venue de Brest pour s'en servir comme d'une puissante machine de guerre contre lui. Blod en connaissait seul le contenu ; il y avait puisé ses griefs d'accusation ; mais il n'en fut pas même donné lecture à la Convention ; et à la simple annonce d'une dénonciation, l'ancien membre du Comité de salut public fut décrété d'arrestation. C'est dans cette pièce que se rencontrent pour la première fois la plupart des calomnies qui ont été répétées plus tard (1).

Ceux qui l'avaient redigée étaient la plupart des officiers et des employés de la marine que la sévère administration de Jean-Bon Saint-André avait fatigués, et qui songèrent enfin, peut-être à la suggestion de Blod, à se venger de lui. Cette dénonciation n'eut cependant pas tout le succès qu'on en attendait ; si elle put faire mettre Jean-Bon Saint-André en état d'arrestation, elle ne put le traîner devant la commission militaire (2).

L'ancien membre du Comité de salut public comptait dans la Convention beaucoup d'hommes qui partageaient ses principes vraiment républicains mais sans exagération dans l'application. Il n'avait d'ennemis que parmi les Girondins, à l'exclusion desquel il avait pris part autrefois. On ne pouvait lui reprocher, ni d'avoir abusé de son autorité dans les missions dont il avait été chargé,

---

(1) Au reste, selon le cours ordinaire des choses, elles ont été peu à peu singulièrement revues et augmentées.

(2) Il ne fut pas même enfermé dans une prison ; on lui permit de rester dans son logement, en compagnie d'un seul garde qui était censé répondre de lui.

ni d'avoir poussé le Comité dans des voies de rigueur ; au contraire, il était connu pour en avoir été un des membres modérés, et il passait pour un homme qui, comme administrateur, avait rendu des services réels.

Les accusations étaient d'ailleurs trop futiles et trop vagues pour qu'elles pussent produire une conviction réelle. Mais il avait combattu les Girondins ; il avait contribué à leur défaite; il avait été membre de l'ancien gouvernement : c'était là son seul crime ; et aux yeux des réactionnaires c'était un crime qu'il fallait punir. Toutefois on lui donna communication de la dénonciation arrivée de Brest ; il répondit à chaque grief d'accusation, et sa réponse, qui est du 20 prairial, fut imprimée par ordre de la Convention (1). Nous en avons déjà cité plusieurs passages à l'occasion de quelques-uns des évènements pour lesquels il fut accusé.

« J'ai été incarcéré, dit-il en finissant, et la dénonciation annoncée contre moi n'a été connue ni de moi ni de la Convention nationale; elle n'a pas été lue ; je n'ai pas pu la combattre, la discuter. Et cette mystérieuse dénonciation, sortant tout-à-coup de l'obscurité, a couvert les rues de Paris après mon arrestation ; on en a placardé deux exemplaires à la porte de mon logement,

(1) La brochure qui la contient est divisée en deux colonnes, dans l'une desquelles est la dénonciation venue de Brest et dans l'autre la réfutation de Jean-Bon Saint-André, qui suit l'accusation article par article.

où l'on savait que je n'étais pas. Pour quiconque connaît le cœur humain, ce raffinement de méchanceté peint celui de mes ennemis : mais je demande à mes ennemis de quelle source venait et par quel canal l'on avait infiltré dans l'esprit de mon collègue Lehardy l'atroce calomnie que j'étais membre d'un Comité d'insurrection? je leur demande surtout quel était leur but quand ils l'ont inventée? Je le sais, ils espéraient que la Convention, justement irritée contre les auteurs de la révolte, dans le mouvement de son indignation me traduirait devant la commission militaire, et qu'en vingt-quatre heures ils seraient débarrassés de moi. Et ces gens-là m'appellent assassin (1). »

Tel fut le rôle de Jean-Bon Saint-André à la Convention, rôle qui ne manqua pas de gloire et qui fut du moins d'une haute utilité. Selon le point de vue auquel on se place et les idées qu'on se fait de la Révolution, on peut blâmer certains de ses actes, mais on ne peut attaquer la sincérité et la droiture de ses intentions, la vérité et la fermeté de ses principes. Long-temps après, et à une époque où l'état des choses et sa propre position avaient subi de grands changements, il disait que dans les mêmes circonstances où la France avait été placée pendant la Convention, il agirait encore de la même manière (2).

(1) Réponse à la dénonciation, pag 50 et 51.
(2) Ce fait est rapporté dans les notes laissées par M. Belluc.

Dans ses missions il apporta le plus grand esprit de désintéressement. Tandis que les intrigants, ceux que Napoléon appelait plus tard *les pourris,* s'enrichissaient aux dépens du peuple qui mourait de faim, et de l'armée qui n'avait ni souliers ni habits, Jean-Bon Saint-André faisait une guerre à mort aux fournisseurs et aux agents infidèles qui s'entendaient avec eux(1). Jamais sa probité ne fut attaquée. Dans la dénonciation venue de Brest on cherchait, il est vrai, à jeter quelques doutes sur elle; on l'accusait d'avoir pris un arrêté en faveur de son secrétaire Duras pour l'autoriser à prendre, sur des bons signés par ordre, dans les magasins de la République tous les objets qu'il jugerait devoir mettre en réquisition; mais cette accusation est une calomnie : jamais arrêté semblable ne fut pris.

« A-t-on voulu faire entendre, dit Jean-Bon Saint-André à l'occasion de cette accusation, ce qu'on n'a pas osé articuler ouvertement, que je pouvais avoir dé-

Ajoutons ici que Jean-Bon Saint-André n'a jamais méconnu les grands services rendus à la France par la Révolution; on en verra une preuve dans le discours qu'il prononça sous l'Empire, à l'académie de Mayence, discours que nous avons cru devoir reproduire dans ce volume.

(1) Voir *Moniteur* de 1793, nos 275, 326, 329; malgré la surveillance la plus minutieuse, il se glissait dans tous les marchés des fraudes criantes. Ainsi, à l'armée de la Moselle, il avait été livré et reçu des sabres de plomb pour des sabres de fer. Jean-Bon Saint-André dénonça ce fait à la tribune.

tourné ces réquisitions à mon profit. Ah! c'est ici que je défie toute la noirceur de mes ennemis. Elle est à moi, cette honorable pauvreté dont je me glorifie ; elle est à moi, et nul ne me ravira ce précieux trésor. Je puis faire, quand on voudra, le bilan de ma fortune ou plutôt le tableau de mon indigence ; et s'il faut que je meure, j'emporterai au tombeau, en dépit de la haine, le sentiment de ma probité. Je ne récriminerai même pas, car toute récrimination est au-dessous de moi (1). »

Nous avons déjà eu occasion de citer plusieurs faits qui montrent que Jean-Bon Saint-André n'était pas un partisan des mesures de rigueur excessive qui durèrent pendant toute la Convention. Sans doute, il sentait que dans la lutte que se livraient deux principes inconciliables, il était impossible qu'il n'y eût pas de victimes; sans doute il voyait que les fondateurs de la liberté des peuples, jetés si loin des sentiers de la voie ordinaire, selon les expressions de Lindet, devaient parfois, devant une invincible nécessité, faire taire les sentiments de leur cœur ; mais jamais il ne permit, tant qu'il put le faire, des proscriptions inutiles.

S'il combattit en gémissant le parti Girondin, parce qu'il était persuadé qu'il perdait la France ; s'il imposa silence, devant les dangers de la patrie, à son admiration pour Buzot, à son amitié pour Lasource, dès

(1) Réponse à la dénonciation, pag. 11 et 12.

que ce parti fut mis dans l'impossibilité de faire le mal, il chercha à sauver de l'orage tous ceux qui n'avaient pas été frappés pas ses premiers coups ; nous en avons une preuve dans sa conduite généreuse à l'égard de Pierre Sers.

A Montauban, où le parti Girondin était en majorité parmi les partisans du nouvel ordre de choses, et où il y avait une grande masse de royalistes, il n'y eut dans tout le cours de la Révolution qu'une seule exécution, et encore elle tomba sur un de ses parents. Croira-t-on que ce n'est pas à son influence qu'on doit cette douceur qui fut sans exemple dans les autres villes de la République (1)? Il est vrai qu'on lui a reproché la mort de ce parent et qu'on lui a prêté une réponse cruelle à ceux qui intercédaient en sa faveur; mais tout cela est faux. Les membres du Comité de salut public n'avaient pas le droit de faire grâce ; on sait que le frère de Barère fut mis en état d'arrestation, que sa propre maison fut mise sous le séquestre, pendant qu'il était lui même membre de ce Comité, sans qu'il pût s'y opposer; mais ce que l'on n'a pas dit, et ce qui est vrai, c'est que le président du tribunal fit tous ses efforts

(1) On le paya fort mal du soin qu'il avait pris de la vie de ses concitoyens; dès qu'il fut décrété d'arrestation, on se hâta de rédiger et de signer une dénonciation contre lui ; mais elle n'eut aucun effet. Fourcroy, si je ne me trompe, la remit lui-même à Jean-Bon Saint-André.

pour tirer d'affaire l'accusé qui, par entêtement ou par vanterie, voulut se perdre lui-même (1).

Le 4 brumaire an IV (26 octobre 1795) rendit la liberté à Jean-Bon Saint-André, qui fut compris dans l'amnistie décrétée à la dernière séance de la Convention.

(1) Voici en quelques mots ce fait : Cladel, revenant de l'armée du Nord, au moment qu'on procédait à la levée des 300,000 hommes décrétée par la Convention, parcourut les rues de Montauban à la tête d'un rassemblement, faisant battre la caisse et criant : *pas de conscription*. Ce fut dans la soirée du 10 mars 1793 qu'eut lieu ce mouvement séditieux. Cladel fut arrêté et traduit devant le tribunal criminel du Lot, comme chef de sédition.

Le président du tribunal essaya, ce qui était difficile, d'atténuer sa faute et de le soustraire à la peine capitale, en conduisant l'accusé à reconnaître qu'il n'avait pas compris la portée de ce qu'il avait fait et qu'il ignorait qu'il existât une loi contre les rassemblements séditieux. Connaissez-vous la loi contre les chefs des attroupements, lui demanda-t-il ?

Il est probable que l'accusé n'en connaissait pas même l'existence ; mais soit qu'il ne saisît pas la question, soit qu'il ne comprit pas le but bienveillant du président, il affirma qu'il la connaissait.

Vous ne m'avez pas compris, reprit le président, et il lui répéta sa question d'une manière plus nette. Cladel persista à dire qu'il connaissait très-bien la loi ; il était impossible dès lors de le tirer d'affaire, et sa mort ne peut nullement être imputée ni de près ni de loin à Jean-Bon Saint-André.

III

1795 — 1802.

Ce fut pour l'éloigner d'un théâtre sur lequel il pouvait encore courir quelques dangers, que les amis de Jean-Bon Saint-André le firent nommer consul à Alger. Peut-être aussi ses ennemis politiques furent-ils bien aises de se débarrasser d'un homme dont l'opposition pouvait être incommode.

La marine française était tombée dans un si triste état, que pour transporter en sureté le nouveau consul sur les côtes de Barbarie, on ne trouva pas d'autre moyen que de demander au gouvernement espagnol de le recevoir à bord d'un de ses vaisseaux de guerre. Jean-Bon Saint-André fut obligé de se rendre à Madrid pour obtenir cette autorisation, et de s'embarquer ensuite à Carthagène.

Le port d'Alger voyait rarement des vaisseaux français ; aussi le consul n'eut pas souvent occasion de prendre la défense des intérêts nationaux ; mais il sut se rendre utile à la France, en ayant soin d'y faire passer le plus souvent possible des cargaisons de grains (1).

Il y avait deux ans et demi qu'il remplissait les fonctions de consul à Alger, quand il fut envoyé en la même qualité à Smyrne ; c'était au milieu de 1798. Il venait à peine de prendre possession de son nouveau poste, quand la Turquie rompit avec la France et le fit arrêter comme ôtage (2). Envoyé d'abord aux Sept-Tours à Constantinople, il fut bientôt relégué à Kérasonde, sur les bords de la mer Noire. Il serait inutile de faire le récit de cette époque de sa vie ; il a écrit lui-même l'histoire de ses trois ans de captivité, et nous la publions dans ce volume.

Le 28 fructidor an IX (15 septembre 1801), la liberté lui fut rendue. Ramené à Constantinople, il obtint

(1) Ce ne fut pas là le seul résultat avantageux de l'ascendant qu'il avait su prendre sur l'esprit du Dey ; le gouvernement algérien s'abstint de prendre parti contre la France, grâce à l'habileté du consul et malgré les menées des agents anglais. Nous aurions voulu entrer dans quelques détails sur cette partie de sa vie, et surtout faire connaître les affaires publiques auxquelles il prit part, mais l'extrait qu'on nous a transmis des notes de M. Belluc, ne contenait ici que des anecdotes insignifiantes ou des actions de sa vie privée qui n'auraient eu aucun intérêt.

(2) 12 septembre 1798 — Jean-Bon Saint-André avait été déjà arrêté le 9 de ce mois.

bientôt la permission de faire voile pour la France.

Depuis plusieurs années il était privé de nouvelles de sa patrie. Grand fut son étonnement, quand en arrivant à Marseille il apprit avec détails les changements qui s'étaient opérés dans le monde politique et dans les esprits. Il resta persuadé qu'il n'avait plus de rôle à jouer dans le drame révolutionnaire dont il croyait voir le dernier dénouement accompli, et qu'il n'avait qu'à se retirer à Montauban au sein de sa famille. Charles Lacroix, alors préfet de Marseille, et son ancien collègue à la Convention, lui conseilla cependant de ne pas prendre ce parti, et d'aller voir le premier consul. Son devoir l'obligeait d'ailleurs à cette démarche : il avait à rendre compte au chef du gouvernement de sa mission, quelque infructueuse qu'elle eût été.

Jean-Bon Saint-André s'était plus distingué pendant la Révolution comme administrateur que comme homme d'État, et Bonaparte avait besoin d'hommes possédant le talent et l'habitude de l'administration. Aussi il accueillit Jean-Bon Saint-André avec faveur, et il le décida à occuper quelque emploi dans le nouvel ordre de choses.

Ceux qui s'étonnent aujourd'hui de la facilité avec laquelle l'ancien membre du Comité de salut public accepta les ouvertures du premier consul, oublient qu'il était moins un homme politique qu'un administrateur habile. D'ailleurs, éloigné depuis six ans des orages révolutionnaires, captif pendant long-temps au milieu de peuplades barbares, il avait dû perdre beaucoup de cette exaltation que produisent et qu'entretiennent les mouvements politiques, mais que le calme et la solitude apaisent assez aisément. Dans tous les cas, il n'y eut pas alors dans Jean-Bon Saint-André un aussi grand changement qu'on se l'imagine. Le Consulat était la suite naturelle de la Révolution, qu'il devait continuer sous une forme plus stable : il était toujours question d'affermir les libertés publiques, seulement on procédait avec plus de modération ; la fièvre avait cessé, mais la République existait encore.

Il ne dut pas être difficile au premier consul de faire entendre raison à l'ancien conventionnel, comme aussi celui-ci put aisément se faire illusion (1). Si plus tard il accepta des titres et des décorations en opposition avec l'esprit républicain qui l'avait animé pendant sa

---

(1) Jean-Bon Saint-André avait autrefois nourri des préventions contre Bonaparte ; mais elles semblent s'être dissipées, en partie du moins, avant même son retour en France. Voici ce que nous lisons dans une lettre de Belluc, qui est évidemment ici l'interprète des sentiments de son oncle, lettre datée de Kérasonde le 28 frimaire an IX (19 décembre 1800). » Vous m'apprenez que depuis que Bonaparte s'est mis à la tête des affaires, tout dans la République marche d'un pas uniforme et régulier. Je suis d'autant plus aise de le savoir de vous-même, que cela efface dans mon esprit certaines préventions qui sont, je le vois, dénuées de toute espèce de fondement. »

jeunesse, qui pourrait s'en étonner ? Le prestige de l'Empire en séduisit bien d'autres, et les évènements amenèrent peu-à-peu les esprits à des dispositions et à des idées qu'ils auraient repoussées sans aucun doute avec indignation, s'il leur avait fallu les accepter d'emblée et tout d'un coup au moment de la plus grande effervescence révolutionnaire.

IV
1802 — 1815.

Si la partie de la vie de Jean-Bon Saint-André qui s'écoula dans les orages de la Convention a été chargée de noires couleurs par les détracteurs de la Révolution, celle qu'il nous reste à raconter, non seulement a trouvé grâce à leurs yeux, mais encore a forcé leurs éloges.

L'auteur de l'article qui le concerne dans la *Biographie universelle*, avoue que dans les fonctions de commissaire-général et de préfet, on n'eut qu'à se louer de son administration; il reconnaît que depuis son retour en France, on ne vit plus en lui qu'un homme juste et surtout bienfaisant, qui, sur la fin de sa carrière, n'a mérité que des éloges. La différence qu'on veut établir entre le préfet et le membre du Comité de salut public, n'a pas d'autre cause que la différence qu'on met entre ces deux fonctions. On peut excuser, louer même un préfet de l'Empire; mais comment, du point de vue des ennemis de la Révolution, ne pas trouver odieux un membre de ce Comité qui sauva la République? Quoi qu'il en soit, nous ne rencontrerons aucune opposition dans ce qu'il nous reste à raconter.

Le 29 frimaire an X (20 décembre 1801) Jean-Bon Saint-André fut nommé préfet du Mont-Tonnerre et commissaire-général des quatre départements de la rive gauche du Rhin. On prétend que la cause du rappel de Jollivet, membre du conseil d'Etat et son prédécesseur dans ces fonctions, fut la timidité et l'indécision de son caractère, défauts impardonnables dans l'administrateur de départements nouvellement unis à la France et placés en face de l'ennemi. Le premier consul, en appelant à ce poste Jean-Bon Saint-André, eut évidemment égard autant à sa fermeté qu'à ses talents administratifs.

Notre dessein ne peut être ici de raconter dans ses détails la vie administrative de Jean-Bon Saint-André. Quelques faits choisis parmi les plus saillants suffiront pour faire connaître comment il entendit et pratiqua les devoirs de sa nouvelle position, et avec quel zèle et quel succès il servit les intérêts de ses administrés.

Sa nomination ne produisit pas dans les départements à la tête desquels il était placé, une impression favorable. Le souvenir des actes énergiques de l'ancien Comité de salut public était encore trop vivant, pour que le nom d'un de ses membres ne soulevât pas des préventions fâcheuses. Jean-Bon Saint-André, doué d'une grande finesse de jugement, comprit qu'il devait avant tout rassurer les esprits sur son compte par quelque acte de douceur. L'occasion lui en fut bientôt offerte. Quelques personnes, soupçonnées de se livrer à des spéculations réprouvées par nos lois sur les douanes, avaient été arrêtées, arrachées à leurs familles et conduites au château de Ham. La contrebande n'est pas regardée en général sur les frontières comme un grand crime; ce genre de délit devait paraître même excusable dans des pays joints depuis peu à la France : aussi l'opinion publique s'alarma de ces mesures qui parurent d'une rigueur excessive. Le commissaire-général sollicita et obtint l'élargissement des prévenus. Cette démarche et l'arrestation d'un brigand redouté, connu sous le nom de Schinderhans, que l'on poursuivait inutilement depuis deux ans, donnèrent une bonne opinion de son caractère, et comme homme privé, et comme homme public; les préventions s'affaiblirent, et l'on se livra avec confiance aux espérances que ses talents et son activité étaient faits pour inspirer.

Jean-Bon Saint-André était entré en fonctions depuis quelques mois à peine, quand il fut averti indirectement que le gouvernement avait l'intention de s'emparer de huit ou neuf cent mille francs, restant disponible des non-valeurs, en dépôt chez le receveur-général de Mayence, pour les appliquer aux embellissements de Paris. Le trésor public, couvert par les côtes non-recouvrables, n'avait rien à voir sur des fonds qui appartenaient aux contribuables. Le commissaire-général chercha aussitôt quelques moyens de les employer à satisfaire les besoins locaux.

Depuis des siècles, les princes Allemands, possesseurs des contrées du Rhin, avaient conçu le projet d'établir une grande route riveraine de Mayence à Coblentz. Le morcellement du territoire et les intérêts divisés s'étaient toujours opposés à l'exécution de ce projet.

Les commissaires-généraux, prédécesseurs de Jean-Bon Saint-André, avaient eu plusieurs fois le dessein d'en proposer la construction au gouvernement; mais ils se laissèrent effrayer par l'excessive dépense et les grandes difficultés à vaincre.

Jean-Bon Saint-André vit dans l'exécution de ce projet un emploi légitime des fonds qui restaient en caisse. Le pays devait en retirer d'immenses avantages. La grande route riveraine de Bâle à Nimègue se trouvant interrompue entre Mayence et Coblentz, il en résultait que le commerce de transit entre la Hollande, une grande partie de l'Allemagne et la Suisse, commerce considérable en tout temps, mais particulièrement dans la saison des glaces et des basses eaux, était forcé de se porter en ce point sur la rive droite du Rhin. Il y avait une haute utilité pour la rive gauche de créer dix-huit lieues de route qui devaient compléter les communications. Jean-Bon Saint-André considérait de plus que le pays ruiné par les guerres, privé de commerce et d'industrie, avait besoin d'être relevé. Le peuple manquait d'occupations et de moyens d'existence; les travaux qu'il faudrait exécuter, donneraient déjà du pain à une grande partie de la population.

En conséquence, il envoya sur les lieux d'habiles ingénieurs pour faire des études et le tracé de la route, avec ordre de lui remettre le plus promptement possible un rapport sur les dépenses des travaux d'art. Ensuite, comptant sur les bonnes dispositions des populations riveraines, et persuadé qu'elles concourraient à la confection par centaines de mille journées gratuites, il se hâta de régulariser cette entreprise ; les plan et devis furent remis et discutés, et les adjudications passées.

Le commissaire-général descendit alors le Rhin et s'arrêta à l'endroit désigné, où il mit le feu à la première mine pour constater l'ouverture des travaux de la route. Partout il fut accueilli avec enthousiasme, comme une providence. Le fleuve, par un beau soleil, couvert d'une multitude de barques légères, pavoisées, montées par despersonnes des deux sexes en habit de fête, présentait le plus admirable spectacle. Canon, fanfares, députations, harangues, festins, bals, se succédèrent partout. Rien ne fut omis par les riverains pour manifester leur vive reconnaissance.

En définitive, tout était en pleine activité avant qu'on en eût écrit le premier mot au gouvernement. Si l'on s'était humblement résigné à attendre ses ordres, la route n'aurait jamais été faite. Cependant il fallait rendre compte de ce qui s'était fait, à l'administration centrale. Le même jour vit partir les dépêches pour le ministre de l'intérieur, pour celui des finances, pour le directeur général des ponts-et-chaussées, etc.

Lorsque ces lettres arrivèrent à Paris, elles y causèrent un étonnement inexprimable. On ne pouvait concevoir une entreprise aussi hardie et surtout aussi bien concertée. Deux jours entiers le ministre de l'intérieur n'osa en ouvrir la bouche au premier consul. Il était effrayé d'avance de l'effet de cette communication, qu'il fallait pourtant bien se résoudre à faire. Quand il eut rempli ce devoir, Bonaparte, très-surpris, s'emporta vivement et long-temps contre cet empiètement sur le pouvoir, dont il était si jaloux. Il exhala toute sa colère. Cependant la tempête fléchit par degrés, et d'un ton un peu radouci, il finit par dire : « Jean-Bon Saint-André a voulu faire son petit Simplon ! »

Le fonds des non-valeurs trouva là son juste emploi, et moyennant quelques millions de francs que le gouvernement voulut bien ajouter, ce grand ouvrage s'acheva. Cependant on ne pardonna pas au commissaire-général d'avoir seul et de son propre mouvement réalisé une si grande entreprise, et bientôt, tandis que les populations profitaient de sa sollicitude pour leur prospérité, le gouvernement trouva moyen de le punir de cet excès de zèle.

A peine trois mois s'étaient écoulés depuis que le gouvernement avait été instruit de ces travaux, que Jean-Bon Saint-André reçut du ministre de l'intérieur l'avis que le premier consul avait décidé la suppression du commissariat-général dans les départements de la rive gauche du Rhin à dater du 1er vendémiaire suivant ; que, par suite, chacun des préfets de ces départements correspondrait directement à l'époque précitée avec les ministres ; qu'à l'égard de son traitement comme préfet du Mont-Tonnerre, il recevrait 18,000 francs par an, tandis qu'en qualité de commissaire-général il recevait 24,000 francs. Voilà ce qu'il gagna à rendre un service éminent au pays dont il était chargé de soutenir les intérêts ; et il faut ajouter qu'avant même de se mettre à l'œuvre il n'ignorait pas que les conséquences de cette généreuse entreprise tourneraient à son désavantage.

Quant à l'achèvement de la route, une fois les grandes difficultés levées et l'impulsion donnée, le gouvernement n'était plus maître de l'arrêter ; il était forcé de la finir. Depuis longues années elle produit ses heureux fruits et honore l'administration bienveillante qui sut en forcer l'exécution.

La seconde opération qu'entreprit Jean-Bon Saint-André intéressait le commerce de la rive gauche du Rhin d'une manière beaucoup plus directe encore. Plusieurs mémoires des chambres de commerce de Cologne et de Mayence avaient prouvé jusqu'à l'évidence que, si l'on ne prenait des mesures promptes pour concilier le régime fiscal et prohibitif des douanes avec la liberté et la franchise dont le commerce de transit a besoin, cette branche lucrative qui donnait à tant de familles une existence aisée, allait passer pour toujours dans les mains des commissionnaires de la rive droite. Mais les moyens d'exécution étaient tellement en opposition avec nos institutions financières et d'économie politique, qu'il semblait préférable de renoncer à des avantages réels mais locaux, plutôt que de porter atteinte aux intérêts généraux d'une grande nation.

Jean-Bon Saint-André fit voir que la solution du problème que l'on cherchait, n'était point aussi difficile qu'on semblait le croire. Il cita l'exemple de l'Angleterre, où le régime des douanes n'est pas un obstacle à l'activité du commerce avec l'univers entier. Il proposa des enceintes spéciales où les marchandises étrangères pourraient être entreposées sans être assujetties ni aux formalités de la douane, ni à l'acquit d'aucun droit. Son idée fut approuvée par le gouvernement, et c'est ainsi que les villes de Mayence et de Cologne obtinrent l'établissement de ports-francs, qui furent pour elles de la plus grande importance.

Les applaudissements que lui attirèrent ces deux grandes entreprises étaient trop flatteurs pour qu'ils ne devinssent pas un encouragement à de nouvelles conceptions. Déjà Jean-Bon Saint-André avait jeté ses regards sur les nombreuses fabriques du département de la Rœhr et sur les moyens de les élever au degré de prospérité dont elles paraissaient être susceptibles, quand l'arrêté des consuls du 11 messidor an X, qui assimilait les quatre départements de la rive gauche du Rhin aux départements de l'intérieur, mit fin à ses attributions de commissaire-général. Borné désormais aux fonctions de préfet du département du Mont-Tonnerre, il s'appliqua à en connaître plus particulièrement les ressources et le génie des habitants.

Il vit avec une vive satisfaction que le pays qu'il était appelé à administrer, se composait en grande partie de cet ancien Palatinat, le berceau comme le modèle de la bonne agriculture, et que le peuple essentiellement bon, laborieux et soumis aux lois, ne demandait qu'à cultiver paisiblement le sol fertile que la nature lui a donné en partage. Il comprit que là où résidaient les éléments de la véritable prospérité des nations, la tâche de l'administrateur était aussi douce que facile à remplir; il ne s'agissait que de ne point arrêter dans sa marche et d'étendre à tout le département l'heureuse impulsion donnée par les anciens électeurs, en y apportant toutefois les modifications que l'expérience, le progrès des lumières et le changement de gouvernement rendaient indispensables.

L'objet qui fixa d'abord le plus sa sollicitude, ce fut la libre exportation des grains. Sans elle l'agriculture ne pouvait que languir dans un département qui, privé encore de communication avec l'intérieur, n'avait d'autres débouchés pour ses denrées que les pays étrangers bordés par le Rhin. Il en sollicita la permission avec toute la chaleur d'un homme passionné pour les intérêts de ses administrés; mais les circonstances dans lesquelles on se trouvait, affaiblissaient singulièrement la force de ses arguments, et il était à craindre que la raison d'Etat ne fît ajourner indéfiniment l'application d'un principe d'économie politique reconnu d'ailleurs juste et bon en soi. Le gouvernement, long-temps en suspens, prit un milieu entre la liberté illimitée et la prohibition absolue, en permettant l'exportation tant que le prix des grains n'excédait pas un certain taux fixé; et par ce sage tempéramment il concilia tous les intérêts.

Content d'avoir obtenu une décision qui donnait au cultivateur la certitude de trouver constamment dans le prix de ses denrées une suffisante indemnité de ses peines, Jean-Bon Saint-André appliqua son attention à la réparation et à la plantation des chemins vicinaux, à l'entretien et à la propagation des races d'animaux les plus utiles à l'agriculture, au repeuplement des forêts communales, à l'introduction d'un système mieux entendu d'affermage des biens communaux qui, en augmentant la recette, fournît plus de ressources pour les réparations locales, à la liquidation et à un plan d'extinction graduelle des dettes des communes, et enfin à l'amélioration de l'instruction primaire, dont ne peut se passer un peuple qui veut rester en possession des avantages d'une agriculture soignée. Quoique contrarié souvent dans ses vues, quoique forcé de modifier et d'abandonner même plusieurs parties du plan qu'il s'était formé à cet égard, il n'en continua pas moins à poursuivre avec une rare persévérance l'exécution successive de l'ensemble.

Ses efforts, secondés par les circonstances, ne tardèrent pas à être couronnés de succès. L'ouverture de la route de Mayence à Paris, le rétablissement du haras de Deux-Ponts, le passage de nombreuses armées, les améliorations de tous genres dues à son administration, versèrent sur tous les points du département une masse considérable de numéraire, multiplièrent les transactions de toute espèce, et rendirent l'aisance générale.

Ceux qui se sont plu à représenter Jean-Bon Saint-André comme un farouche proconsul pendant la République, n'ont pas manqué de lui reprocher d'être devenu un habile et délié courtisan pendant l'Empire. Ce que nous avons rapporté de sa conduite à la Convention et dans ses missions diverses, a prouvé suffisamment la fausseté de la première assertion; quelques faits, que nous allons faire connaître, prouveront la fausseté de la seconde.

En 1805 le maréchal Lefebvre, commandant l'armée de réserve, dont le quartier-général était à Mayence, avait sous ses ordres sept à huit mille gardes nationaux qui n'avaient pas d'uniforme. L'amour-propre du maréchal était blessé de cette irrégularité. Pour faire disparaître cet inconvénient, il manda un jour le préfet par un de ses aides-de-camp. Jean-Bon Saint-André, blessé de cette manière d'agir, répond au messager que si M. le maréchal avait quelque communication à lui faire, sa maison était ouverte à tout le monde, et qu'il aurait pu venir le trouver; qu'au surplus, pour cette fois, il voulait bien condescendre à ses désirs et se rendre auprès de lui. C'est ce qu'il fit aussitôt.

Lefebvre, à qui l'aide-de-camp avait fidèlement rapporté les expressions du préfet, fut un peu déconcerté au premier moment; mais bientôt se remettant, il lui déclare qu'il voudrait voir ses troupes revêtues toutes d'habits d'uniforme, et il ajoute qu'il l'a fait appeler pour lui en demander les moyens. Jean-Bon Saint-André lui répond qu'il n'en a aucun; mais que si le maréchal est assez puissant pour lui procurer un crédit suffisant du ministre des finances sur la caisse du receveur-général, rien ne serait plus facile. Cette réponse mécontenta Lefebvre, qui répéta qu'il voulait que ses troupes fussent habillées. Il s'en suivit une scène assez vive, à laquelle le préfet mit fin en s'approchant d'un secrétaire ouvert et en disant : je ne puis habiller vos troupes, mais je puis faire autre chose, si cela vous est agréable : je puis signer ma démission; vous n'avez qu'à dicter. Le maréchal étonné, le regarda fixement, et lui demanda si en effet il signerait sa démission. Sans aucun doute, répliqua le préfet avec feu. Lefebvre se hâta de répondre, en lui ouvrant les bras : N'en parlons plus; embrassons-nous; soyons amis jusqu'à la mort.

Nous rapporterons encore un autre trait analogue.

Le premier corps de la grande armée, commandé par le maréchal de Bellune, passant à Mayence pour se rendre en Espagne, y séjourna une vingtaine de jours. Les citoyens s'empressèrent de faire le meilleur accueil aux militaires logés chez eux. Malgré leur bonne volonté et tous les sacrifices que leur permettait leur position, ils ne purent parvenir à les contenter ; ils étaient molestés, foulés, maltraités par les soldats, qui se conduisaient comme en pays ennemi. Tous les jours et à chaque instant c'étaient de nouvelles plaintes. Dans cet état de choses, le préfet ordonna au maire de Mayence de recevoir les plaintes motivées, et d'en dresser un état général qu'il lui remettrait tous les huit jours.

Lorsque le premier état lui parvint, il le transmit au maréchal de Bellune, en l'accompagnant d'une lettre pleine de mesure et de convenance. Deux jours s'écoulent sans qu'il lui revienne un simple accusé de réception.

Le soir, au spectacle, entre les deux pièces, le préfet se promenait seul au foyer, quand les maréchaux Kellermann et de Bellune arrivent. Le préfet alla au-devant d'eux ; Kellermann répondit poliment à ses salutations ; le maréchal de Bellune garda le silence. Le préfet s'adressant alors à lui, lui rappelle qu'il a eu l'honneur de lui écrire en lui transmettant un état fourni par le maire de Mayence. Le maréchal continue de garder le silence ; le préfet s'imaginant qu'il ne l'a pas entendue, lui répéte son observation. Alors le maréchal se redressant et prenant un air de dignité, s'écrie avec colère : C'est donc ainsi que la ville de Mayence dresse un acte d'accusation contre le premier corps de l'armée ! et il se met à récriminer avec violence. Le préfet lui répondit avec châleur et finit par lui dire qu'il se trompait, s'il croyait pouvoir traiter un préfet de France comme un bourguemestre prussien. Le maréchal réplique qu'il en écrirait à l'empereur. Vous ferez à cet égard ce que vous voudrez, lui dit Jean-Bon Saint-André.

Ces deux faits suffisent pour prouver que l'ancien membre du Comité de salut public n'avait perdu, en devenant préfet, ni sa fermeté, ni les sentiments de sa dignité. Le premier consul l'avait choisi pour commissaire-général des départements de la rive gauche du Rhin, précisément à cause de l'énergie de son caractère; et ce que nous avons rapporté de sa conduite dans l'affaire de la route de Bingen à Coblentz, suffirait pour établir qu'il se proposait moins de plaire au pouvoir que d'être utile à ses administrés. Jamais il n'abandonna la défense de leurs intérêts ; il plaidait si souvent en leur faveur avec force et énergie, que l'empereur le nommait l'avocat de son département. Enfin, s'il fallait d'autres preuves, nous en appellerions à la considération dont son nom et sa mémoire sont encore entourés dans les pays qu'il administra.

Environné de l'estime publique, honoré de la bienveillance particulière de l'empereur, qui lui conféra le titre de baron et l'éleva au rang d'officier de la légion-d'honneur, Jean-Bon Saint-André était parvenu à cette époque de la vie où l'homme, semblable au cultivateur laborieux, promène ses regards avec un sentiment d'indicible jouissance, sur les heureuses récoltes dues à ses soins. Il avait acquis à quelques lieues de Mayence une modeste maison de campagne, où il allait parfois se délasser de la fatigue des affaires et puiser de nouvelles forces pour le service de l'Etat et le bien de ses administrés. A toutes les époques de sa vie on trouve, comme un trait bien marqué de son caractère, un grand amour de la nature. A Alger, à Smyrne, à Kérasonde, à Mayence, il se trouvait heureux de passer quelques instants au milieu des campagnes.

Les exercices du corps, joints à l'air pur des champs, avaient singulièrement fortifié sa santé, quand des revers inattendus ramenèrent nos armées sur les bords du Rhin et l'assaillirent d'occupations multipliées. A son passage à Mayence, l'empereur lui avait donné ordre de requérir toutes les denrées disponibles et d'en faire exécuter le transport avec la plus grande célérité. Le préfet, pénétré de l'importance de cette mesure, ne voulut la confier à personne ; il s'en chargea lui-même, combina tous les détails de l'opération, donna les ordres nécessaires aux sous-préfets et aux maires, et quand l'ennemi arriva sur le Rhin les approvisionnements étaient faits.

Ces travaux extraordinaires, joints à la peine morale que firent naître en lui les grands revers de notre armée, avaient profondément altéré sa santé, quand il fut attaqué du typhus, qui avait fait des bords du Rhin un lieu de désolation. Le 28 novembre 1813, la fièvre se manifesta avec violence, et fut accompagnée de délire. Dans cet état, Jean-Bon Saint-André se lamentait des maux de toute espèce qui fondaient sur Mayence. Il demandait sans cesse du papier, de l'encre, des plumes, pour écrire au général en chef, dans le but de le prier d'éloigner l'armée, afin de faire cesser la contagion. Enfin la fièvre augmentant toujours, il rendit le dernier soupir le 10 décembre 1813.

Ainsi finit un homme dont la vie n'a pas été inutile à la force et à la gloire de la France. Il a pu se tromper ; mais il n'a jamais eu en vue que le bien de la patrie. Pendant quelque temps à la tête du gouvernement, chargé de missions importantes, il resta pur et pauvre et n'eut jamais d'autre ambition que de faire triompher les principes qu'il croyait vrais. Ce qui le distingue et lui fait une place à part au milieu des hommes qui ont marqué dans la Convention, c'est la fermeté du coup-d'œil qui lui faisait saisir avec rapidité quels étaient les besoins du moment, et la clarté et la netteté d'expression avec laquelle il savait le mettre en évidence. Beaucoup d'autres furent aussi désintéressés que lui, aussi sincères, aussi dévoués à la cause de la liberté ; il n'en est pas qui aient su discerner aussi complètement ce que contenaient les principes proclamés par la Révolution et qui en aient poursuivi l'exécution avec autant de zèle et plus d'humanité. Quand les malheurs et l'âge eurent calmé son ardeur, il sut encore travailler au bonheur public ; et, quoique dans une sphère plus étroite, le zèle et le dévouement du préfet du Mont-Tonnerre furent consacrés au bien public.

Les services que Jean-Bon Saint-André avait rendus au département qu'il administrait, ne furent ni perdus ni oubliés quand ce pays, échappé à la domination française, fut rendu à l'Allemagne. Une preuve éclatante de l'estime générale qu'on avait pour sa mémoire, fut donnée par le gouvernement provisoire installé en 1814 à Mayence. Ses parents voulaient, comme c'est l'usage dans ces contrées, acheter au cimetière la place où reposent ses dépouilles mortelles : le gouvernement provisoire la leur concéda gratuitement, pour qu'elle restât à jamais la tombe de l'administrateur habile qui avait été si utile à ce pays.

ÉCRITS DIVERS

DE

Jean-Bon Saint-André.

RÉCIT DE MA CAPTIVITÉ,

Sur les bords de la Mer Noire.

—

. . . .
. . . . J'avais avec moi le fils de mon beau-frère Belluc et deux serviteurs. Je ne voulais garder qu'un domestique, et laisser l'autre à Smyrne avec le jeune homme. Cela ne me fut pas possible. Ils se jetèrent tous trois à mon cou en pleurant, ils me conjurèrent de ne pas exiger qu'ils se séparassent de moi, ils me représentèrent qu'il était au moins très-douteux que leur sort fût meilleur à Smyrne qu'en tout autre lieu où ma fortune me conduirait. Ils m'arrachèrent des larmes de sensibilité, précieux dédommagement de la barbarie dont j'étais la victime, et je consentis avec une facilité qu'on trouvera sans doute bien naturelle, à les laisser partager mes chaînes.

Il ne fallait pas penser à prendre avec nous tous nos effets. Nous mîmes dans deux petites malles ce que nous jugeâmes le plus indispensable. Une douzaine de chemises, quelques paires de bas, un habit, un surtout et mon manteau formaient ma valise. Mes compagnons suivirent à peu-près mon exemple. J'emportais des provisions d'hiver qui pouvaient me servir dans le lieu de ma détention, mon argenterie dont je comptais tirer parti au besoin, environ quinze cents piastres au plus que j'avais en numéraire.

Je laissai au consul batave tous mes effets, meubles, linge, etc.; je le priai de vendre les uns, de faire passer les autres en France par la voie de Livourne ou de Gênes; je lui laissai aussi un billet de mille piastres du sieur Wilkinson, à l'ordre du citoyen Arnaud, et je le chargeai d'en retirer le montant, qui devait être employé à payer deux cent-dix piastres que je devais pour le loyer de la maison que j'occupais, quarante piastres pour une barrique de vin achetée au citoyen Amic, et le reste devait être envoyé à l'ambassadeur de la République batave, pour me le faire remettre aux Sept-Tours, où je présumais que j'allais être renfermé.

Il était cinq heures du soir, le 25 fructidor, lorsque nous montâmes à cheval. On m'assura que l'aga avait fort bien fait les choses, et que, d'après la manière des Turcs, il y avait quelque dignité dans notre caravane. Eh bien! j'avais été obligé d'acheter une mauvaise selle et une bride à l'européenne; j'étais monté sur un triste bidet gris qui n'avait ni jambes, ni allure, ni figure. Tous mes compagnons étaient plus mal montés encore. Des chevaux accoutumés à porter le bât, de mauvaises bardes recouvertes de tapis qui tombaient en lambeaux, des licols dont la corde était passée dans la bouche de l'animal pour tenir lieu de bride, tel était le noble appareil avec lequel la *Sublime-Porte* me faisait voyager. Une escorte de vingt-cinq Turcs nous accompagnait, et la beauté de leurs montures et de leurs harnais n'effaçait sûrement pas celle des nôtres.

Nous traversâmes toute la ville de Smyrne au milieu d'une foule immense de peuple, qui ne se permit aucune espèce d'injures ni d'apostrophes contre nous. Quelques femmes françaises nous regardaient à travers leurs croisées entr'ouvertes et pleuraient. Le consul batave nous suivit jusqu'à la porte de la ville, où il se sépara de nous pour aller coucher à sa maison de campagne.

Nous arrivâmes vers les dix heures à un café distant de Smyrne de cinq lieues, où nous nous arrêtâmes pour passer la nuit. Le meilleur logement, celui qu'on nous donna, était honoré par les Turcs du nom de Kiosque. C'était une estrade ou plancher élevé de trois pieds au-dessus de terre, adossé à un arbre touffu, soutenu par quatre piliers de bois qui portaient un toit de chaume qu'ombrageaient les branches de l'arbre ; les côtés étaient entièrement ouverts ; une balustrade, formée par deux perches horizontales clouées sur les poteaux, présentait son appui aux personnes qui venaient s'asseoir en ce lieu.

Là, quelques œufs chèrement payés formèrent notre repas ; un mauvais tapis nous servit de lit ; nos manteaux firent l'office de couvertures, et les insectes de toute espèce furent les compagnons de la plus détestable des nuits.

Nous fûmes debout de grand matin, et nous nous acheminâmes vers Magnésie, la ville de Cara-Osman-Oglou. Il avait donné ordre, me dit-on, de nous recevoir dans sa maison et de nous y traiter avec distinction. Ce fut en effet là que nous descendîmes ; on nous y donna une seule chambre pour nous tous, assez vaste à la vérité, mais plus que modestement meublée.

Le repas qu'on nous servit pour huit personnes était composé de deux volailles et d'un morceau de mouton rôti à la manière du pays. Telle fut la magnificence de l'aga. Nous passâmes le reste du jour à Magnésie, et nous en avions grand besoin. Notre bagage, emballé précipitamment, était dans le plus grand désordre, et nous étions d'ailleurs accablés de fatigue.

J'avais pris avec moi, pour m'accompagner dans la route, un des janissaires du consulat. Il nous procura des nattes, des cordes, des sacs de crin, et tout ce qui nous était nécessaire pour nos arrangements. Les valets de l'aga, vains de la fortune de leur maître, et par conséquent insolents, nous regardaient avec dédain. Ils ne se présentèrent pas moins en foule au moment du départ pour demander leur bakchir ou étrennes, que je me fis un plaisir de leur refuser durement. Je distinguai dans le nombre un renégat italien, qui s'était montré empressé autour de nous, et à qui, pour cette raison, je donnai une gratification qui était sûrement plus que le prix du maigre dîner que nous avions fait chez son maître.

Un officier ou domestique de Cara-Osman-Oglou se joignit à nous à Magnésie ; il était chargé de la part de l'aga de nous accompagner à Constantinople. On ne pouvait pas mieux choisir. C'était un homme pour le physique assez ressemblant au portrait de Don Quichotte, qu'on voit dans les gravures qui accompagnent l'ouvrage de l'immortel Cervantes ; au moral, c'était un fanatique indiscret qui, jusqu'au moment de notre séparation, ne cessa d'invectiver contre les Français, les appelant voleurs, brigands, hommes sans religion et sans loi, et invoquant tour-à-tour le feu du ciel et les armes du Grand-Seigneur pour en purger la terre. Je riais de la sottise du personnage, que je regardais comme une copie assez plaisante de celle de son maître. Cependant il s'efforçait aussi de temps en temps, par un contraste très-singulier, de me dire quelques paroles honnêtes ; et persuadé, comme toutes les personnes de sa nation, qu'il n'y a point d'européen qui ne soit médecin, il me pria de lui indiquer un remède pour une plaie qu'il s'était faite à la jambe en frappant contre une pierre. Je lui conseillai le remède qu'on fait en France aux chevaux blessés sur le garrot, de l'eau-de-vie et du savon. Il le fit, et, à mon grand étonnement, sa plaie fut sèche au bout du troisième jour. Je compris alors pourquoi Tott avait dit que les Turcs ne sont pas comme les autres hommes, et je me rappelai des bouteilles d'eau de la reine d'Hongrie qu'il leur avait fait avaler comme une liqueur excellente, dans le détroit des Dardanelles.

A chaque station, nous changions de chevaux et d'escorte; les agas des lieux nous accompagnaient, et c'était dans leurs maisons que nous étions logés. Les papiers de la chancellerie, renfermés dans quatorze balles, nous avaient joints.

Mon conducteur me bernait toujours de ses contes relativement à la réception distinguée qui m'attendait à Constantinople, et du parti que l'on comptait tirer de moi pour un accommodement. Il m'exhortait à me montrer facile à ce qu'on exigerait de ma complaisance; il me parlait de la magnifique reconnaissance du Grand-Seigneur si je réussissais, et il m'insinuait qu'il ne serait pas mal de l'associer pour une partie à la brillante récompense qui m'était destinée. J'observais cet homme, qui, sous son extérieur épais et grossier, me paraissait un rusé fripon. Mais dans la plupart des lieux où nous passions, la voix publique semblait confirmer ses discours.

Au village de Soussé-Guerley, le cadi me fit demander mon intercession auprès du Reïs-Effendi pour son avancement; et sur ce que je lui observais que c'était une fort mauvaise recommandation que celle d'un prisonnier de guerre, il répondit qu'on savait bien que je n'allais pas à Constantinople comme prisonnier, mais que j'y étais attendu comme négociateur.

A l'échelle de Michalitz, des Grecs et des Turcs qui arrivaient de la capitale, nous assurèrent qu'on y attendait de Smyrne un Français dont la venue était très-désirée. Beaucoup d'autres propos semblables m'avaient été tenus, et je commençais à douter.

Arrivés à l'embouchure de la petite rivière de Michalitz, où devait se faire notre embarquement pour traverser la mer de Marmara, un orage affreux, suivi d'un coup de vent du nord, nous retint trois jours dans un café en compagnie de cinquante ou soixante Turcs ou Grecs. Nous avions à peine la place suffisante pour nous étendre ; les aliments commençaient à nous manquer ; il fallait les faire venir à grands frais de l'échelle située à deux lieues plus haut. La plaine marécageuse où nous étions était inondée ; la mer battait et se brisait sur la barre avec furie.

Ce retard forcé me procura des nouvelles de ce qui s'était passé à Smyrne après mon départ. Un janissaire arriva, expédié par le consul de Russie ; il aimait les Français, et il ne se fit aucune peine de nous dire tout ce qu'il savait. Cara-Osman-Oglou, poursuivant son système de cruauté, avait fait saisir tous les Français qu'il avait pu découvrir ; des patrouilles à pied avaient parcouru toute la ville ; des patrouilles à cheval avaient battu la campagne des environs. Plusieurs de nos malheureux concitoyens avaient été jetés dans les cachots et mis aux fers; d'autres s'étaient rachetés pour de l'argent. On avait fait la visite la plus sévère dans toutes les maisons pour en enlever les marchandises. Le drogman batave Abro et le drogman français Damirat marchaient à la tête des shires de l'aga, et désignaient les boutiques et magasins qu'il fallait visiter.

Des méprises, les unes volontaires, les autres innocentes, avaient fait englober momentanément des étrangers dans ces mesures de rigueur. La consternation était dans la ville. Damirat y était en exécration, et les femmes, les enfants, à qui la faiblesse de leur sexe et de leur âge permet d'oser davantage, le chargeaient d'imprécations.

Ces détails n'étaient pas propres à me consoler; mais ils étaient la vérité, et cette vérité, toute cruelle, toute déchirante qu'elle était, il fallait bien la connaître. Je partis de la rivière de Michalitz, le cœur serré de tristesse et désabusé des chimères vaines dont m'avait bercé mon conducteur.

Nous atteignîmes Constantinople en deux jours, et nous abordâmes à l'ouest de la pointe du sérail, à la distance d'une petite demi-lieue. Le thohadar de la Porte ne me quitta pas; il envoya un de ses gens donner avis de mon arrivée au Reïs-Effendi. Bientôt après parurent trois canots dans lesquels étaient une espèce de commissaire et quelques janissaires. Ce commissaire débuta par se saisir de nos armes qu'on nous avait laissées jusqu'à ce moment. Il nous fit embarquer ensuite dans les canots, et me dit : « Vous irez pour ce soir coucher aux Sept-Tours, et demain vous aurez une conférence avec le ministre. »

Je voulais que nos effets nous suivissent; on s'y opposa, en me répondant que rien ne serait touché. Nous voguâmes une demi-heure vers l'extrémité de la ville à l'ouest, et il était déjà nuit lorsque les portes des Sept-Tours s'ouvrirent pour nous recevoir. C'était le dernier complémentaire de l'an sixième, et la septième année de la République allait commencer pour nous en prison.

Nos effets ne nous furent apportés que le surlendemain. La visite en fut faite à la porte du château avec l'exactitude la plus rigoureuse ; on déploya toutes nos chemises; on déroula tous nos bas; on fouilla les poches de nos gilets; l'inquisition fut complète ; et, chemin faisant, ces Turcs si honnêtes, si délicats sur l'article de la probité, me volèrent une fourchette d'argent, une cuillère à café, des souliers neufs et quelques autres objets. Sans la surveillance du drogman Astilick, ils auraient tout enlevé, car tout paraissait les accommoder, et le drogman les surprit dérobant diverses choses qu'il leur arracha des mains. Je me plaignis de ce vol au conducteur qui m'avait amené; mais il n'est rien résulté de cette plainte. On prit un portefeuille dans lequel étaient quelques adresses, un passe-port et ma commission de consul de Smyrne.

Après cette expédition, le thohadar qui m'avait conduit vint me demander le prix de ses bons et loyaux services, le paiement de la barque et celui de mon janissaire. Ce voyage, fait par ordre de la Porte, et dont les frais devaient être à sa charge, se trouvait m'avoir occasionné une dépense de quatre cents piastres.

Quelque fâcheux qu'il fût pour moi de me voir prisonnier, je regardais d'abord comme très-consolant d'être réuni à d'autres Français dont la société pouvait me procurer quelques douceurs. Parler ensemble de la patrie, faire des vœux pour la prospérité de ses armes, se pénétrer réciproquement de l'honneur qu'il y a d'être martyr du zèle qu'on a mis à la servir, devancer par la pensée ses triomphes et sa gloire, telles étaient les idées que je me formais des moments que j'allais passer aux Sept-Tours jusqu'à l'époque de notre délivrance commune.

Le château des Sept-Tours, si célèbre en Europe par la détention des ambassadeurs dont les gouvernements ont été en guerre avec la Porte, n'est autre chose qu'une enceinte circulaire, environnée d'une vieille muraille avec des créneaux, et il prend son nom de sept tours qui sont placées à des distances inégales sur cette muraille. Quatre sont en ruines; trois restent debout et entretenues. Du côté de l'ouest est une grande porte, ouvrage des Grecs, qui a été fermée et où on n'a laissé qu'un guichet pour communiquer à un jardin et à un kiosque pratiqué sur le mur extérieur de la ville. Cette porte, dont l'architecture n'était pas de très-bon goût, était remarquable par son revêtement en marbre dont il reste encore des lambeaux. Les Turcs en ont enlevé la plus grande partie pour servir à construire des mosquées, et ils ont mis à la place un revêtement en maçonnerie bien digne d'eux.

Dans l'espace assez étroit qui forme l'intérieur du château, on distingue une maison en bois très-ordinaire, mais un peu plus apparente que toutes les autres : c'est le logement du gouverneur. Le reste sont de mauvaises baraques appartenant à des particuliers qui les habitent; c'est un quartier de Constantinople, qui a même sa mosquée, et il faut être assurément bien misérable pour se décider à l'habiter. L'air y est malsain par le défaut de circulation; les eaux y sont mauvaises, et la vue y est bornée par ce mur dont la décrépitude offre un triste spectacle.

Quand le citoyen Ruffin (1) fut enfermé dans ce lieu, on lui donna, moyennant un loyer convenu, une petite partie de la maison du gouverneur. D'abord les captifs n'étaient qu'au nombre de trois, savoir : le chargé d'affaires, le citoyen Kiffer, secrétaire d'ambassade, et Dantan. De nouvelles vues de la Porte amenèrent de

(1) Ruffin était le chargé d'affaires de la République à Constantinople, au moment que la paix fut rompue entre la France et la Turquie.

nouveaux prisonniers, les drogmans Franchini et Fleurant, le général Ménant, les citoyens Castera, Mangin et Pidouz. Le nombre des domestiques s'était accru aussi, et le logement demeurant le même, la gêne devait être extrême. On travaillait à la diminuer en pratiquant des cloisons aux frais des détenus; mais cet ouvrage était à peine commencé.

Où placer les prisonniers de Smyrne, lorsque ceux de Constantinople n'étaient pas logés? Ce fut une nécessité indispensable de s'entasser les uns sur les autres, et le citoyen Ruffin eut pour sa part le consul et son neveu à coucher dans sa chambre. Je souffrais de l'incommodité involontaire que je lui occasionnais, et j'éprouvais la plus grande impatience de l'abréger.

L'activité de Franchini nous procura bientôt une de ces mauvaises maisons dont j'ai parlé. Elle avait trois petites pièces très-resserrées en très-mauvais état. On convint du prix du loyer; on se hâta de travailler aux réparations, et je m'y transportai aussitôt que la chose fut possible sans de trop grands inconvénients. Nous n'avions point de meubles; il fallut acheter de la toile et de la laine pour faire des matelats; du bois et des planches pour faire des lits; des couvertures, des tapis, des chaises, deux tables, etc. Nous nous bornâmes au plus strict nécessaire, soit pour la quantité, soit pour la qualité, et cependant ces mêmes objets, en y comprenant les réparations du logement, coûtèrent plus de trois cents piastres que je payai.

Je n'imaginai pas que ces dépenses dussent me devenir aussi sensibles qu'elles le furent dans la suite. Cependant j'étais étonné que le chargé d'affaires souffrît qu'elles fussent à ma charge. Le chef de la légation était, selon moi, le vrai comptable, et je ne voyais pas le motif qui l'empêchait de prendre sur lui, comme premier administrateur des détenus, des frais qui naturellement devaient être supportés par le gouvernement ; tout au plus pouvait-on m'imposer la loi de supporter pour ma part ce qui me touchait personnellement, moi, mon neveu et mes domestiques ; mais le chancelier, les deux drogmans, n'étaient-ils pas des officiers publics distincts du consul, et qui, dans aucun cas, ne pouvaient ni ne devaient recevoir des secours pris de ses deniers particuliers ? Le mode adopté par la République pour la subsistance des prisonniers dans le Levant n'était pas encore connu à cette époque. Malgré ces considérations, je ne balançai point à tout acquitter, et je ne me permis pas même de faire entendre la moindre réclamation au citoyen Ruffin.

Je m'établis avec les miens dans mon propre logement. J'avais apporté pour environ six cents piastres de provision en sucre, lard, jambon, beurre, fromage, etc. ; je les offris à la communauté. Cette offrande parut leur faire plaisir.

Mais quel fut notre étonnement quelques jours après notre entrée aux Sept-Tours, d'y voir emmener Philibert Lebrun, employé dans les vivres de l'armée de Bonaparte, arrivé à Smyrne huit ou quinze jours avant la déclaration de guerre, pour chercher un passage sur un bâtiment pour aller à Alexandrie.

Philibert Lebrun avait été arrêté quelques moments après mon départ de Smyrne. L'opinion, qui d'abord s'était bornée à le transformer en général de l'armée d'Egypte, en était venue au point d'en faire un frère de Bonaparte. C'était plus qu'il n'en fallait pour motiver les plus horribles traitements. On l'avait jeté dans un cachot, les jambes dans les ceps et la chaîne au cou. Pendant plusieurs jours, on ne permettait pas même aux personnes chargées du soin de le nourrir d'approcher de lui. Son dîner était arrêté à une porte extérieure, et il serait infailliblement mort de faim, si quelques prisonniers turcs, plus humains que leurs chefs, n'avaient partagé avec lui leur maigre nourriture. Il parvint pourtant à faire connaître son état à quelques personnes sensibles. Le consul d'Angleterre y prit intérêt et travailla à l'adoucir. Enfin, après cinquante jours de la plus cruelle détention, un ordre de la Porte l'avait fait venir à Constantinople.

Lebrun ajouta à ce récit quelques détails sur les évènements de Smyrne. Il n'avait pas été le seul maltraité; plusieurs Français avaient été saisis comme lui et mis à la chaîne, mais ils n'y avaient pas été retenus si longtemps; il me désigna des citoyens très-honnêtes qui avaient subi le même sort : les citoyens Boyer, négociant; Granier, horloger; des marins d'un navire français de Marseille et plusieurs autres. Un insulaire de Cérigo, qui avait des ennemis puissants parmi les Grecs, et dont le procès était pendant à mon tribunal, avait été aussi mis à la chaîne pour cette seule raison ; et le citoyen Brouilloniei, son défenseur, parce qu'il avait plaidé sa cause. Les cheveux se dressaient à l'ouïe de ces atrocités jusque-là sans exemple.

Lebrun nous dit encore qu'immédiatement après être descendu à terre, il avait été conduit chez le ministre pour y être interrogé. Le drogman de la Porte, soit intérêt pour un jeune homme de bonne mine, soit envie de se faire valoir et de donner une haute idée de son crédit, lui demanda s'il avait des lettres pour le consul de Smyrne; et, sur sa réponse négative, il ajouta : Quand vous en auriez, gardez-vous de les remettre, et même abstenez-vous de vous rapprocher de ce consul ; demain il va être retiré des Sept-Tours, et envoyé au château de..... Le drogman de la Porte articula le nom du château, mais Lebrun ne l'avait pas retenu.

Je dois rendre hommage à la sensibilité de tous mes concitoyens présents à ce discours ; ils se récrièrent hautement contre la partialité d'une mesure qui ne frappait qu'un seul individu ; ils en relevèrent l'injustice, et cette injustice leur parut à la fois si barbare en elle-même et si contraire au droit des gens, qu'ils se refusaient à y croire. Ils me prodiguaient les consolations et les encouragements. Dantan ne savait, disait-il, que croire ; Ruffin tenait le même langage, et ajoutait :

« Tout ce qui se passe dans cette guerre est si extraordinaire, que je n'y connais plus rien; mon expérience et quarante ans de service sont en défaut. » J'observai tout, et il me fut facile de voir ce que je devais penser. Je pris mon parti; je demeurai ce soir là chez le citoyen Ruffin plus tard qu'à l'ordinaire.

Rentré chez moi, je donnai ordre à mes domestiques de travailler de grand matin, le lendemain, à faire nos paquets, de peur d'être surpris par un ordre impératif avant que les effets ne fussent emballés. Quelques-uns blâmaient presque cette précipitation; mais Franchini, qui savait qu'en penser, avait saisi l'instant où j'étais descendu de chez le citoyen Ruffin, pour se rendre dans l'appartement de ce chargé d'affaires. Là, avec l'accent de la probité, il avait témoigné son indignation sur la défaveur qu'on avait jetée sur moi, et les résultats dont j'étais menacé. Il observa qu'on ne pouvait pas traiter ainsi le premier consul du Levant, et seul entre les Français le vouer à une captivité plus dure que les autres; que Ruffin lui-même ne devait pas le souffrir, et que son honneur ainsi que son devoir lui imposaient la loi de faire à la Porte les représentations les plus énergiques. Il promit qu'il le ferait.

Le lendemain était le 13 brumaire de l'an VII, journée mémorable, où des Français ont été indignement traités à Constantinople, et la République publiquement outragée en leurs personnes. On travaillait chez moi dès le matin à mes préparatifs de départ; tandis que tout se dispose, je passe chez Franchini, à qui je sentais surtout dans ce moment le besoin de demander des conseils. Le citoyen Ruffin entre bientôt; il s'assied auprès de moi, me parle sur le ton de l'amitié. « Je n'avais pas désiré, lui dis-je, de venir aux Sept-Tours ; aussi, je ne murmure pas d'en être retiré. Mais où vais-je? quel sort me prépare-t-on? Tout ceci présente une apparence de rigueur dont il me serait bien difficile de deviner le motif; mais quoi qu'on me réserve, je dois me résigner, et je me résigne. Une seule chose m'inquiète. Nous sommes sept; de quoi vivrons-nous? Je vous ai offert quatre cent cinquante piastres, c'est à-peu-près tout ce que j'ai, et vous sentez qu'avec cette modique somme on ne va pas loin. » Le citoyen Ruffin me répondit ; « Nous partagerons le peu que j'ai. » — « Je ne prescris rien à mon chef, lui dis-je; il me suffit de vous avoir fait connaître ma position ; moi et ceux qui sont avec moi appartenons aussi à la République. » Nous nous séparâmes après une demi-heure d'entretien. Une heure après-midi avait sonné, et rien ne paraissait ; enfin, il se fait un mouvement à la porte du château ; on voit un turban étranger paraître. Quel moment de jouissance pour moi! Tous mes compagnons se portent en foule dans l'appartement que j'occupais ; leur physionomie exprimait la douleur. Le général Ménant me dit les choses les plus amicales, que tous les autres s'empressèrent de confirmer ; on me fait des offres de service ; on me promet de ne pas m'oublier, de s'occuper de mon sort ; je suis le maître de puiser dans toutes les bourses: et Castera, par un raffinement de délicatesse, s'adressant en secret à mon neveu, le presse vivement d'accepter le peu d'argent qu'il a en son pouvoir.

Nous sommes appelés chez Ruffin pour assister à la lecture du firman de la Porte. Dantan lit, Ruffin explique. Quel changement subit se fait dans tous les esprits! Le firman était adressé au commandant du château : il portait l'ordre de retenir sous sa garde le chargé d'affaires, son secrétaire Kiffer, le drogman Dantan, le Français arrivé la veille (Lebrun), et trois domestiques. Tous les autres prisonniers devaient être remis sur-le-champ aux mains de l'officier porteur du firman.

A peine cette lecture est achevée, qu'un cri général d'indignation se fait entendre. Franchini, furieux, ne peut articuler une seule parole; le général Ménant donne au contraire un libre cours à ses plaintes, et s'écrie avec l'expression vive et forte d'un militaire: « Se peut-il qu'il y ait un Dieu pour les uns, et qu'on envoie les autres à tous les diables? » Et il demanda brusquement: « Où allons-nous donc? où nous conduit-on? » Mais le citoyen Ruffin répond: « Laissez-moi seul avec l'officier de la Porte; je vais le sonder, et je ferai si bien, que je lui arracherai la vérité. »

On se disperse; on s'occupe à la hâte de rassembler son linge et ses effets; la confusion est extrême, ainsi que la colère; à peine sait-on ce qu'on fait, tant on est troublé. Mais pour nous consoler, le chargé d'affaires annonce bientôt que la mesure que la Porte vient de prendre n'a rien qui doive nous alarmer, qu'elle est au contraire un adoucissement à notre captivité, puisque l'officier lui a positivement assuré qu'il ne s'agissait que de notre translation au palais de France. Je dois l'avouer, je crus à ces paroles : elles étaient prononcées avec un accent si persuasif, que je ne pus m'en défendre ; mes autres camarades furent plus circonspects : ils ne se laissèrent pas aller à une amorce si flatteuse, et ils avaient raison.

On pressait notre départ ; plusieurs de nous déclarèrent qu'ils ne partiraient pas sans emporter leurs effets. L'officier de la Porte, trouvant que cela nous prendrait trop de temps, s'y opposa, et nous enjoignit de marcher aussitôt que nous aurions pris un peu de nourriture. Nous partons, ou plutôt on nous emmène.

Dans notre marche à pied, qui dura une bonne demi-heure, escortés par des janissaires, traînant à nos côtés tous les signes de la plus rigoureuse captivité, on nous fait parcourir des rues étroites et ignorées ; on nous conduit sur le bord de la mer, et là on nous jette dans des embarcations préparées pour nous recevoir et nous conduire plus loin. Tourmentés encore par l'incertitude de ce que nous allions devenir, nous faisons à notre conducteur de nouvelles questions ; vains efforts d'une curiosité toujours trompée, et qui devait toujours l'être.

Les Turcs sont un peuple de mendiants, qui demandent sans cesse de l'argent aux Français, et à qui, pour obtenir ce qu'ils appellent un bakchir, le mensonge ne coûte rien. Ingénieux à inventer des fables agréables, ils sont d'une impudence incroyable à les soutenir; et, persuadés qu'on ne doit pas se faire scrupule de tromper les infidèles, ils appuient leurs fourberies par les serments les plus exécrables.

Notre officier nous jura par sa tête, par sa barbe, par sa religion, par son prophète, qu'il nous conduisait au palais, que nous y passerions la nuit, que le lendemain nous serions conduits à la Porte, et que nous obtiendrions la liberté de nous retirer chez nous. Il fit si bien, qu'il ébranla notre incrédulité. Les citoyens Fleury, consul de Valachie, qui avait été conduit aux Sept-Tours quelques jours avant, et Ménant furent d'avis de le récompenser de ses bonnes nouvelles; et, comme ils n'avaient point de monnaie sur eux, il m'échut de donner vingt-une piastres à cet imposteur. Nous arrivons au quai de Top-Hana. L'officier, les janissaires qui nous avaient pris aux Sept-Tours, s'esquivent aussitôt, et sont remplacés par d'autres. Des chaloupes plus grandes que celles sur lesquelles nous étions venus, étaient préparées. On nous y fit passer; un peuple nombreux remplissait le quai. Franchini, au fait des usages du pays, dit en voyant ces apprêts : « Ceci ne sent rien de bon. » On déborde le rivage; on rame vers le Bosphore. Mais bientôt une voix crie: « Arrêtez! » et nous voilà sur les rames à une demi-encablure de terre pendant près d'une heure.

A quoi tout ceci doit-il donc aboutir, disions-nous? Comme nous étions dans cette perplexité, un officier turc arrive, et l'ordre est donné de nous débarquer et de nous conduire au palais de France. Ce nom de palais réveille des idées flatteuses. Ainsi, jouets dans un même jour de l'espérance et de la crainte, tiraillés dans tous les sens par les hommes et les évènements, nous passions avec rapidité de la tristesse à la joie, et nous retombions avec plus de facilité encore de la joie à la tristesse.

On s'achemine vers le palais; une escorte formidable nous accompagne. Des visages sévères et menaçants nous apprennent d'avance qu'il va se passer quelque chose de funeste. On évite la rue qui conduit à la grande porte d'entrée. Nous tournons dans de petites rues obscures, et nous nous trouvons enfin sur la terrasse de cette maison de France qui va être le théâtre de notre humiliation. Tous nos sens sont saisis du spectacle qui s'offre à nous. Une garde nombreuse occupait les portes, les avenues, et se répandait sur la terrasse du palais. Des officiers turcs étaient debout vers le milieu de la terrasse; quelques valises étaient répandues par-ci par-là dans des coins.

Bien loin de nous introduire dans la maison, on nous défendait d'en approcher, on nous en éloignait même avec fureur. Des femmes frappaient l'air de leurs gémissements, et les cris perçants de douleur qu'elles faisaient entendre, présageaient un grand malheur.

Sur le haut d'une terrasse qui dominait celle où nous étions, des femmes élégamment mises et quelques hommes jouissaient avec plaisir de ce tableau déchirant. On me dit que c'étaient les ennemis de la France. S'ils avaient eu quelque vertu, l'auraient-ils été dans ce moment d'horreur où des Français étaient traités avec tant de cruauté ?

Franchini eut bientôt pris des informations. Il vint me présenter son frère, englobé aussi dans la proscription. « On nous envoie, me dit-il, en Asie. Nous y serons fort mal. Patience; si nous mourons, tout sera fini pour nous. Mais si nous ne mourons pas, nos souffrances feront notre gloire et la honte de nos ennemis, si la République est juste. Ce qui me fâche le plus, ajouta-t-il, c'est que nous serons séparés. Ayez bon courage, consul ; nous nous reverrons peut-être un jour en lieu où nous pourrons faire entendre notre voix. »

J'embrassai les deux Franchini ; nous nous séparâmes. Je n'eus pas la satisfaction de pouvoir dire adieu à plusieurs de mes malheureux compatriotes; on nous avait dispersés avant que l'opération commençât.

Cette opération consista à former des prisonniers venus des Sept-Tours et d'un certain nombre d'autres pris au palais, quatre divisions de neuf personnes chacune, pour les envoyer sur quatre points de la Mer Noire. Un Grec, que je jugeai attaché au drogman de la Porte, et qui parlait français, faisait l'appel nominal, sous l'inspection de quatre ou cinq Turcs.

On appela d'abord les citoyens Ménant, Fleury, Castera, mon drogman Simian, et quatre autres citoyens pris au palais. A mesure que chacun était appelé, deux janissaires s'emparaient de sa personne, le saisissaient chacun par un bras, un ou deux janissaires suivaient par derrière, et l'on conduisait brutalement le captif à quelques pas de distance, jusqu'à ce que la division étant entièrement formée, on la faisait avancer en corps vers l'entrée par où nous étions venus. Là, elle s'arrêtait sous la surveillance très-sévère de sa propre garde, en attendant que les autres divisions étant faites, on reçut l'ordre général de marcher.

La seconde division fut appelée et traitée de la même manière; on la composa des citoyens Parant, Mangin, des deux Franchini, de Pidoux; les autres, je ne les connaissais pas.

Je ne connaissais pas davantage aucun des citoyens qu'on appela pour la troisième division. Je remarquai seulement avec la plus extrême affliction qu'on y comprit Emmanuel Astilick, ce drogman qui m'avait suivi volontairement de Smyrne, dont l'attachement m'était si précieux, dont les services m'étaient si nécessaires; ce rafinement de barbarie, qui ne pouvait être que l'ouvrage de la Porte, me terrassa.

On m'avait laissé pour la dernière division. Mon chancelier, mon neveu, mes deux domestiques, me furent laissés; c'était une consolation; on ne me ravissait pas tout. Le citoyen Dubois, vice-consul de Valachie, fut ensuite appelé plusieurs fois et ne parut pas ; on me donna un Grec de Naxie, sujet du Grand-Seigneur, détenu au palais comme domestique du citoyen Fleury, et les citoyens Dutil, dentiste, et Arnould, grammairien (1).

Observant que le drogman Fleurant n'était point du nombre des proscrits, et voyant qu'il allait librement de tous côtés parlant sans aucune gêne aux commissaires turcs et au Grec qui faisait l'appel, je lui fis signe d'approcher, et je lui dis : « Vous paraissez avoir ici une certaine influence ; on m'a enlevé mon premier drogman qu'on a mis dans la première division ; on m'enlève maintenant l'autre qu'on met dans la troisième : que ferai-je dans un pays inconnu, n'ayant avec moi personne qui entende la langue ? Veut-on nous réduire aux dernières extrémités du malheur ? Faites à cet égard les représentations nécessaires, et obtenez qu'on ne sépare pas de moi Astilick. » Fleurant me répondit qu'il n'avait pas d'autorité ici, et que par conséquent il ne pouvait se charger de ma commission.

Pendant cette scène douloureuse plusieurs de nous furent frappés, d'autres menacés par les Turcs : je fus de ce dernier nombre. Un janissaire leva la main sur

---

(1) Ces quatre divisions, de neuf personnes chacune, furent envoyées sur les bords de la Mer Noire : la 1re à Amastra, la 2e à Sinope, la 3e à Samsoun, et la 4e, celle dont faisait partie Jean-Bon Saint-André, à Kérasonde.

moi ; je le regardai fièrement, et j'osai le défier ; il voulut m'entraîner de force, je refusai de marcher ; il me dit des paroles outrageantes, et me prit par le bras pour me faire avancer ; je me dégage, laissant mon manteau dans ses mains, et je vais de moi-même me réunir à mes compagnons. On insulta aussi mon chancelier, on lui arracha sa cocarde ; et combien d'autres ont souffert de pareils outrages que je n'ai pas été à portée de voir, ou dont je n'ai pas gardé le souvenir. Encore une fois, on ne nous traitait point comme des prisonniers, encore moins comme des otages, mais comme des criminels ; encore chez les peuples policés les lois défendent-elles toute rigueur inutile contre les malfaiteurs, même convaincus.

Il était nuit quand nous nous mîmes en marche du palais, pour redescendre au quai de Top-Hana. Les quatre divisions furent embarquées chacune dans une chaloupe, sous la conduite d'un commissaire et l'escorte de six janissaires. Nous voguons dans le canal, vers l'embouchure de la Mer Noire. La nuit était obscure ; le vent était au nord avec une petite pluie, circonstances qui, jointes aux courants du Bosphore qui descendent au sud avec impétuosité, devaient rendre notre navigation longue et désagréable, si même elle ne pouvait pas devenir périlleuse.

Nous ne savions pas encore quelle serait notre destination particulière. On parlait de navires qui devaient nous recevoir du côté de Kawack, mais on se taisait sur tout le reste. Le citoyen Dubois ne s'étant point présenté quand on l'appela, nous n'étions que huit dans notre barque, fort embarrassés de ce que nous allions devenir, non seulement par les mauvais traitements que nous redoutions, mais encore parce que nous n'avions pas de drogman. Heureusement le Grec de Naxie qu'on nous avait donné savait un peu de turc; il n'était pas fort dans cette langue, mais la connaissance qu'il en avait, quelque médiocre qu'elle fût, nous le rendait précieux. Du moins, en quels lieux que nous fussions jetés, nous pourrions demander les objets de première nécessité.

Après cinq heures de navigation, notre chaloupe s'arrêta sur une côte bordée de grands arbres touffus, au travers desquels les lumières qui brillaient dans l'obscurité désignaient des habitations humaines. A côté de nous étaient à demi-échouées sur le sable des barques de l'espèce de celles qui sont employées à la navigation de la Mer Noire. Notre commissaire descendit à terre; il y demeura une demi-heure, nous laissant exposés à la pluie qui dans ce moment était assez forte. Nous ne savions si on allait nous débarquer en ce lieu, ou nous faire entrer à bord des barques que nous voyions. Le silence le plus profond régnait autour de nous. Nous regardions avec anxiété pour voir si nous n'apercevrions pas nos compagnons; rien ne paraissait. Enfin, notre conducteur revient et ordonne de mettre au large. On rame encore un bon quart d'heure vers l'embouchure du Bosphore, et l'on s'arrête sous une batterie, vis-à-vis d'un château. C'était le château de Kawack.

Le commissaire de la Porte nous laisse encore livrés à nos réflexions, que rendaient encore plus tristes la nuit, le mauvais temps, le mystère dont on nous environnait. Nous sentions nos inquiétudes s'accroître, et sur nous-mêmes et sur nos compagnons. S'ils nous ont devancés, pourquoi ne les voyons-nous pas? S'ils sont demeurés derrière nous, la longue station que nous faisons sur ce rivage ne leur donnait-elle pas le temps de nous joindre? Ne les reverrons-nous plus? Où vont-ils? où allons-nous nous-mêmes? Pourquoi les ministres de la Porte ont-ils voulu que la nuit couvrît de ses ombres épaisses leurs projets et notre départ? Si leurs intentions n'étaient pas horriblement mauvaises, auraient-ils pris ces précautions dont on ne se sert que pour couvrir des crimes? Quel génie malfaisant présidait à notre destinée? et pourquoi trente-six malheureux sur plus de cent Français détenus à Constantinople, éprouvaient-ils une rigueur jusqu'alors sans exemple? Quelle position que celle d'un homme qui a toujours à craindre et pour lui-même et pour les autres! C'était la mienne depuis le jour de mon entrée à Smyrne, et elle ne devait pas changer de long-temps.

Au bout de trois quarts d'heure d'attente, la porte du château s'ouvre avec fracas, des flambeaux éclairent le rivage. Il faut descendre; c'est donc ici où nous allons être déposés! Nous passons, escortés de nos janissaires, au milieu d'une double haie très-serrée de bostangis armés; on nous introduit dans la cour du château.

A droite dans cette cour se présente une petite porte carrée, étroite et basse : un homme à figure sinistre l'ouvre; on nous pousse; nous avançons..... Dieu! quel séjour d'épouvante et d'horreur!.... Nous reculons deux pas, saisis d'effroi. Mais la fatale porte s'était déjà refermée sur nous. Nos idées confuses se pressent, se choquent; un cri de douleur s'échappe malgré nous : Où sommes-nous? qu'allons-nous devenir? Il nous fallut quelques moments pour recueillir nos esprits; nous jettons un coup-d'œil sur ce qui nous environne, et le premier objet qui frappe nos regards, le seul que nous pûmes envisager dans ce premier instant, fut le mélange de quelques Français confondus dans ce séjour du crime avec des Turcs. Quels sont ces Français?..... Astilick m'avait vu entrer; il se précipite à mon cou; un saisissement mutuel nous empêche l'un et l'autre de proférer une seule parole. Enfin, nos soupirs se font un passage... Voilà comme la Porte traite ses otages ! Les compagnons d'Astilick, car c'était la troisième division que nous trouvions à Kawack, nous environnent; nous nous embrassons; nous déplorons ensemble notre malheur; nous nous racontons les circonstances de notre court voyage.

Chose étrange! pour si méchants que soient les hommes, ils ne peuvent pas faire à leurs semblables tout le mal qu'ils voudraient. Au sein des plus cruels revers, il reste encore à l'infortuné des dédommagements, des motifs de consolation que la Providence lui ménage. Nous l'éprouvâmes en ce moment; la présence de nos frères était pour nous une jouissance. Que serions-nous devenus, si nous avions été seuls de tous les captifs partis du palais, jetés dans le cachot de Kawack? Nous nous serions crus perdus sans ressource, et le désespoir se serait emparé de notre âme.

De leur côté, nos compagnons sortaient par notre venue de cet isolement affreux où ils s'étaient d'abord trouvés. Leur consternation ainsi que leur frayeur avaient été extrêmes, quand ils étaient entrés dans cette prison. Ils ne savaient ce que voulait dire cette monstrueuse association des Français avec les Turcs. Ils avaient remarqué que parmi ceux-ci il y en avait qui étaient armés de poignards, et ils s'étaient demandés si on ne les envoyaient pas à la mort, et si les hommes qu'ils voyaient n'étaient pas leurs bourreaux..... Que le monstre, qui a eu la première idée de renfermer à côté du crime le citoyen honnête et paisible; qui, par cette mesure au moins inconsidérée, a fait éprouver à celui-ci les angoisses inexprimables, et, pour ainsi dire, l'agonie d'une mort anticipée, puisse recevoir le salaire de sa tyrannie! c'est pour lui que Kawack devrait avoir été inventé.

La division que nous trouvâmes à Kawack était composée des trois jeunes-de-langue, Wiet, Constant et Gaspary, des citoyens Toussaint, imprimeur de la légation, Merotti, chirurgien, Meunier, grammairien, Marion, journaliste, et Macé, maître-d'hôtel de Mme Ruffin. Après nous être communiqué nos pensées et nos sentiments, il fallut songer aux moyens de s'arranger pour passer le reste de la nuit.

Ce fut alors que je mesurai de l'œil le cachot infâme où l'on nous avait précipités. Comment en faire ici la description? Mon imagination en est encore tellement épouvantée, que ma plume se refuse presque à tracer cette hideuse peinture. Une enceinte carrée d'environ vingt-cinq pieds sur chaque face, était formée par une muraille d'une maçonnerie grossière, mais solide, de cinq pieds d'épaisseur. La porte était au nord, à l'angle gauche; au fond, du côté du sud, à cinq ou six pieds de l'angle à droite, était une petite lucarne qui allait en se rétrécissant vers la partie extérieure, et ne laissait apercevoir par dehors qu'une fente de trois pieds de haut sur six pouces de large. C'est par cette petite ouverture seulement que les prisonniers peuvent communiquer avec leurs parents, leurs amis, et recevoir leur nourriture : la porte ne s'ouvre jamais que pour l'entrée ou la sortie des malheureux condamnés à gémir dans cet abîme de douleurs.

En face de la porte est un espace carré en maçonnerie qui occupe à-peu-près le quart de l'enceinte : c'est une fosse d'aisance à la manière des Turcs, et sans doute depuis la construction de l'édifice on n'a pas songé à la nettoyer. L'infection qui en émane saisit la gorge, et l'odorat d'une vapeur méphitique, et se répand dans tout le cachot. Ce lieu est si horrible, qu'on n'ose en approcher que pressé par la plus extrême nécessité ; pour de moindres besoins on s'arrête à la porte, où l'on a pratiqué par suite de cette répugnance un cloaque non moins infect que celui qu'on voulait éviter. Les débris des aliments et toutes les ordures amoncelées du même côté depuis vingt-cinq ans, forment un tas énorme qui complète la malpropreté et achève d'empuantir l'air qui ne peut se renouveler.

La lumière du jour ne pénètre jamais dans ce cachot ; c'est une nuit vraiment éternelle ; on y brûle perpétuellement quelques mauvaises chandelles de suif que les prisonniers paient, et qui, comme dans l'enfer de Milton, produisent une lumière pâle dont tout l'effet est de rendre sensibles les épaisses ténèbres où l'on est plongé. Une boue noire, un sol mal aplani, par conséquent inégal et raboteux, est tout ce qui s'offre au repos de l'homme, si toutefois l'homme peut goûter de repos en ce lieu...

C'est sur cette terre, dans cette atmosphère malfaisante que nous devions coucher. Nous n'avions pas même une natte, et nos bourreaux, peu en peine de ce que nous deviendrions, n'avaient pas songé que nous pussions en avoir besoin. Les criminels renfermés avec nous, plus humains que leurs maîtres, nous offrirent de partager les lambeaux de quelques tapis déchirés qui leur servaient de lit, et rien ne nous fit mieux sentir l'abaissement où nous étions tombés, que la nécessité qui nous força d'accepter cette offre.

On croira facilement que le sommeil ne vint pas fermer nos paupières. Nous avions osé espérer qu'au retour du jour nous serions retirés de Kawack et conduits à bord des bâtiments, et nous regardions désormais comme une faveur insigne la faculté de nous rendre à cet exil que la veille nous avions tant redouté. Mais le jour ne nous fit voir aucun symptôme de délivrance.

Le besoin de prendre quelque nourriture commençait à se faire sentir. Nous demandâmes à voir le commandant du château pour lui exposer notre déplorable situation. Nous ne doutions pas que, tout Turc qu'il était, ce commandant n'en fût touché. Il refusa de paraître. Comment donc faire ? étions-nous condamnés à mourir de faim ? Nous fîmes appeler le concierge ; il vint à la lucarne et nous apprit que si nous voulions des vivres, c'était à nous à nous en pourvoir, parce que la Porte ne donnait rien à ses prisonniers. C'était une atrocité sans doute, mais moins grande que celle de ne pas nous avoir avertis à l'avance qu'il nous fallait nous occuper du soin de notre subsistance.

Cependant le concierge, sur nos prières et alléché par l'espoir de voler notre argent, voulut bien nous promettre de nous apporter quelques aliments ; ces aliments furent du pain, de l'oignon et de l'ail, qu'on nous fit payer au poids de l'or. Vainement demandâmes-nous aussi du feu et une pièce de fer quelconque pour y brûler du vinaigre, et absorber par la vapeur de l'acide le méphitisme mortel de notre cachot; nous ne pûmes point obtenir cette grâce. Tout ce qu'il fut possible de nous accorder se réduisit à quelques charbons sur une brique qu'on nous faisait passer deux fois par jour, et sur lesquels nous faisions brûler quelques grains d'encens. Mais ce parfum, en se mêlant aux exhalaisons empestées du lieu, ne produisait qu'un adoucissement bien insuffisant, et il en était même parmi nous qui supportaient cette espèce de mélange avec beaucoup de peine.

Le soir du premier jour nous eûmes une lueur d'espérance; mais elle fut à l'instant dissipée. Un messager porteur d'un ordre de la Porte vint élargir le citoyen Macé; c'était nous annoncer que notre emprisonnement ne devait pas finir encore. Quelque amère que fût cette réflexion, il n'y eut pas un seul invividu parmi nous qui ne félicitât Macé de sa délivrance; c'était un malheureux de moins, un de nos concitoyens arraché aux fers de la servitude. Nous jouissions véritablement de son bonheur; nous l'embrassâmes avec transport; nous lui recommandâmes ses malheureux compagnons. Il se chargea de faire au citoyen Lesseps, gendre du citoyen Ruffin, la peinture exacte de notre situation, et elle était si horrible, que nous ne doutions pas que le plus simple récit ne fût suffisant pour enflammer le zèle de cet homme. Cette idée était encore pour nous un motif de consolation. Mais le lendemain nous vîmes arriver dans notre cachot le citoyen Garnier, capitaine de navire de Marseille; il venait prendre la place de Macé. Alors une foule de noires réflexions assiégèrent nos âmes. Nous ne vîmes plus dans la délivrance du maître d'hôtel de Mme Ruffin qu'une partialité en sa faveur, sans comprendre par quelle sorte d'influence cet échange avait pu avoir lieu.

Cependant, le citoyen Lesseps écrivit aux jeunes-de-langue pour leur donner des consolations et des encouragements. Mais le zèle de l'amitié et celui de la patrie conduisirent vers nous une de ces âmes ardentes et sensibles toujours prêtes à voler au secours du malheur.

Le citoyen Toussaint avait un ami dans la compagnie des artistes français, dite de Pampelone. C'était le citoyen Cruchy. Au récit de notre état qu'il entendit de la bouche de Macé, Cruchy achète de ses gardes la permission de courir à Kawack. Il nous voit; son cœur déjà ému palpite d'indignation et de pitié. Après un court entretien, il se hâte d'aller au village voisin; il en apporte du riz, du mouton, des fruits secs, du vin, de l'eau-de-vie. Nous goûtons le plaisir de faire un repas dont la bienfaisante amitié avait fait les frais. Ceux de nous qui ne connaissent pas Cruchy, sentent leur cœur voler vers le cœur de cet estimable citoyen. On l'accable de questions; on le charge de mille commissions; il répond à tout, il promet de songer à tout; sa promesse ne laisse aucun doute dans les esprits, tant la brûlante ardeur d'un cœur droit et sincère persuade facilement. Il part et il tient parole.

Nos compagnons ne nous avaient pas non plus oubliés. Embarqués sur deux barques mouillées dans le voisinage de notre prison, ils attendaient le vent favorable pour faire voile. Ils apprirent notre détention, et ils ne purent résister au désir de nous témoigner l'intérêt que notre disgrâce leur inspirait. Les citoyens Castera et Mangin, ainsi que le citoyen Riva, drogman du palais, que je ne connaissais pas encore, vinrent me voir; et le vice-consul de Jassy, le bon et honnête Parant, donna à ses gardes sa dernière piastre pour obtenir cette faculté.

Castera et Mangin m'apprirent qu'ils avaient écrit au ministre par une occasion qu'ils croyaient sûre, pour l'informer de tout ce qui se passait. Mais, leur demandai-je, votre lettre est-elle au moins assez détaillée? Oui, me répondirent-ils; nous n'avons rien oublié. Je les interrogeai encore sur notre destination, et je sus que la division de Parant et des Franchini allait à Amastra, celle du général Ménant et de Fleury à Synope, celle des jeunes-de-langue à Samsoun; et l'on me réservait, comme à l'homme le plus redouté ou le plus haï, la station la plus éloignée et la plus sauvage, celle de Kérasonde.

Je remerciai mes amis des détails qu'ils venaient de me donner; je les priai instamment de faire tout ce qui dépendrait d'eux pour abréger notre séjour à Kawack. Que pouvaient-ils faire? Ils soupirèrent, et prirent congé de moi. Le vent favorable leur permit de partir le lendemain et nous ne nous revîmes plus.

Mais nous reçumes des nouvelles de Cruchy. Il disait à son ami Toussaint qu'en descendant à Constantinople, il avait couru chez les ambassadeurs d'Autriche, de Suède et de Hollande, qu'il leur avait fait le tableau de nos malheurs, qu'ils en avaient été touchés, et que, détestant cet horrible droit des gens qui assimile des otages à des assassins, ils avaient fait à la Porte les représentations les plus énergiques. Les ministres ottomans avaient affecté de la surprise à ces représentations, comme si l'ordre n'était pas émané d'eux, et notre sort allait s'adoucir.

Cependant notre délivrance ne s'effectua pas encore ce jour-là, et c'était pourtant le quatrième jour ou plutôt le quatrième siècle que nous languissions dans ce cloaque de Kawack. Notre santé commençait sensiblement à s'altérer ; Lasserre, un de nos domestiques, était malade ; le grec de Naxie, André, l'était aussi. Quel séjour pour des malades, et quelles craintes pour nous tous si notre détention devait être prolongée.

Le citoyen Lesseps avait écrit une seconde lettre aux jeunes-de-langue, et, avec celle-ci, il nous envoya du pain. Dans ce moment venaient d'entrer au cachot deux Polonais et trois Turcs. Nous étions en tout trente personnes dans cet espace resserré et ténébreux. Les trois Turcs étaient trois assassins qui, heureusement, ne restèrent pas long-temps avec nous. Quelques heures après leur entrée on les appela, et ils furent étranglés à la porte du château. Cette circonstance en dit plus aux âmes sensibles que tout ce que j'ai rapporté jusqu'à présent, pour donner la mesure précise de l'humiliation déchirante à laquelle nous étions abandonnés. Ces malfaiteurs en avaient annoncé trois autres que l'on poursuivait, mais que sans doute on n'atteignit pas, puisque nous les vîmes point paraître.

Les deux Polonais étaient envoyés pour se réunir à ma division. J'ai dit qu'en partant de Péra elle n'était composée que de huit individus, le citoyen Dubois ne s'étant pas montré pour cause de maladie. Mais j'appris qu'à sa place on avait mis d'abord le nommé Jean-Pierre, autrefois palefrenier d'Aubert-Dubayet, maintenant domestique de Mme Ruffin, qui obtint, on ne sait comment, la faculté de ne pas nous joindre. D'autre part, la femme du grec André avait fait des démarches pour ravoir son mari. Sa demande avait été trouvée juste; il n'était pas naturel en effet qu'un sujet du Grand-Seigneur fût traité comme ses ennemis et confondu avec eux. Pour remplir ce double vide, on n'imagina rien de mieux que de faire marcher les deux Polonais. Ils étaient détenus au palais, non comme Français, mais parce que, passant à Constantinople pour se rendre en Italie, ils avaient réclamé momentanément jusqu'à leur départ la protection de la France, qui leur avait été accordée. Leur motif était de se garantir des poursuites de l'ambassadeur russe, et sans doute ils ne s'attendaient pas que la protection de la France, dont ils se faisaient un appui contre la Russie, les livrât à la Porte. C'est pourtant ce qui arriva.

Les deux Polonais étaient, l'un, un soldat qui avait servi dans l'armée de Kosciusko; l'autre, le fils d'un personnage autrefois distingué dans son pays par son rang et sa fortune. Son nom est Jannary de Campo Scipio, et il prétend descendre de l'illustre famille des Scipions de l'ancienne Rome. Jeune encore, son menton était à peine couvert d'un léger duvet, et il avait été éprouvé par l'adversité. Son père était mort dans les crises de la révolution polonaise. A l'époque du partage de la Pologne, ses biens avaient été confisqués; l'impératrice Catherine avait envoyé l'infortuné jeune homme en Sibérie; il y avait langui dans la captivité pendant deux ans et trois mois, jusqu'à l'avènement de Paul, et il dut le retour à la liberté à l'amnistie accordée par cet empereur. Le cachot de Kawack parut à Scipion ne le céder que de bien peu en horreur aux glaces et aux neiges éternelles des déserts de la Sibérie.

Cependant le firman ne composait notre division que de neuf personnes; André devait donc s'en retourner en liberté. Sa femme vint le chercher, portant dans ses mains un ordre du gouvernement. On n'eut point d'égard à cet ordre. Elle en obtint un second qui ne fut pas mieux écouté. Enfin, André fut obligé de nous suivre. Pour diminuer l'amertume de ses regrets, je lui donnai moi-même des encouragements. Il pouvait me servir de Drogman; je lui promis au nom de la république une récompense proportionnée aux services qu'il nous rendrait. Que pouvions-nous faire sans lui ! Il est vrai que par cet arrangement notre nombre se trouvait porté à dix, inconvénient très-grave, vu la maigreur de nos finances. Mais le plus grand de tous les inconvénients était celui d'être privé de tout moyen de communication avec les gens du pays où l'on nous transportait.

Nous languissions depuis cinq jours à Kawack, lorsqu'enfin les portes de notre cachot s'ouvrirent. Il en était temps. Rendus à la lumière, nous nous regardions mutuellement avec une surprise mêlée de terreur. Nos visages pâles annonçaient tout ce que nous avions souffert; la malpropreté de nos vêtements, l'odeur que nous traînions avec nous, et que notre passage à un air plus pur rendait plus sensible et plus désagréable, nous rendaient les uns aux autres des objets de dégoût et presque d'aversion. Il fallut pourtant passer encore la nuit dans ces mêmes habits salis d'ordures et de vermine. Nos effets ne pouvaient nous être délivrés que le lendemain.

Il était quatre heures du soir quand nous sortîmes du cachot. Nous fûmes immédiatement conduits à bord d'une barque qui devait partir le jour suivant. Les marins travaillaient à faire le lest. Ils prenaient pour cet effet sur le rivage un sable mêlé de terre et humecté par l'eau dont il était couvert. On nous jeta dans la cale, sur ce lest humide, et l'on nous plaça sous la grande écoutille, à côté et en avant de l'arche à pompe. La mauvaise odeur et l'insalubrité de ce logement égalaient presque celle du logement que nous venions de quitter. Cependant on nous laissa la faculté de passer le reste du jour sur le pont, et nous ne fûmes renfermés qu'à la nuit. C'était une faveur précieuse, et non-seulement elle nous fut accordée le lendemain, mais encore on nous permit de descendre quelques moments à terre pour nous faire raser.

On sépara les deux divisions ; chacune fut mise dans une barque destinée à la recevoir. J'éprouvai une seconde fois la douleur de m'éloigner de mon drogman Astilick ; tous les efforts que je fis pour faire consentir nos conducteurs respectifs à un échange furent inutiles ; et les ordres qu'ils avaient à cet égard devaient être bien précis, puisqu'ils résistèrent à des offres pécuniaires. Les janissaires qui nous avaient escortés en partant du palais, se réunirent à nous. Ils nous déclarèrent que nous devions songer aux provisions du voyage, et non-seulement pour nous, mais encore pour eux. Nous ne comprenions pas qu'on fît ainsi voyager des prisonniers, et qu'on leur laissât l'achat de leur propre nourriture. Nous nous procurâmes avec toute l'économie que commandait la nécessité de nos fonds de quoi ne pas mourir de faim pendant le trajet ; mais nous déclarâmes à nos janissaires qu'ils eussent à se pourvoir de leur côté. Nous retirâmes nos effets qu'on avait entreposés au château, et nous eûmes le chagrin de voir qu'ils avaient souffert de la pluie par la négligence des Turcs. Enfin, tout étant disposé pour le départ, nous mîmes à la voile le 19 brumaire, une heure avant le coucher du soleil.

Le commissaire de la Porte, soit qu'il pensât que notre sort nous paraîtrait moins dur quand nous apprendrions qu'un plus grand nombre de Français était condamné à le partager, soit qu'il ne dit effectivement que la vérité, nous rapporta que de nouvelles divisions de Français allaient être faites à Péra, qu'on les disperserait sur la Mer Noire, et que les artistes seraient envoyés au bagne.

Si ce projet était certain, on allait livrer encore à la cruauté des Turcs des négociants qu'on avait entièrement dépouillés, des pères de famille qu'on avait réduits à la misère, et, pour comble d'iniquité, on allait les arracher à leurs femmes, à leurs enfants, les jeter sur des rivages lointains, et les empêcher de recueillir jusqu'aux misérables débris de leur fortune passée.

L'injustice était bien plus criante encore par rapport aux artistes. C'étaient des citoyens de toutes les professions, la plupart d'un talent distingué. Ils étaient venus à Constantinople pour y naturaliser ou y perfectionner les arts. La Porte, après les avoir employés assez longtemps, ne les avait pas payés; depuis six mois ils attendaient qu'on leur délivrât le prix de leurs travaux; et au lieu de ce salaire si légitimement acquis, qui n'aurait pas dû être différé d'un instant, c'étaient des fers, les travaux, la nourriture, le logement des esclaves, la verge d'un comite, la peste enfin qu'on leur destinait.

Non, cela ne pouvait pas être ; notre cœur déchiré refusa de croire à tant d'indignité, et nous aimâmes à nous flater qu'on avait épuisé sur nous le maximum de la sévérité.

Au nombre des janissaires qui nous escortaient, notre drogman André reconnut un bourreau. Il nous assura de plus qu'il y en avait un dans chacune des autres divisions, et que le motif de cette espèce de précaution était de contenir parmi nous la révolte, ou de la punir sur-le-champ par notre mort. L'homme qui nous fut désigné comme exerçant cet exécrable office, était d'une figure hideuse. Borgne, profondément gravé de la petite vérole, effronté dans ses propos, brutal dans ses manières, il paraissait avoir sur les autres une autorité dont il ne se prévalut que pour nous vexer. Nos provisions furent bientôt la proie de sa voracité. Il saisit de force les trois quarts d'un mouton qui formait notre principale ressource, exigea sa portion du quart restant que nous avions apprêté pour nous, mangea notre pain, avala notre vin et notre eau-de-vie, en sorte que dès le second jour de navigation nous fûmes réduits pour toute nourriture à un peu de caviar et à quelques oignons.

Tout cela n'était rien cependant au prix des mauvais traitements qu'il nous prodiguait. Son génie inventif trouvait toujours à cet égard quelque chose de nouveau, et je crois qu'à moins de porter les mains sur nous, il lui était impossible d'imaginer d'autres persécutions que celles qu'il nous fit essuyer. Ses camarades le secondaient sans doute puissamment ; mais, par la supériorité de sa méchanceté, on jugeait facilement qu'il avait aussi la supériorité du pouvoir.

J'aurais désiré, puisque le sort voulait que je voyageasse sur la Mer Noire, pouvoir faire quelques observations sur cette navigation ; mais la gêne où l'on nous retenait, jointe à mon ignorance de la langue, ne me permirent pas d'avoir avec le patron les explications que j'aurais désirées. Mon nouveau drogman était insouciant et paresseux ; les encouragements que je lui donnais ne semblaient l'émouvoir que faiblement, et je prévis dès le premier instant que j'eus besoin de son service, qu'il ne me serait jamais d'une grande utilité. Je pouvais même raisonnablement douter si ce n'était pas un espion que la Porte nous avait donné. Je suivis pourtant des yeux, autant qu'il me fut possible, les mouvements de notre barque. Je remarquai qu'à notre sortie du canal, les vents étant au sud-ouest, on mit le cap à l'est un quart nord-est du compas. Nous courûmes sur ce rumb toute la nuit.

Le lendemain, la route fut dirigée à l'est et ne changea point jusqu'au 22 brumaire à dix heures du matin. Nous étions alors par le travers d'une île que le patron me fit entendre être celle qui forme la baie de Sinope. Jusque-là nous avions toujours eu la vue de la terre d'Asie, à la distance de huit à dix lieues. Dans ce moment on fit porter à l'est-sud-est. Vers le midi de ce jour, les vents passèrent à l'ouest-nord-ouest où ils soufflèrent avec violence ; la mer grossit considérablement ; l'horizon s'embruma ; les montagnes de la côte, quoique élevées, disparurent sous les nuages, et les grains se succédaient sans interruption ; ce qui décida le capitaine à gouverner au sud-est pour rallier la terre. Nous pûmes la voir avant le coucher du soleil, et la pointe de Vouna ayant été bien reconnue, nous la rangeâmes à moins de deux encablures ; et nous vînmes chercher un abri sous les montagnes de cette côte. Nous serrâmes la terre de si près, qu'à peine avions-nous doublé la pointe que nous fûmes en calme. Il fallut mouiller dans la grosse mer formée par le ressac de la pointe. Les raffales qui arrivaient jusqu'à nous des gorges des montagnes, nous faisaient craindre que nos câbles ne rompissent ; cependant ils soutinrent l'effort du mauvais temps, et le vent et la mer ayant tombé au bout de trois heures, nous pûmes manœuvrer pour avancer dans un lieu plus sûr, au fond de la baie.

La journée du 23 fut belle et calme. Nous la passâmes au mouillage. La baie de Vouna, entièrement ouverte à l'est, est peut-être une des moins mauvaises de cette côte, où les coups de vent de nord-ouest sont surtout dangereux. Les deux pointes opposées qui la terminent nous restaient au nord-nord-ouest et sud-sud-ouest. La tenue, autant que j'ai pu le comprendre, y est bonne, et la profondeur au lieu où nous étions doit être d'environ dix brasses. Je remarquai un courant très-sensible, portant sur la pointe occidentale. Je ne pus le mesurer, faute d'instrument propre à cette opération ; mais, à la vue, je l'estimai être d'un nœud et demi ou de deux nœuds.

La côte sous laquelle nous étions était élevée, couverte d'arbres jusqu'au sommet des montagnes, tapissée d'une verdure très-fraîche ; c'était un très-beau paysage : la culture y était rare et mal soignée ; quelques misérables huttes répandues à de grandes distances sur les collines, trois ou quatre cabanes réunies sur le bord de la mer en un point où la jonction de deux montagnes annonce une vallée étroite, affligeaient les yeux charmés de la magnificence de la nature.

Nos janissaires descendirent à terre dès le matin. Nous aurions désiré d'y aller aussi ; mais il ne fallait pas attendre cette faveur de leur complaisance. Ils savaient que nos provisions étaient à-peu-près épuisées, et ils espéraient de faire quelques profits sur nous, en se chargeant de faire nos achats. Plutôt que de satisfaire cette avidité de nos persécuteurs, je préférai souffrir, et je ne demandai rien. Ils apportèrent pourtant à leur retour quelques mauvais fruits, qu'ils nous offrirent d'un ton de commandement. Il fallut bien les accepter et les payer aux prix qu'ils voulurent y mettre, c'est-à-dire vingt fois au-dessus de leur valeur.

Ils amenèrent aussi une chaloupe du pays sur laquelle ils comptaient nous mettre pour achever la route qui nous restait à faire jusqu'à Kérasonde. Cette petite et misérable barque était évidemment insuffisante pour cinq matelots nécessaires à la conduire, et seize passagers avec leurs effets. Je fis à cet égard mes représentations. On croira bien que c'était perdre son temps et ses paroles que de vouloir faire entendre raison à des êtres aussi féroces ; mais le capitaine de notre bâtiment vint à notre secours. Il s'opposa avec force à notre débarquement, disant aux janissaires que, s'ils étaient chargés de la garde des prisonniers, il était de son côté responsable de leur sûreté. La chaloupe fut donc renvoyée, et je vis avec un plaisir inexprimable nos barbares satellites humiliés et forcés de céder au moins une fois ; mais ce ne fut pas sans de violents murmures de leur part, auxquels le capitaine parut faire assez peu d'attention. Cet homme avait l'air de mépriser très-profondément les janissaires, et c'est peut-être à ce sentiment que nous fûmes redevables de quelques prévenances qui adoucirent un peu les incommodités de notre traversée.

Dans la nuit les vents ayant passé un moment au sud-ouest, le capitaine se hâta d'en profiter pour mettre à la voile. Mais à deux lieues au large nous n'eûmes plus que les vents du sud, du sud-sud-est et même sud-est ; ils étaient faibles ; la mer était grosse du nord, et les courants qui portaient à l'ouest nous faisaient visiblement rétrograder. Il fallut venir chercher un mouillage; mais nous fûmes assez malheureux pour ne pouvoir pas atteindre celui que nous avions quitté la veille. Nous jetâmes l'ancre, vers l'heure de midi, dans une petite baie entièrement ouverte, que j'estimais être située à cinq ou six lieues à l'ouest de Vouna. Nous y passâmes le reste du jour.

La côte présentait la même fertilité naturelle que j'avais déjà remarquée ; et je dois dire ici qu'en général toute la partie de la terre que j'ai pu voir d'assez près pour pouvoir la bien distinguer, est parfaitement boisée, et que les pics les plus élevés sont couronnés d'arbres. Mais une chose excita ici particulièrement mon attention. Sur la pointe de l'ouest j'aperçus des récifs qui s'avançaient en pleine mer d'une petite demi-lieue ; au pied de ces récifs l'eau me paraissait profonde ; la côte se prolongeait en droite ligne à l'ouest à-peu-près dans l'étendue d'une lieue, et se terminait à une autre pointe recourbée vers le sud, sur laquelle je voyais une maison carrée ou château d'ancienne structure. Tout cet espace avait par intervalle des brisants, au milieu desquels on voyait une mer tranquille. En examinant avec plus de soin ces prétendus récifs, je commençai à soupçonner qu'ils pouvaient bien être l'ouvrage des hommes. En effet, sur la pointe la plus voisine de notre mouillage, on distinguait un reste de maçonnerie sur laquelle s'appuyait une jetée de pierres d'une grosseur énorme, qui se prolongeait au large en ligne droite, et sur laquelle la mer battait avec violence. Je distinguai les assises de ces pierres, et je n'eus plus de doute sur la certitude de mon opinion, lorsqu'une chaloupe qui venait de dehors, enfilant un espace libre ou canal, entre deux bandes parallèles de récifs, entra dans un espace carré où la mer était tranquille. Cet espace formait précisément une darse, et, autant que j'en pus juger, elle devait avoir une autre issue vers l'ouest, du côté de la maison antique, où probablement étaient d'autres jetées qui produisaient les brisants que je voyais dans l'éloignement.

Combien il m'eût été agréable de pouvoir visiter toute cette partie de la côte pour me procurer une description plus exacte de ce lieu! Je fis à ce sujet plusieurs questions aux navigateurs turcs; mais leurs réponses ne produisirent rien de satisfaisant pour moi. Tout ce que j'en pus conclure fut qu'ils avaient une notion confuse qu'il avait existé là autrefois une ville et un port, mais ils n'en savaient ni le nom, ni l'époque de la ruine. Cette tradition me paraissait fondée; mais n'ayant aucun moyen de la vérifier, ni par l'inspection exacte des lieux qui ne m'était pas permise, ni par celle des cartes de géographie et des livres historiques dont j'étais absolument dépourvu, je me vis contraint de renfermer ma curiosité.

Le soleil se couchait, et l'horizon prenait une apparence menaçante. Les vents qui soufflaient du sud-ouest par dessus les montagnes, passaient au nord-ouest par rafales impétueuses, suivies de calme. La mer grossissait considérablement; les nuages fuyaient avec une extrême rapidité vers l'est, et la terre se couvrait d'un brouillard épais, précurseur presque infaillible des tempêtes dans ces parages. Il était temps de quitter cette station dangereuse. Le capitaine y songea un peu tard. Ses gens, qu'il avait envoyés avec la chaloupe pour lever son ancre d'affourche, effrayés par le mauvais temps, refusaient de revenir à bord. Aussi, en l'absence de la meilleure partie de l'équipage, il nous fallut tous mettre la main à l'œuvre pour lever l'ancre du large. Cependant le vent molit un instant, la chaloupe revint, nous mîmes à la voile, et nous eûmes le bonheur de nous élever hors de la côte.

Après une nuit plus fatiguante que dangereuse, nous nous trouvâmes, le 25 au matin, en vue de Kérasonde, et à une petite distance de cette ville. La mer était affreuse, quoiqu'il fît peu de vent. Mais bientôt il souffla avec force dans la direction de la lame, c'est-à-dire de la partie du nord-ouest. Le capitaine n'osa pas aller chercher un mouillage perfide, qu'il connaissait assez pour s'en méfier. Il tint le vent autant qu'une barque de l'espèce de la sienne le pouvait faire, et dépassa Kérasonde pour venir à dix lieues à l'est relâcher sur une côte moins dangereuse. Nous nous trouvions ainsi portés au-delà du lieu de notre destination. L'abondance de la pluie qui tomba le soir par torrents, apaisa le vent et la mer. Nous passâmes la nuit sans crainte, et la journée qui la suivit fut calme et sans nuages.

J'observai ici comme dans les deux premiers mouillages un courant qui portait à l'ouest, mais plus fort que je ne l'avais encore vu; en sorte que pour tenir sa barque debout à la lame qui venait du nord, le capitaine avait eu la précaution de mettre une croupière sur son ancre de terre.

Nos janissaires nous traitèrent ici comme à Vouna : ils ne voulurent pas nous laisser débarquer. Mais le besoin de provision se faisant sentir impérieusement, je m'adressai au capitaine pour obtenir que le drogman André pût aller à la terre. Son autorité prévalut encore cette fois. André fut mis dans la chaloupe, malgré toutes les oppositions de nos gardes. Il revint avec deux volailles, du pain et quelques fruits. Il m'apprit que le village où il avait fait ces emplettes, et qui était caché par le dos d'une montagne, avait été brûlé depuis peu, ainsi que deux autres situés à une petite distance de celui-ci, par un aga de l'intérieur des terres, rebelle à la Porte ; les masures en étaient pour ainsi dire encore fumantes. Mais quel était cet aga ? quelles étaient ses forces ? quels étaient ses projets ? C'était ce qu'André ne savait pas, et ce dont il n'avait probablement pas songé à s'informer. Cependant, quoi de plus intéressant pour nous, et en même temps quoi de plus affligeant! Nous venions captifs sur une terre étrangère, à mille lieues de notre patrie, et nous y trouvions en abordant la guerre civile! Jusqu'où ce feu pouvait-il s'étendre ? et n'avions-nous pas à craindre d'en être enveloppés ? Sur ce point, comme sur les autres, il fallut prendre son parti et attendre avec résignation les évènements.

Cependant nos janissaires prirent un ton radouci et presque honnête, je devrais dire bas et rampant. Le motif de ce changement me fut bientôt connu, et ils ne prirent eux-mêmes aucune peine à le déguiser. Ils entrèrent franchement en négociation avec moi sur le backchir que je devais leur donner pour les bons et loyaux services dont j'ai fait le détail. Ils se croyaient dignes d'éprouver les effets d'une très-grande générosité, et ils voulaient les palper à l'heure même. Quel peuple que celui où l'avidité la plus basse et la plus crapuleuse infecte tous les individus, et se montre sans rougir à découvert! Quel gouvernement que celui qui sait que tous ses agents, depuis le mufti et le visir jusqu'au dernier de ses shires et de ses valets, tendent perpétuellement la main pour recevoir, mettent à prix et leurs faveurs et leurs outrages, se font même un titre d'orgueil de leurs extorsions; et voit néanmoins avec indifférence cette cupidité effrénée qui le déshonore. Assurément nous ne sommes que trop corrompus en Europe; mais du moins la dépravation s'est réfugiée chez les hommes privativement voués au culte de la fortune, que je ne veux pas nommer ici. Nos militaires se sont conservés aussi généreux qu'ils sont braves; et un de nos soldats, à qui des personnes offriraient une récompense pour en avoir été traités décemment, s'indignerait de cette offre comme d'un sanglant affront, et répondrait noblement qu'il n'a fait que son devoir. Il n'en est pas ainsi chez les Turcs. Voler est, quoi qu'on en dise, leur objet favori; et par une bizarrerie qui forme un contraste assez singulier avec nos mœurs, leurs douaniers sont plus honnêtes que leurs officiers et leurs soldats ; ceux-ci sont tous sans exception des brigands.

Le capitaine, en dépassant Kérasonde, s'était rapproché du lieu de sa demeure. Il ne se souciait pas de revenir sur ses pas. Il fallut donc pourvoir au moyen d'achever notre voyage sans lui. On fit venir de terre deux chaloupes sur lesquelles nous mîmes nos effets et nos personnes ; le prix du transport fut fixé à quinze piastres qui devaient être encore à ma charge. Il était nuit quand nos préparatifs furent terminés. Nous quittâmes la barque, et nous nous rapprochâmes de terre pour prendre un renfort de matelots qui nous étaient nécessaires. Dans le temps qu'on les cherchait péniblement sur les montagnes, et que nous étions menacés de passer le reste de la nuit sans mouvement dans des incommodes embarcations, une barque un peu plus convenable nous joignit ; elle était envoyée à notre recherche par l'aga de Kérasonde, qui avait su de Vouna notre arrivée. Il était impatient de nous voir, et il faisait courir au devant de nous. Nous quittâmes nos chaloupes, non sans avoir été tenus à une gratification ; et après avoir vogué toute la nuit, nous débarquâmes le lendemain, à sept heures du matin, sur le rivage de Kérasonde (27 brumaire) (1).

(1) Kérasonde est l'ancienne *Cerasus*; c'est aujourd'hui une ville de sept cents maisons en mauvais état, dont à-peu-près

Le peuple, toujours curieux dans tous les pays, se porta en foule sur le bord de la mer. Chacun nous regardait avec avidité. Nos vêtements, notre air, et plus encore notre coiffure, étaient autant de motifs de surprise pour des hommes grossiers, dont la plupart avaient

cinq cents sont habitées par des Turcs, cent cinquante par des Grecs, et cinquante par des Arméniens. Elle est bâtie au pied d'une colline sur les bords de la Mer Noire, entre deux rochers escarpés. Une partie considérable de l'ancien mur de Cerasus est encore debout, et sur le sommet du rocher de droite s'élève un château ruiné, ouvrage des empereurs de Trébisonde. Cette ville, aujourd'hui peu importante, fut plus célèbre dans l'antiquité. Selon Pline et Arrien, elle fut fondée par une peuplade grecque venue de Sinope. Ce fut à Cerasus que les dix mille Grecs qui s'étaient trouvés à la bataille de Babylone dans l'armée du jeune Cyrus, passèrent devant leurs chefs une revue générale qui leur apprit qu'après tant de fatigues ils n'avaient éprouvé qu'une perte de quatorze cents hommes. Pharnace I, roi de Pont, l'agrandit, la peupla de barbares de la Colchide, et lui donna le nom de *Pharnacia;* cependant Strabon et Ptolémée distinguent Pharnacia et Cerasus. — Plus tard, elle fut prise par Lucullus pendant la guerre des Romains contre Mithridate. C'est dans ses murailles que ce prince avait renfermé ses femmes et ses sœurs; après sa défaite, il ordonna de les faire mourir, pour qu'elles ne tombassent pas entre les mains des Romains. Selon Pline, c'est de Cerasus que Lucullus envoya à Rome les premiers plants de cerisier, arbre qui tira son nom de celui de cette ville. — Kérasonde est à 26 lieues ouest de Trébisonde et à 40 lieues sud de Samsoun.

ignoré jusqu'à ce moment et le nom et l'existence de la nation française. Mais si nous étions pour eux des sujets d'étonnement, ils ne l'étaient guère moins pour nous. Leur contenance triste et silencieuse, leurs vêtements pour la plupart composés de misérables lambeaux, leur malpropreté extrême, la forme de leurs habitations, tout nous annonçait que nous allions habiter au sein d'une peuplade misérable, plongée par le despotisme dans la plus affreuse indigence.

Que d'idées sombres s'élevèrent dans nos esprits! Nous suivîmes tout consternés nos gardes; ils nous conduisirent chez l'aga, à travers une rue étroite, mal bâtie, et cependant la principale du lieu; nous gravîmes, entre un double rang de mauvaises baraques, la pente rapide d'un rocher escarpé, et nous trouvâmes ce gouverneur gravement assis sur une mauvaise natte, dans un kiosque presque ressemblant en tout à celui où nous avions passé la nuit après notre sortie de Smyrne, si ce n'est qu'au lieu d'un arbre celui-ci était ombragé par une roche noire taillée à pic, et situé sur le penchant d'un précipice affreux, de plus de deux cents pieds de profondeur, qui aboutissait à la mer. A côté du kiosque était une pièce de canon de bronze, montée sur un affût grossièrement travaillé. Deux autres pièces semblables étaient placées dans la cour de la maison de justice, contigüe au kiosque, où l'aga nous fit entrer après avoir eu un moment d'entretien avec nos conducteurs.

Le cadi et les principaux officiers civils et militaires

du lieu se rassemblèrent dans la chambre d'audience, décorée aussi d'une vieille natte, et digne à peine par sa construction d'être comparée à la plus misérable de nos granges. On nous fit une réception plus amicale que nous n'avions osé l'espérer, après toutes les infamies que nous avions éprouvées. On présenta du café, on offrit des pipes à ceux de nous qui en voulurent. Ensuite on procéda à la lecture des firmans. Il y en avait deux fort courts, et conçus en termes simples. Le premier ordonnait au commandant de nous recevoir dans son château, et de veiller à ce que nous n'échappions pas. Cette clause était assurément bien inutile en elle-même ; par où fuir de cette terre d'exil où nous étions confinés?... Par mer? Mais quel patron eût osé risquer sa tête pour favoriser notre évasion? En quel lieu, sur quelle côte nous aurait-il jetés? Nous ne voyions au bord opposé à nous que la Russie, ennemie de la France, et le Bosphore où l'un des premiers objets qui se présentait à notre imagination épouvantée, était ce même château de Kawack qui en gardait l'entrée. Par terre, nous avions des montagnes escarpées à franchir, l'Arménie et l'Asie à traverser, sans connaissance de la langue et des mœurs d'un peuple, dont la férocité nous était trop connue. A la vérité, nous aurions pu entreprendre avec de l'argent de surmonter ces difficultés dans un pays où tout est vénal ; mais il aurait fallu en avoir beaucoup, et la Porte, très-habile quand il ne faut que vexer les hommes, nous avait laissé consumer nos ressources, les uns aux Sept-Tours, les autres au palais, avant de nous envoyer sur la Mer Noire.

Le second firman parlait de notre subsistance, et attribuait à chacun de nous pour vivre cinq parats par jour (environ quatre sols de France), à prendre sur la douane de Trébisonde. Il était impossible de ne pas voir dans cette disposition du gouvernement turc autre chose que de la mesquinerie. On avait évidemment voulu nous faire souffrir, et avilir la République en nos personnes. Nous le sentîmes; les Turcs le sentirent aussi, et le cadi de Kérasonde, après avoir fait la lecture de cet impertinent firman, ne put s'empêcher de faire un signe de pitié, en disant que ce taïn ne suffisait pas pour faire le pilaw. La lecture achevée, l'aga nous reconduisit à son kiosque, où l'on causa encore quelques moments. On lui apporta deux ou trois livres de poisson, qu'il nous donna pour notre dîner, et je fus détaché pour aller voir le logement qui nous était destiné, et en prendre possession.

On me conduit au travers d'une rue étroite et sombre au pied d'une haute muraille déjà ruinée; on m'introduit par une porte double, obscure et voûtée; je marche en frissonnant sur des ordures, ne sachant si ma captivité ne va pas être aggravée. Je ne pouvais méconnaître que j'entrais dans un château... et j'étais seul! et l'on avait retenu mes camarades! Heureusement, au débouché de la seconde porte, je vis que les deux murailles latérales du château étaient entièrement démolies, et que du moins on ne pourrait pas m'empêcher de respirer le grand air. J'eus plus de joie encore quand je remarquai dans l'enceinte de cette antique forteresse quelques maisons habitées par des familles grecques.

A côté était une enceinte en pierre sèche, dont le terrain s'inclinait en pente douce vers la muraille qui restait encore debout vers la mer. Cette enceinte servait de cimetière aux Grecs; leur église était bâtie sur un des côtés, et une mauvaise maison, qui devait être notre demeure, était située dans un angle au bas du cimetière; elle était adossée à la muraille du château. J'entre dans cet humble logement; je le trouve composé de deux pièces carrées dans le haut (le bas était vide et supporté par des poteaux); chaque pièce avait six pas sur ses quatre faces; les planchers étaient entr'ouverts et mal joints, les cloisons intérieure et extérieure formées de planches minces et mal assemblées, le toit et les parois en dedans noirs de la fumée qui s'échappait difficilement de ce triste réduit. Outre l'incommodité d'un pareil logement, son insuffisance pour recevoir dix personnes était évidente. Je retourne chez l'aga pour lui faire des observations sur le dernier article, car il eût été bien inutile de se plaindre du premier. Il eut égard à mes plaintes, et il nous fit donner une maison voisine, de laquelle il arracha forcément une femme grecque. Cette dernière maison n'avait qu'une chambre et un petit cabinet.

Nous nous logeâmes six dans une baraque et quatre dans une autre. Nous fîmes quelques réparations, moins pour nous donner des commodités, ce qui n'était guère possible, vu la disposition de notre séjour, que pour nous mettre à l'abri des injures du temps pendant l'hiver qui s'avançait à grands pas. Nous fermâmes une partie du bas pour y faire notre cuisine. Ces dépenses nous étaient bien onéreuses; mais elles étaient indispensables. Cependant au bout de quelque temps, l'aga, sur les plaintes répétées de la femme grecque, appuyées par toute la communauté, chassa sans ménagement nos camarades de la maison auxiliaire qu'il nous avait donnée, et nous renferma tous dans la même cabane. Nous fûmes obligés de fermer la partie du rez-de-chaussée que nous avions laissée ouverte. L'aga fournit les planches, qu'il fallut accepter forcément de sa part; et ces mauvaises planches, qui nous eussent coûté, prises chez des particuliers, cinq ou six piastres, il fallut les payer vingt-cinq, pour prix de l'honneur que nous avions à les recevoir de la main de notre geôlier.

Les motifs des égards apparents que l'aga avait eus pour nous au moment de notre débarquement, n'étaient rien moins qu'honorables. Dès la seconde entrevue que j'eus avec lui, il me demanda avec cette intrépidité d'effronterie si familière aux Turcs et toujours nouvelle pour moi, quel présent je me proposais de lui faire. Je ne sus trop que répondre; mais, de retour chez moi, je lui envoyai une très-belle ceinture algérienne soie et or qui avait coûté cent vingt francs sur les lieux, et deux pains de sucre.

Ce présent ne le satisfit sans doute point ; car il me demanda encore une montre d'argent anglaise à double boîte, de la valeur de cent piastres. Ne pouvant le contenter sur-le-champ, il exigea que j'écrivisse sous ses yeux mêmes à Constantinople pour la faire venir. Je fis une lettre pour le citoyen Lesseps ; il la remit aux janissaires de ses propres mains ; mais quelque temps s'étant écoulé sans que la montre parût, se retournant d'un autre côté pour m'escroquer de l'argent, l'aga me fit dire qu'il voulait faire une bride d'argent, et qu'ayant appris que j'avais des piastres d'Espagne, dont la matière était propre à son dessein, il fallait que je les lui cédasse, offrant néanmoins de me les payer sur le pied de trois piastres l'une, quoiqu'elles fussent admises à Constantinople, dans la circulation, sur le pied de trois piastres et demie. Toutes ces demandes étaient des ordres : j'envoyai vingt piastres d'Espagne, qui devaient, m'assurait-on, m'en produire soixante du pays. Ensuite, cet argent ne suffisant pas pour faire la bride, il me fallut donner trois couverts, qui furent exactement pesés, et dont le poids s'éleva à cent quarante dragmes, que l'aga promettait aussi de payer à raison de quatre parats la dragme, quoique j'eusse observé que le prix courant de Smyrne était de vingt-deux. Pour valeur de mes piastres d'Espagne et de mes couverts, l'aga eut l'impudence de me faire compter, au bout de quelques jours, vingt-cinq piastres du pays, que je ne balançai pas d'accepter de peur de tout perdre.

Il était donc démontré pour nous dès le premier pas, qu'au lieu de nous assister dans notre misérable situation, l'intention du principal officier de Kérasonde, à qui l'on avait donné toute autorité sur nous, n'était autre que de nous dépouiller de tout ce que nous avions. Il fallut user de prudence pour lui dérober autant qu'il nous fut possible, la connaissance de nos minces facultés; mais il fallut songer aussi aux moyens d'en prévenir l'épuisement total par nos propres dépenses, en nous procurant, s'il était possible, quelques secours ultérieurs.

Avant le départ de nos janissaires pour Constantinople, nous assemblâmes notre petit conseil, et il fut arrêté que nous écririons en commun au citoyen Lesseps, une lettre dans laquelle, après lui avoir tracé au vrai le tableau de notre état, nous le conjurerions, au nom de la République, de songer à nous et de nous fournir quelques moyens de subsistance. J'espérais peu de chose de cette mesure; mais, cédant à l'opinion de mes camarades, je rédigeai la lettre. J'écrivis en mon propre nom à l'ambassadeur de la république batave, que je ne connaissais point, mais que je jugeai susceptible, dans sa place, de se laisser puissamment influencer par des motifs de politique; j'espérais que ses soins me procureraient quelques secours. Quelques-uns de mes compagnons écrivirent de leur côté à des amis particuliers pour le même motif. Nous remîmes ces dépêches aux janissaires; et pour engager ceux-ci à s'en charger, il fallut leur donner un backhir de dix piastres d'Espagne, dont ils ne parurent rien moins que satisfaits. Enfin, pour ne rien négliger, ayant rencontré l'occasion de deux marchands Arméniens qui allaient du côté du Tocat (1), ville située dans l'intérieur des terres à quelques journées de Kérasonde, et de laquelle partent des caravanes régulières pour Smyrne avec du cuivre, j'en

(1) Tocat, dans le gouvernement de Sivas, est l'ancienne Berisa. C'est une des plus grandes et des plus commerçantes villes de l'Asie mineure. Elle s'élève en amphithéâtre au milieu de rochers de marbre, sur l'un desquels, situé sur la rive droite de la rivière Kiz-il-Ermack, se trouve un vieux château-fort en ruine, qui servit de prison à un certain nombre de Français pris en Egypte. Les rues de Tocat sont pavées, ce qui est fort rare en Orient. Cette ville est renommée par son commerce de fruits, de peaux maroquinées, de soieries, d'étoffes bleues de coton, et surtout par ses fabriques d'ustensiles en cuivre, qui s'exportent au loin, principalement à Constantinople et en Egypte. Elle tire son cuivre des mines de Gumiscana situées à trois journées de Trébisonde et de celle de Castamboul qui sont encore plus riches et qui se trouvent à dix journées de distance de Tocat, vers l'occident, du côté d'Angora. Une grande partie de sa prospérité est due à sa position, qui en fait le rendez-vous des caravanes de Smyrne, Erzeroum, Bagdad et Constantinople. — Au reste, ce que l'on connaît de la géographie de l'Orient est encore si vague, que tandis que Malte-Brun n'accorde que 25,000 âmes à Tocat, un autre géographe lui en donne 100,000. On peut voir une description intéressante de cette ville dans le voyage au Levant, de Pitton de Tournefort, tom. III. p. 299-306.

profitai, de même que le citoyen Majastre, pour faire connaître dans cette ville notre abandon et le besoin qui nous pressait. Nous comptions que de tant de lettres quelqu'une au moins produirait son effet.

Cependant il fallut songer à faire l'inventaire exact de nos fonds, pour y proportionner nos dépenses. Tout nous manquait; il fallut monter un ménage pour dix personnes, et la ressource des emprunts n'était pas praticable. L'argent qui me restait, réuni à celui qu'avait le citoyen Belluc, faisait une somme de près de mille piastres. Le citoyen Majastre en avait deux cents. André n'avait rien; il était nu, et il fallut débuter par l'habiller. Tous les autres avaient un petit nombre de piastres qui ne pouvaient pas être mises en ligne de compte.

Dans les commencements chacun paya son contingent de la dépense. Cet ordre de chose ne pouvait pas durer, et je me vis bientôt chargé seul de la nourriture commune (mes camarades m'ont dans la suite remboursé des avances que j'avais faites pour eux; mais qui pourra me tenir compte de mes privations et des inquiétudes que j'avais eues pendant six mois sur notre subsistance). La plus rigoureuse économie était donc indispensable. Nous étions pauvres; il fallut bien se résoudre à vivre pauvrement.

Les aliments les plus grossiers furent choisis pour notre nourriture, parce qu'ils étaient les moins coûteux. Il n'y eut par jour qu'un seul repas régulier. Le vin fut proscrit comme trop cher. Deux pains d'un parat furent attribués à chacun de nous. Nous laissâmes murmurer nos estomacs, dans l'espoir néanmoins que le jour ne pouvait pas manquer d'arriver où quelque âme humaine et compatissante jetterait de Smyrne ou de Constantinople les yeux sur nous, et nous procurerait ce qui nous manquait pour vivre avec un peu plus d'abondance. Les cinq parats par jour dont le sublime empereur de l'Empire ottoman nous avait si libéralement gratifiés, ne nous étaient même pas payés. Quelque fût notre dénuement, mon opinion personnelle était de ne pas solliciter l'acquit de cette aumône, moins honteuse pour nous que pour le gouvernement qui avait eu le prodigieux courage de l'ordonner. Malheureusement mes compagnons ne pensaient pas tous à cet égard comme moi, quoiqu'ils sentissent tous l'humiliation qu'il y avait de tendre la main pour recevoir quatre sols par jour du très-magnifique distributeur des couronnes.

L'aga de Kérasonde était un homme aussi insouciant pour nos personnes qu'il était avide de notre argent. Quand la Porte nous avait envoyés à lui, il n'avait vu dans cet évènement qu'un coup de sa bonne fortune qui mettait sous sa main des étrangers, qu'il croyait fort riches, à dévorer. Cet espoir, joint à son insouciance naturelle, fit qu'il ne nous resserra pas très-troitement. Il ne nous donna point de gardes; il nous fut permis de sortir du château, de promener dans la bourgade, et même à une petite distance dans la campagne. Il n'est pas douteux que si nous avions pu payer ses complaisances, nous n'eussions à-peu-près obtenu toutes celles que nous aurions voulu acheter. Mais il comprit bientôt que nous n'étions rien moins qu'opulents, et dès lors il ne s'occupa plus de nous, ni pour nous vexer lui-même, ni pour nous protéger contre les vexations particulières auxquelles nous étions journellement en butte. Cette indifférence était une véritable cruauté.

Nous nous trouvions transplantés dans un pays barbare ; et, par la bizarrerie de notre destinée, ce pays, habité par deux espèces d'hommes animés les uns contre les autres d'une haine mortelle, ne nous offrait dans tous que des ennemis également furieux contre nous. Les Turcs nous voyaient de mauvais œil, parce que nous étions en guerre avec eux, et surtout parce qu'ils nous confondaient avec les Russes qu'ils détestent. Les Grecs nous haïssaient comme ennemis de ces mêmes Russes qu'ils vénèrent presque jusqu'à l'idolâtrie ; d'ailleurs ils étaient révoltés de ce que nous ne fréquentions par leur église, que nous n'observions pas leurs fêtes et leurs jeûnes ; ils nous traitaient à cause de cela d'excommuniés, ce qui est parmi eux le comble de toutes les insultes.

Les effets de l'antipathie qu'on avait pour nous se firent sentir par les outrages de la soldatesque, les criailleries des femmes, les poursuites des enfants. Sortions-nous pour aller au marché ou en quelque autre lieu où nos besoins nous appelaient, nous étions assaillis d'une grêle de pierres, ordinairement précédée d'un torrent d'injures. Les femmes, même celles de l'aga, se mettaient aux fenêtres pour nous lapider à notre passage. Plusieurs de nous furent blessés plus ou moins grièvement. Nous portions nos plaintes; on ne nous répondait point. Nous faisions entendre qu'en notre qualité d'otages l'aga devait veiller à notre sûreté, et qu'il était responsable de notre conservation; ces représentations produisaient si peu d'effet, qu'un jour que le citoyen Majastre se présenta à lui la tête ensanglantée d'une pierre qu'il venait de recevoir à côté de l'œil, et qui lui avait fait une blessure large et profonde, il n'en obtint pas un signe d'intérêt.

La circonspection et la prudence nous devenaient de plus en plus indispensables. Nous crûmes qu'en nous renfermant dans notre triste cimetière, nous pourrions être à l'abri de tant d'outrages; nous nous trompâmes. Les soldats turcs venaient nous relancer jusques dans notre humble cabane, et nous effrayer par leurs menaces. Les enfants grecs nous lapidaient chez nous comme dans la rue. Partout le préjugé, la brutalité, la rage, nous poursuivaient. Je dois dire néanmoins que parmi les Turcs quelques hommes paisibles, propriétaires ou marins, désapprouvaient ces indignités. Parmi les Grecs, à peine ai-je trouvé un homme qui en fut révolté, et les prêtres, dont le fanatisme égale l'ignorance, se montraient nos plus grands ennemis.

Nous touchions à l'hiver, et cette saison nous annonçait des souffrances que nous n'avions pas encore éprouvées. La neige commença avec le mois de nivôse, et ne discontinua que par quelques courts intervalles jusques au milieu de ventôse. Les gelées ne furent pas très-fortes ; mais nous ne pouvions pas sortir de notre hutte, où les vents entraient de toutes parts, où la fumée nous suffoquait, où les rats, les scorpions et tous les animaux malfaisants nous tourmentaient sans cesse, où nous ne pouvions qu'avec beaucoup de peine conserver assez de propreté pour nous garantir de la vermine que nous y avions trouvée établie en y entrant. La mauvaise nourriture et le mauvais air produisaient sur notre santé des effets funestes. Quelques-uns ressentirent des symptômes de scorbut ; nous fûmes tous attaqués plus ou moins de diarrhée, et j'eus par dessus les autres un mal d'yeux violent qui dura trois mois et qui me laissa long-temps dans la crainte de perdre l'œil droit. Nous n'avions ni médecins ni remèdes ; la seule nature était chargée du soin de notre conservation ; mais en nous l'accordant, elle nous la faisait bien chèrement payer par les privations et les dégoûts auxquels notre vie était condamnée.

Le retour de la belle saison nous apporta des consolations. Nous pûmes au moins communiquer avec nos camarades déportés comme nous sur la côte de la Mer Noire. Cette correspondance était difficile et coûteuse, parce que les patrons avaient de la peine à se charger de nos lettres, et n'oubliaient pas d'exiger le prix de leur complaisance ; mais nous étions trop avides d'avoir des nouvelles les uns des autres pour être arrêtés par ces sacrifices, tout douloureux qu'ils étaient. Ce que nos compagnons avaient à nous dire de leur situation n'était pas plus satisfaisant que ce que nous pouvions leur apprendre de la nôtre. Mais cela même était pour les uns et les autres un motif d'encouragement mutuel, et nous devenions plus forts en voyant à nos côtés d'autres Français aussi malheureux que nous.

Ceux de Samsoun (1), après avoir été pendant le cours

---

(1) Samsoun, à 15 lieues nord-nord-est d'Amasie et à 28 lieues sud-est de Sinope, est une ville d'environ 2,000 habitants, presque tous Turcs ; elle fait avec Constantinople et les ports de la Mer Noire un commerce assez actif qui est entre les mains de Grecs habitants des villages voisins. Cette ville est dans une position charmante, au milieu de jardins et de bosquets d'oliviers. Ses maisons en bois, recouvertes en plâtre et crépies à blanc, présentent de loin un aspect agréable. Une vieille muraille en ruine, bâtie probablement par les Turcs, ajoute à l'effet du paysage.

Samsoun est l'ancienne Amisus que fondèrent des colons de Milet et d'Athènes. Mithridate, roi de Pont, l'embellit de très-beaux monuments, et fit élever à quelque distance de là un palais qu'il nomma Eupatoria. Lucullus prit cette ville après un long siége, mais après que Callimaque, qui la défendait, y eut mis le feu ; la pluie qui survint et les efforts des soldats romains sauvèrent plusieurs édifices. Lucullus, avant son départ, fit rebâtir une partie de la ville. Plus tard, Pompée acheva sa restauration. Sous Mahomet II, elle fut prise par les Turcs.

d'une navigation longue et périlleuse, le jouet de la mer et des vents, étaient arrivés au lieu de leur détention le 12 frimaire. Leurs janissaires leur avaient aussi prodigué pendant le voyage les mauvais traitements, l'aga de Samsoun les avait entassés dans une mauvaise chambre de huit pieds en carré. Ils avaient été contraints d'épuiser leurs facultés, soit à se faire un logement, soit à acheter par des présents la bienveillance des Turcs. Heureusement pour eux, le douanier de leur ville se trouva être un homme compatissant; sans lui, ils seraient morts de faim : mais, d'une part, il leur paya le taïn de cinq parats accordé par la Porte; de l'autre, il leur fit des avances sur une traite de quatre cents piastres tirée par les jeunes-de-langue sur Constantinople; et, après avoir eu avis du paiement, il leur compta la somme entière. Je rapporte ce trait avec d'autant plus d'empressement, que c'est le seul trait d'honnêteté de la part des Turcs envers des Français qui soit venu à ma connaissance depuis la déclaration de guerre. Or, là où les actes de vertu sont si rares, il ne faut pas négliger d'en rapporter un qui prouve que, chez les plus barbares des peuples, l'humanité a pourtant trouvé une âme sensible à ses douces inspirations.

Ceux de Sinope (1) étaient plus malheureux. Dès leur

---

(1) Sinope, à 110 lieues est-nord-est de Constantinople, est une ville encore assez considérable; elle renferme dix mille habitants. Elle est entourée d'une double muraille, ouvrage des

embarquement dans le Bosphore, le citoyen Simian, drogman de Smyrne, avait été en butte à des vexations particulières, suscitées par ce George dont j'ai tant parlé. Dans la traversée, les janissaires qui composaient l'escorte des prisonniers se conduisirent à leur égard de la manière la plus révoltante; ils dévorèrent leurs provisions, et ils frappèrent même l'un d'entre eux. Leurs excès furent portés si loin, que l'équipage indigné prit la défense des Français, et menaça de jeter les janissaires à la mer s'ils ne devenaient plus circonspects. Cette menace produisit quelque bon effet; mais, pour comble de disgrâce, nos malheureux frères avaient à bord de leurs bâtiments un Turc attaqué de la peste, dont le bubon suppurait et dont le mal s'accrut pendant la route au point de ne laisser aucun espoir pour sa vie. Enfin, arrivés à Sinope, le châtelain les renferma dans un cachot de vingt-quatre pieds de long sur seize de large; ils eurent beau faire des représentations sur la teneur du

derniers empereurs grecs, et dominée par un château, aujourd'hui délabré, bâti par les Génois, qui, pendant le XIIIe siècle, possédaient tout le commerce de la Mer Noire, et avaient fortifié une foule de points du littoral. — Cette ville joua un rôle important dans l'antiquité. Les Milésiens, qui avaient établi des factoreries sur ces côtes, la rendirent très-florissante, et l'ornèrent de magnifiques monuments, dont on trouve encore de nombreux vestiges enclavés dans les murailles et épars dans la campagne, surtout dans le cimetière des Turcs. — Sinope donna le jour à Diogène le Cynique.

firman, il fallut subir cet acte de barbarie, qui néanmoins fut un peu adouci le lendemain par les représentations du gouverneur de la ville. On commua la peine du cachot en une prison dans une vieille caserne de janissaires qui tombait en ruine, où l'eau entrait de tous côtés par le toit, et que les détenus furent obligés de réparer à leurs dépens. Deux soldats qu'on changeait chaque jour les gardaient à vue.

Pour calmer ce féroce châtelain, on lui fit présent d'une montre en or, et alors il permit à ses captifs un peu de promenade sur une esplanade dans l'intérieur du château. Mais comme ils ne pouvaient pas sortir pour faire leurs provisions, on leur donna un pourvoyeur qu'il fallut payer d'abord à raison de quinze piastres par mois, et dont on modéra dans la suite le salaire à cinq piastres..... et la Porte donnait cinq parats par jour!

La position de ceux d'Amastra (1) ne m'a pas été bien

---

(1) Amastra, à 66 lieues est-nord-est de Constantinople, est bâtie dans une position avantageuse; elle se trouve sur l'isthme d'une presqu'île dont les deux échancrures forment deux ports, dont un, du temps d'Arrien, était fort bon pour les vaisseaux de guerre, mais qui sont aujourd'hui l'un et l'autre à demi-comblés par l'entassement du sable; cependant le plus fréquenté offre encore un abri sûr contre les vents d'ouest et les courants du Bosphore. — Cette ville fut, dit-on, fondée par Amastris, femme de Lysimaque, roi de Macédoine. Tour-à-tour

connue. Elle me fut d'abord représentée en beau par nos frères de Samsoun, qui ne parlaient que d'après les rapports qui leur avaient été faits par des bateliers ; mais ils avaient été induits en erreur, et je fus moi-même cruellement détrompé par une lettre du citoyen Parant. Ce vice-consul de Jassy ne me donnait aucun détail, mais en me parlant de ma réclusion au château de Kawack, il me disait : « Je frissonne d'horreur au « souvenir de notre dernière entrevue... Et, le croirez- « vous, cher citoyen consul, je me suis vu moi-même « avec mes pauvres compagnons d'infortune, beaucoup « plus mal encore... » O Dieu ! quelle avait donc été à leur égard la cruauté musulmane !

Le 1er prairial leva pour nous un coin du voile ; ce jour-là nous commençâmes à sentir que nous étions moins malheureux. Un janissaire de la légation d'Espagne, dépêché par M. le chevalier de Bouligny, ministre de S. M. C. auprès de la Porte, nous apporta des fonds pour subsister, et des nouvelles. Les premiers venaient à propos ; car nous touchions au moment où notre bourse, quoique pressée avec discrétion, l'était depuis si long-temps, qu'elle allait être entièrement épuisée. Les autres nous remirent, quoique bien imparfaitement

possédée par les rois de Pont, les Romains, les empereurs grecs, elle passa aux Comnènes, quand ils fondèrent l'empire de Trébisonde, ensuite aux Génois, et enfin aux Turcs, qui s'en emparèrent sous Mahomet II. On voit encore à Amastra de nombreux restes d'antiquités.

à notre gré, en communication avec l'Europe et notre patrie.

Nous vîmes avec la plus grande reconnaissance que le gouvernement français s'était occupé de nous à l'instant même où la déclaration de guerre du Sultan lui avait été connue. Ses ordres avaient été donnés par l'intermédiaire de M. le chevalier d'Azara, ambassadeur d'Espagne à Paris, et M. le chevalier de Bouligny était déjà prêt à nous faire passer des secours dès avant la fin de décembre, si la mauvaise volonté de la Porte, qui voulut bien gratuitement donner cette nouvelle et avilissante preuve du dessein qu'elle avait formé de nous faire souffrir, n'avait mis des entraves au zèle actif du ministre d'Espagne, et aux vues bienfaisantes de la République. Suivant le plan de barbare duplicité adopté par elle à l'ouverture des hostilités, la Porte n'avait point rejeté par un refus formel la demande de M. de Bouligny, mais elle l'avait renvoyé au grand douanier pour se concerter avec lui sur les moyens de faire parvenir les fonds dans les quatre forteresses, par les courriers expédiés pour recueillir les sommes dues au trésor public. Or, le grand douanier prétendait qu'il n'expédiait pas de courriers, leurrait ainsi le ministre d'Epagne, et nous laissait languir dans le dénuement. Ce fait fut pour nous d'autant plus clairement démontré, que nous avions vu de nos propres yeux, pendant le cours de l'hiver, divers courriers dépêchés de Constantinople pour ramasser le produit des impositions. Enfin, en floréal, la Porte se relâcha de sa sévérité, et de là l'envoi du janissaire espagnol qui, passant successivement dans les quatre châteaux où étaient renfermés les détenus, leur rendit à tous la vie et l'espérance.

Nous demandâmes au janissaire pourquoi l'envoi des fonds, prêts en nivôse, avait été retardé jusqu'en floréal; voici sa réponse : « Alors les affaires étaient très-sales; maintenant elles commencent à s'éclaircir. » Nous n'en pûmes rien tirer de plus. Mais ces paroles étaient très-intelligibles; nous en avions d'avance l'explication dans le traitement que nous avions éprouvé, et nous la trouvions non moins clairement dans l'article des papiers publics qui nous apprenait que les têtes des Français tués en Albanie avaient été exposées à la porte du sérail, ce qui ne se pratique que pour les rebelles. On nous regardait donc comme rebelles, et on avait résolu de nous traiter comme tels. De là, la triaille qui fut faite parmi les détenus, de là aussi les exceptions fondées sur l'opinion qu'avait le divan du civisme plus ou moins prononcé de chacun de nous. Il faut en convenir, nous avons vu la mort de près; et dans les quatre divisions on a été persuadé qu'elle nous était réservée : témoin ce que me disait Franchini sur la terrasse du palais : « Si nous mourons, tout sera fini pour nous; » témoins les craintes dont furent saisis nos compagnons que nous trouvâmes au château de Kawack; témoin ce que m'écrivait Simian : « Nous croyions qu'on voulait nous priver de la vie. »

Le janissaire espagnol était aussi porteur d'une lettre de Reïs-Effendi, pour chacun des quatre agas, dans laquelle il leur était ordonné d'avoir pour nous des égards et de nous traiter avec humanité. Pourquoi ces recommandations n'étaient-elles pas énoncées dans le firman qui nous avait accompagnés au lieu de notre exil? Fallait-il six mois entiers pour soupçonner que des prisonniers sont des hommes, et doivent être traités comme tels?

Quoiqu'il en soit, cette lettre n'était pas inutile. Sans elle notre argent, au lieu d'adoucir les rigueurs de notre sort, nous aurait infailliblement exposés à de nouvelles vexations. Dès que les gens du pays, et notamment l'aga, le virent briller, ils jetèrent dessus un œil de convoitise, et il ne fallut pas moins qu'un ordre supérieur, expliqué et commenté très-fortement par le janissaire qui l'avait apporté, pour nous mettre à couvert de la rapacité dévorante des harpies musulmanes dont nous étions environnés. L'aga ne put pourtant pas contenir tout-à-fait ses sentiments; s'il ne nous vola pas, il témoigna du moins avec amertume son mécontentement de ce que nous avions reçu des fonds sans lui en donner sa part; mais il n'osa pas pousser plus loin sa mauvaise humeur, et ses entreprises se bornèrent à nous demander l'échange de notre or pour des piastres. Nous y consentîmes; et, soit qu'elles y eussent été glissées involontairement ou à dessein, nous reconnûmes après coup dans le sac de l'aga quelques piastres fausses qu'il fallut garder pour notre compte.

Un des effets les plus réels que produisit pour nous notre nouvelle fortune, fut de nous donner aux yeux du peuple une sorte de considération dont nous ne jouissions pas auparavant. Nous affectâmes de répandre que ces secours étaient une dette prescrite par nos lois, que le gouvernement était tenu d'acquitter, non seulement envers nous, mais encore envers tous les prisonniers. Nous pensions donner par là aux habitants du pays une haute idée de l'excellence de nos lois, et de la vigilance active de notre gouvernement; mais ce rapport était trop délié, et surtout trop moral pour être senti par eux; ils conclurent seulement que la France devait être bien opulente, puisqu'elle était en état de faire de si grands sacrifices, et s'ils nous jugèrent plus dignes de leurs égards, ce ne fut que parce que nous appartenions à un peuple riche. En conséquence les vexations furent moindres, ou plutôt elles changèrent d'objet. Au lieu de nous charger de pierres, on nous demandait des parats, et nous n'étions pas toujours les maîtres de nous refuser à ces demandes importunes et souvent menaçantes.

Nous chargeâmes le janissaire de M. le chevalier de Bouligny de notre réponse à ses lettres; et quoique nous sussions que les nôtres devaient, à leur arrivée à Constantinople, être avant tout mises sous les yeux des ministres ottomans, nous ne balançâmes pas à toucher en passant quelque chose des injustices cruelles qu'on nous avait fait subir; nous gardâmes le plus profond silence sur le refus du paiement du taïn, comme jugeant indigne de nous de paraître désirer que l'ordre humiliant de la Porte à cet égard reçût son exécution; mais nous demandâmes qu'en échange de l'un de nous, on fît venir de Samsoun à Kérasonde le drogman Emmanuel Astilick. Le janissaire nous fit espérer que cette faveur nous serait accordée, et nous aimâmes à croire à l'assurance qu'il nous en donna.

Le citoyen Dutil revint de Trébisonde, après un voyage qui avait duré vingt-deux jours; il n'apportait rien. Le douanier avait refusé de payer le taïn, parce qu'on ne lui présentait pas le firman de la Porte, et que cette pièce, comme il l'observa justement, lui était indispensable pour établir sa comptabilité. En conséquence il fut dépêché un bateau à l'aga de Kérasonde pour la demander. L'aga fit repartir sur-le-champ le bateau pour ramener son prisonnier, mais n'envoya pas le firman. Le douanier persista dans son refus. Comment sur les quatre divisions étions-nous les seuls à qui cette modique subsistance était retenue avec une opiniâtreté si invincible? Y avait-il à ce sujet des ordres particuliers? où l'aga espérait-il se l'approprier? Quoi qu'il pût être, elle nous était devenue inutile, et je vis avec une satisfaction que tous partagèrent, que nous serions exempts du malheur que nous avions le plus redouté, celui d'être contraints par la nécessité à recevoir de la main d'un ennemi, que nous n'estimions pas, un morceau de pain donné de si mauvaise grâce.

Malgré nos espérances, nous n'en songions pas moins à obtenir pour la suite de notre séjour, quel qu'il fût, un peu plus d'aisance qu'on n'avait daigné nous en permettre jusqu'alors. Le premier pas à faire et le plus important était de parvenir à changer notre abominable demeure contre un logement plus commode et plus sain. Nous nous adressâmes à l'aga, qui brûlait d'envie de nous accorder cette faveur, mais qui fit d'abord le difficile, afin d'en accroître le prix. Il nous traîna de difficultés en difficultés. Il nous proposa des maisons ruinées qu'il aurait fallu rebâtir entièrement pour les rendre un peu logeables. Ces maisons étaient dans l'intérieur du château, d'où il ne pouvait pas, disait-il, nous permettre de sortir par respect pour les ordres de son souverain.

L'affaire traînait en longueur, et j'étais prêt à renoncer à nos poursuites, lorsque l'aga, qui en est informé, cède tout-à-coup, mais en répétant avec son effronterie accoutumée : « Mais que me donnera-t-il ? » Il fallut entrer avec lui dans un véritable marché ; les propositions furent faites d'une part, débattues de l'autre sans pudeur, sans mystère, en présence de plusieurs Turcs témoins de cette transaction, et qui la regardaient avec un sang-froid qui me convinquit qu'ils la jugeaient toute naturelle ; il fut enfin convenu que je donnerais à l'aga quelques pièces d'argenterie et un fusil garni en argent. Il m'indiqua le marchand chez qui je trouverais l'arme qu'il désirait. Or, ce marchand les vendait pour son compte, et ce commerce n'était pas ignoré du public. Il arrêta pour le propriétaire le prix du loyer, qu'il éleva fort haut pour y avoir une part. Je fus forcé de consentir à tout; et, enfin, après plus de sept mois de séjour dans une hutte digne à peine de servir d'écurie aux plus vils animaux, j'eus une maison. Je m'y logeai vers le milieu de messidor avec mes compagnons de Smyrne et un des Polonais. Les autres prirent chacun des logements particuliers, selon leur convenance.

La maison qu'on m'avait donnée n'était rien moins que merveilleuse; elle exigea, pour être habitable, des réparations coûteuses. Mais elle était bien située, sur le bord de la mer, dans une presqu'île qui la séparait de toutes les autres habitations, ayant un petit jardin, et la vue sur la montagne qui s'offrait à nous en perspective. Nous ne respirions plus les miasmes cadavéreux et fétides de notre ancien cimetière, et ce changement produisit un bon effet sur notre santé.

Mais l'aga, toujours fidèle au plan de nous dépouiller, ne négligeait pas les petits profits qu'il pouvait faire sur nous. Il fit au citoyen Dutil une avanie d'autant plus indigne d'un officier public, que son objet était plus minutieux, mais qui, par là même, n'en caractérise que mieux l'esprit et les mœurs des hommes avec qui nous avions à faire. Depuis deux mois ce citoyen était de retour de son voyage infructueux de Trébisonde. Tout d'un coup l'aga s'avise de lui demander le frêt du bateau qui l'avait transporté dans cette ville. Le prix ordinaire de ce passage est de deux piastres. Mais le bateau appartenait à l'aga ; on demanda donc douze piastres. Dutil veut se refuser à ce paiement, objectant que le bateau a été expédié pour porter des soldats à Trébisonde ; et que, d'ailleurs, n'ayant pas perçu les fonds qu'il allait réclamer, et ne les ayant pas reçus précisément par la faute de l'aga qui n'avait pas remis le firman, il y a de l'injustice à exiger de lui un pareil paiement. Pour toute réponse, le Turc insolent le menace de le faire mettre au cachot, la chaîne au cou et les fers aux pieds. La même menace fut faite au grec André, s'il ne prenait pas sa carte de karatch, c'est-à-dire s'il ne payait pas la capitation que tous les Grecs doivent au Grand-Seigneur, capitation qui était de six piastres. Ainsi André, arrêté à Constantinople, traîné sur la Mer Noire comme Français, était assujetti au paiement du tribut comme sujet ottoman.

Il n'y avait aucun moyen d'échapper à l'exécution des volontés de l'aga ; il les appuyait par les arguments irrésistibles de la force.

Cette double aventure nous replongea dans l'état d'abjection et de mépris d'où nous commencions à sortir. Le peuple, encouragé par l'exemple de son chef, crut de nouveau pouvoir nous prodiguer les outrages les plus sanglants. Il n'y avait pour les éviter d'autre moyen que de se tenir renfermés loin des cris et de la fureur de ce peuple ignorant et barbare. Ce fut le parti auquel je continuai de m'attacher, cherchant dans la rédaction de ces mémoires et la culture de mon petit jardin des occupations qui me fissent trouver le séjour de ma maison aussi supportable qu'il pouvait l'être.

Je me lève et j'aperçois de grands mouvements à la marine. On préparait des bateaux ; on y transportait des vivres et des munitions ; des soldats allaient et venaient sur le port avec beaucoup d'action. Le propriétaire de mon logement se présente chez moi ; je le vois armé, et, surpris de cette nouveauté, je m'informe de la cause de tout ce tapage. Il m'apprend que le Pacha, arrivé de Russie à Sinope pour commander sur toute la côte de la Mer Noire, a dépêché à l'aga un bâtiment pour lui porter la commission de général de l'armée destinée à agir contre les rebelles qui exerçaient des ravages entre Hunia et Tocat, et qui ne voulaient pas reconnaître son autorité. L'aga partit avec sa troupe, et trouva au lieu du rassemblement une armée prête à agir.

Cependant il y avait déjà long-temps que nous n'avions reçu de nouvelles des Français détenus à Samsoun. Le cabotage était suspendu par l'effet des dissensions intestines dont leur pays était devenu le théâtre. Les suites de ces brouilleries nous alarmaient moins en elles-mêmes, que par ce que nous sentions qu'ils en avaient à redouter. Un bateau grec nous apporta enfin des lettres de leur part. Nos frayeurs furent calmées, et nous eûmes des lumières plus amples et plus certaines sur la querelle dont ils étaient les témoins. Ils nous apprirent que l'espèce de province particulière dans laquelle se trouve enclavée la petite ville de Samsoun, est composée de deux grands arrondissements : l'un à l'est, composé de douze villes soumises au gouvernement de l'aga d'Hunia (1); et l'autre à l'ouest, de six, sous l'autorité de l'aga de Bafra (2). C'est dans ce dernier arrondissement qu'est située Samsoun. La capitale de toute la province est Genik. C'était particulièrement l'aga d'Hunia qui refusait de reconnaître le Pacha réintégré par la Porte. Nos compagnons ne nous disaient pas un seul mot de Kadji-bey. L'aga d'Hunia était entré à Samsoun avec des troupes dès les premiers jours de thermidor; et, poussant plus avant à la rencontre du fils du Pacha qui s'avançait de son côté à la tête d'une armée, il paraissait résolu de tenter le sort d'une bataille au lieu appelé Kawack. Nos Français ne comptaient pas sur le succès de son entreprise; mais ils n'avaient pas à se plaindre de lui; au contraire ils se louaient des bons procédés qu'il avait eus pour eux, au point qu'ils redoutaient de

---

(1) Hunia, à 16 lieues est de Samsoun, est située sur une baie de la Mer Noire, dans une belle plaine, bornée au loin par des montagnes magnifiquement boisées. Ses maisons sont en bois et ses rues très-sales. Son port, assez commerçant, est accessible aux bâtiments de deux cents tonneaux. On en exporte du coton, du café, des fruits, des vins. — Hunia est l'ancienne Ænée.

(2) Bafra est une petite ville située à 20 lieues ouest de Trébisonde et à 9 lieues sud-est de Kérasonde. C'est l'ancienne Zephyrium.

tomber sous l'autorité du Pacha, si son fils, comme ils le présumaient, était vainqueur.

Leur conjecture ne tarda pas à se vérifier. L'aga d'Hunia, soit qu'il craignît que l'armée qui venait de l'est sous la conduite de l'aga de Kérasonde ne l'enveloppât par ses derrières; soit, comme on l'a prétendu, que la majeure partie de ses troupes l'eût abandonné; soit que n'ayant pas bien calculé son plan, l'exécution lui présentât des difficultés qu'il n'avait pas prévues, se retira sans combattre, et repassa à Samsoun le 14, se repliant sur Hunia, d'où il s'enfuit bientôt avec précipitation, laissant la ville ouverte à l'aga de Kérasonde, qui y entra quelques jours après, tandis que de son côté le fils du Pacha entrait à Samsoun. Ainsi finit pour le moment cette rebellion. Les troupes furent congédiées, et nous annoncèrent à leur retour la prochaine arrivée du Pacha lui-même, qui se proposait de se rendre à Trébisonde pour achever d'y réprimer les désordres qui, malgré ce qu'on en avait dit, n'étaient pas entièrement calmés.

Le retour de l'aga eut lieu à la fin de fructidor; et, fidèle au plan qu'il s'était fait à notre égard dès le moment de notre arrivée, il reprit ou continua sa profonde indifférence, et parut s'occuper de nous beaucoup moins qu'il ne l'avait fait encore par le passé. Mais ses gens ne nous oubliaient pas, et les mauvais traitements recommencèrent. Parmi les faits qui appartiennent à cette époque, et qui sont nombreux, je me bornerai à en rapporter deux, l'un atroce et l'autre ridicule, mais tous deux très-propres à remplir le but que je me suis proposé, de peindre les Turcs tels qu'ils se sont montrés à nous.

Un des principaux Turcs du pays fit appeler au secours de son fils, grièvement malade des suites de la circoncision, le citoyen Dutil. Celui-ci refusa de se charger du soin d'une maladie aussi sérieuse, qui passait certainement les bornes de ses connaissances. L'honnête musulman, outré du refus, qu'il attribue à mauvaise volonté, imagine pour se venger d'accuser le médecin français (c'est ainsi qu'on l'appelait) d'avoir en plein jour, sur un chemin, arrêté une femme et de lui avoir fait quelques minauderies. Au bruit de cet horrible forfait, toute la ville s'ébranle et s'ameute contre Dutil; on veut laver l'outrage dans son sang; le sabre est levé sur sa poitrine. D'abord, il ne comprend pas de quoi il s'agit; mais quand on le lui explique, il proteste de son innocence. A peine l'écoute-t-on. Heureusement parmi cette multitude forcenée, il se trouve un homme qui propose avant tout de porter plainte à l'aga, sauf à se faire ensuite justice, si l'aga ne la fait pas. Ce gouverneur, sans approfondir le fait, et le tenant pour certain sur la foi des dénonciateurs, me fait dire par un messager d'avoir à contenir mes compagnons, ou qu'il écrira à Constantinople pour se plaindre de leur conduite. Cette résolution me paraissait au moins modérée et pleine de douceur. Mais le jour suivant, je sus que l'aga avait représenté aux plaignants qu'on ne devait se porter à aucune voie de fait contre nous dans l'enceinte des murailles, parce que là il était responsable de notre sûreté; mais que si l'accusé était surpris hors de la ville, on pouvait tomber sur lui et l'immoler. Le projet en fut aussitôt arrêté; et si l'excès de la passion qui animait ces êtres farouches et cruels leur eût permis d'être discrets, nul doute que l'attentat n'eût été commis; mais ils ne surent pas se taire, et leurs menaces de cannibales nous firent comprendre qu'il fallait absolument se priver du plaisir innocent de la promenade, et sauver par notre réclusion un crime à ces fanatiques et à la République un nouvel affront.

Si nous réussîmes par ce moyen à faire avorter le dessein qu'avait enfanté leur rage, nous ne pûmes pas éviter également toutes les avanies journalières qu'ils s'avisèrent d'y substituer. Il fallait nécessairement sortir dans les rues pour aller au marché faire nos petites provisions, et aussitôt qu'ils nous voyaient ils ne manquaient pas de trouver des prétextes pour nous insulter. Un des nôtres passait un jour tranquillement son chemin en fumant sa pipe. Un Turc de mauvaise humeur l'arrête : « Chien d'infidèle, lui dit-il, d'où te vient cet orgueil de marcher par la ville la pipe haute ? Tu devrais savoir que cette marque de distinction est un privilége qui n'appartient qu'aux vrais croyants sur la terre que que Dieu et son saint prophète leur ont donnée. Si tu veux fumer, aie l'humilité de te renfermer dans ta maison. » En disant ces paroles, il lève son bâton pour frapper le délinquant; celui-ci esquive heureusement le coup qui vient tomber sur le tuyau de la pipe. Une prompte fuite le dérobe à la colère de ce forcené, autour duquel se rassemblait déjà une foule d'autres musulmans qui paraissaient animés du même esprit. Assurément l'objet en lui-même était bien minutieux, et le Turc dans cette aventure offrait une imitation parfaite de la querelle que le loup fit à l'agneau; mais l'on remarquera que l'orgueil inépuisable que cette nation fonde sur sa religion, semble lui rendre permis les caprices et les bizarreries d'un caractère naturellement porté au mal.

Je fis demander des explications sur cet acte de délire presque inconcevable; je n'eus d'autre réponse, sinon que nous devions nous abstenir de fumer dans les rues. La privation n'était pas très-dure en soi; mais le motif qui l'occasionnait, et l'insolence despotisque qui la dictait, où peuvent-ils se trouver ailleurs que chez les Turcs?

Cependant, il faut l'avouer, malgré tous ces désagréments, nous n'étions pas à beaucoup près les plus malheureux des Français rélégués en Asie. Quelle devait donc être la condition des autres? Affreuse, sans doute. Ceux qui avaient eu le malheur de ne pouvoir pas faire des cadeaux un peu considérables aux chefs, n'avaient pu rien obtenir de leur condescendance toujours intéressée. A Sinope, toujours gardés à vue, obsédés à toute heure par d'insolents janissaires, les libéralités même qu'ils faisaient à leur châtelain, n'adoucissaient pas l'humeur intraitable de cet homme, parce qu'il les trouvait toujours insuffisantes. A l'arrivée du Pacha, ils se flattèrent que leur sort allait changer. Ils demandèrent la permission de le voir et ne reçurent aucune réponse. Ils lui firent des représentations sur le traitement rigoureux qu'on leur faisait éprouver ; il se borna à dire qu'il ne dépendait pas de lui d'y apporter le moindre changement, parce que telle était la volonté de la Porte.

A Amastra, les prisonniers déposés dans cette forteresse avaient été non-seulement resserrés très-étroitement, mais enchaînés, chargés de fers au cou et aux pieds. Il existait donc en ce lieu un second Cara-Osman-Oglou. Le ministre d'Espagne avait, à la vérité, réclamé contre cette inhumanité, et la Porte avait expédié un firman pour ordonner qu'on supprimât ces cruautés inutiles autant que déshonorantes. Mais cet ordre bienfaisant, long-temps sollicité, n'était arrivé qu'en thermidor. Ainsi plusieurs mois ou plutôt plusieurs siècles de ces tourments ignominieux, préparés par des esclaves en autorité à d'autres esclaves, avaient pesé sur la tête libre et fière de quelques républicains. Par la teneur du firman, on peut juger du traitement qu'on faisait essuyer à ces malheureux. La Porte défendait de les molester ni tourmenter en aucune manière, de ne point leur mettre des chaînes ni aux pieds ni aux mains ; elle ordonnait en outre que tout ce qui était nécessaire à leurs besoins, leur fût fourni au prix courant du pays. Ainsi on ne se bornait pas à les torturer ; on les volait, on les pillait sans aucune pudeur ; et les ministres ottomans, qui auraient dû réprimer avec sévérité ces abus de la force, se bornaient à l'expédition d'un ordre pour en arrêter le cours! ils n'en punissaient pas les coupables auteurs, tant ces actes de violence et d'injustice sont dans le génie musulman! Je ne doute même pas que le Divan n'ait cru avoir usé d'une très-grande indulgence, et qu'il n'ait fait valoir auprès du ministre d'Espagne l'excès de sa complaisance en cette occasion, comme une preuve d'égard et de considération, soit personnelle, soit pour le roi d'Espagne, et peut-être pour l'un et l'autre à-la-fois.

Mais ces atrocités, quelques étonnantes qu'elles puissent paraître à l'esprit du peuple européen, sont encore au-dessous de l'insulte cruelle et méprisante faite à ceux de Samsoun. Cette scène épouvantable, ce raffinement d'une ingénieuse barbarie, je pourrai dire, ce supplice au-delà duquel il n'y a que la mort, et qui la surpasse peut-être en amertume, aura peine à trouver créance parmi des hommes étrangers à ces horribles mœurs. Quand ils liront le récit de cette effroyable tragédie, ils croiront que le ressentiment de notre captivité a égaré notre plume, et ce sentiment qui honore leur âme, sera la censure la plus amère et des ottomans et de leurs vils apologistes. Voici le fait :

L'aga de Bafra, arrêté, comme je l'ai dit, à la suite

du mouvement d'insurrection qu'il avait maladroitement tenté contre le pacha, fut emprisonné dans le château de Samsoun. Au-dessus du château où on le renferma, était le logement des prisonniers français. Ceux-ci prirent quelque intérêt à son sort. Il était nu, dépouillé, sans secours, sans nourriture; ils lui fournirent de leur mince subsistance de quoi soutenir sa misérable vie. L'officier de santé Mérotti lui avait donné des soins pendant les jours de sa prospérité; il en avait été mal payé, mais passablement accueilli, ainsi que les citoyens Astilick et Toussaint, qui avaient fait ensemble un séjour de près de trois mois auprès de lui. Ainsi, la pitié se joignant à une sorte de reconnaissance, la sensibilité française se laissa aller facilement envers un infortuné au penchant de bienfaisance qui lui est si naturel.

L'aga fut resserré jusqu'au 25 vendémiaire de l'an VIII. Ce jour devait finir sa vie et ses malheurs. A sept heures du soir on le retire du château. Voulait-on punir nos concitoyens de la compassion qu'ils avaient eu pour un être condamné à mort? Voulait-on, par une dérision abominable et cruelle, leur montrer englouti dans l'abîme du malheur celui que naguère ils avaient vu craint, puissant, respecté, comblé des biens de la fortune? Voulait-on insulter aux ennemis politiques de la Porte, et leur faire craindre pour eux-mêmes une explosion de la barbarie dont on allait leur donner un exemple? Était-ce par l'ordre des chefs que ce spectacle avait été ainsi préparé? où était-ce seulement une fantaisie des subalternes? Je l'ignore. Mais l'aga est conduit dans la chambre même des Français, et l'appareil dont il est entouré ne leur laisse aucun doute sur ce qui va se passer. Epouvantés à la vue de ces redoutables préparatifs, ils veulent fuir; on les arrête, et on les force d'être témoins de son exécution. L'aga est étranglé sous leurs yeux, dans leur appartement, et presque sur le lit où ils vont chercher quelque repos, et sur la table où ils prennent leurs aliments. Les bourreaux emportent ensuite froidement le cadavre, et laissent leurs otages livrés aux agitations tumultueuses, aux sensations déchirantes, aux inquiétudes et aux perplexités qu'on avait eu sans doute dessein d'exciter en eux. Quelle nuit affreuse que celle qui suivit cette exécrable soirée.

« Nous vous laissons à juger, m'écrivaient-ils, de l'horreur d'un tel moment, et de la situation de neuf Français! » Quel est donc le peuple qui se joue ainsi du droit des gens, de l'humanité, de toutes les bienséances? Quoi! ce n'est pas assez pour lui d'avoir enchaîné, déporté, chargé d'outrages des hommes paisibles, arrêtés cauteleusement contre la foi des traités? Il faut encore leur faire boire jusqu'à la lie l'amertume de leur détention, en les associant en quelque sorte, malgré eux, au ministère des bourreaux musulmans.

L'ange de Mahomet, l'ange exterminateur
Mit sa férocité dans le fond de leur cœur.

Oh! combien à la lecture de la fatale lettre où ce

triste récit était consigné, je gémis pour mes frères et pour moi-même ! Combien ma chaîne me parut devenue plus pesante ! Etre captif loin de sa patrie et de sa famille, c'est beaucoup sans doute ; mais enfin la raison se fait une sorte d'habitude de l'exil, quand le devoir nous y condamne. Mais voir chaque jour outrager la nature ou la justice, être les témoins ou les objets de ces outrages, entendre sans cesse retentir à ses oreilles les plaintes des victimes d'une oppression dont nul autre gouvernement n'offre l'exemple, vivre malgré soi au milieu d'un peuple qui joint l'orgueil et la dureté à l'ignorance, et qui, plus méprisable lui-même que tout ce que la terre a jamais porté de plus vil, s'avise pourtant de mépriser tout ce qui n'est pas lui, tout ce qui n'est pas stupide, barbare et fanatique comme lui, c'est une situation vraiment insupportable ; et dont, pour mon malheur, je sentis plus vivement que je ne l'avais fait jusqu'alors le besoin d'être affranchi. Mais les moments n'étaient pas encore arrivés. Il fallut se soumettre à de nouveaux efforts de résignation et de patience.

Nous touchions à la fin du mois de vendémiaire, et rien ne paraissait de la part du ministre d'Espagne. Ce retard, que nous avions d'abord jugé d'un favorable augure, commençait à se présenter sous un autre jour à notre esprit. Quelques-uns de nous avaient entièrement consommé le contingent de secours qui leur avait été expédié en floréal. A d'autres il ne restait que peu de chose ; et dans l'incertitude où nous étions, non sur l'exactitude de M. de Bouligny, mais sur la bonne volonté de la Porte, de laquelle nous n'avions que trop de raison de douter. Craignant que les bruits qu'on faisait courir d'une rupture entre l'Espagne et la Turquie n'eussent quelque réalité, et ne voyant dans ce cas aucun canal ouvert pour faire passer jusqu'à nous les effets de la bienfaisance de la République, la plupart reportèrent leurs vues sur ces misérables cinq parats que les auteurs de notre emprisonnement nous avaient attribués, mais que nous n'avions pas encore perçus. C'était une bien triste ressource assurément; mais elle paraissait la seule qui fût, en quelque sorte, à notre disposition, puisque nous pouvions en poursuivre personnellement la rentrée. Au pis aller, si nous n'étions pas plus heureux que la première fois, qu'hasardions-nous? Quelques personnes du pays nous encourageaient à former cette seconde demande, en nous assurant que le voisinage du pacha, et la facilité que nous aurions de nous plaindre à lui, préviendraient de la part du comptable un refus dont il aurait à craindre d'être promptement puni. J'étais peu touché de ces considérations; mais elles furent trouvées déterminantes par la majorité de mes compagnons, plus aiguillonnés que moi par le besoin. L'aga alla en quelque sorte au-devant de leurs désirs, en accordant à l'un de nous la permission de se rendre à Trébisonde.

Poussé plutôt par la curiosité qu'animé de l'espoir de toucher la somme qui nous était due, mon chancelier se chargea de la commission à ses frais ; il partit le 1ᵉʳ de brumaire. L'ancien douanier avait perdu sa place ; le nouveau reconnut la légitimité de la dette, mais il s'excusa de l'acquitter, sur ce que la douane ne rendait rien. Le citoyen Majastre implora l'autorité du cadi, celle du musselin ou commandant ; ces deux officiers lui donnèrent de belles paroles, mais ne mirent en usage aucun moyen vigoureux de contraindre le douanier à remplir son devoir ; en sorte que notre ambassade à Trébisonde fut tout aussi infructueuse en brumaire qu'elle l'avait été en floréal.

Mais du moins ce voyage donna occasion à mon chancelier de faire quelques observations, tant sur la ville de Trébisonde que sur la partie de la côte située entre cette ville et nous. La brièveté du temps ne lui a sans doute pas permis d'approfondir une foule d'objets qu'il aurait fallu examiner à loisir pour les bien voir et les bien connaître. Cependant l'aperçu rapide qu'il m'a tracé étant propre à donner une idée générale de cette portion de la Mer Noire, je le consigne ici tel qu'il me fut remis à son retour. C'est lui-même qui va parler.

« Parti de Kérasonde le 1ᵉʳ brumaire de l'an VIII, à dix heures du matin, sur un petit bateau équipé de quatre personnes, par un temps calme et brumeux, la fraîcheur venant de la partie de l'est, nous navigâmes à la rame jusqu'à deux heures après-midi, où je relâchai à un lieu appelé Kessap, distant du point de mon départ d'environ trois lieues. Sur le bord de la mer, on ne trouve qu'un mauvais café et une fontaine d'eau excellente, qui offre aux voyageurs une ressource aussi précieuse qu'agréable. A une lieue de distance dans l'intérieur des terres, on aperçoit un petit nombre de maisons séparées les unes des autres, assez mal bâties, et qui forment un contraste affligeant pour le cœur, avec la maison de l'aga qui les domine toutes, et qui a une fort belle apparence.

« De Kessap à Tripolis (1), la distance est d'environ cinq lieues. Les vents soufflant toujours, quoique très-faiblement de l'est, les bateliers furent constamment obligés de ramer depuis cinq heures du soir jusqu'à une heure après minuit, exercice d'autant plus accablant pour eux, que sur quatre hommes qui composaient l'équipage, il y avait deux vieillards presque en décrépitude et un enfant de quinze ans. Aussi étaient-ils excédés de fatigue quand nous abordâmes. J'eus toutes les peines du monde à me procurer un asile pour y passer le reste de la nuit, et je fus réduit, faute de mieux, à m'enfermer dans un méchant et sale café, où la malpropreté et la vermine qui l'accompagne, les rats et tous les animaux les plus incommodes et les plus dégoûtants ne me permirent pas de m'abandonner un seul instant au sommeil. Je fus par conséquent debout de grand

---

(1) Tripolis, ou pour mieux dire Tireboli, est située à 10 lieues est de Kérasonde, et à 17 lieues ouest de Trébisonde.

matin, et j'employai les moments que j'avais à passer encore en ce lieu à m'en former une idée.

« La ville, ou pour mieux dire le village de Tripolis n'est pas aussi considérable ni si étendu que que celui de Kérasonde; mais la situation en est plus belle. Il est placé au bord de la mer, sur une montagne médiocrement élevée, et forme un parfait amphithéâtre. La nature, comme sur toute cette côte, y est riante; mais la culture est peu soignée. Tripolis a quelque commerce, mais point de port ni rade. On y tire les bâtiments à terre après leur voyage; sur la plage, employée aujourd'hui à cet échouage, était autrefois un port fermé fait par la main des hommes. A droite et à gauche de ce port existent encore des ruines de bâtiments qui en défendaient l'entrée. A un mille environ de Tripolis, sur une hauteur, on voit un vieux château qui paraît avoir été considérable et bâti par les Génois. C'est le même qui était occupé par l'aga rebelle qui en fut débusqué, il y a quelques mois, par capitulation. Mes conducteurs me firent remarquer, à trois lieues à-peu-près dans le sud-ouest de Tripolis, une montagne élevée dont la terre est rougeâtre, et ils me dirent : c'est dans cette montagne que se trouve la mine d'argent exploitée pour le compte du Grand-Seigneur.

« Je partis le 2 de Tripolis à sept heures du matin. Le vent soufflant toujours à l'est, nous fûmes encore forcés d'aller à la rame, en longeant la côte de très-près. A midi, je demandai à être débarqué pour faire quelques provisions. Les bateliers gagnèrent le rivage et abordèrent à un village très-agréablement situé. A peine j'étais descendu à terre, que je me vis entouré d'une troupe de soldats armés et réunis sous un drapeau déployé au milieu d'eux. Ne pouvant pas démêler d'abord quel était le sentiment qui les amenait vers moi, j'eus un moment d'inquiétude; mais elle fut bientôt dissipée, quand je vis que c'était la curiosité de voir un étranger. Nous liâmes conversation ensemble, et je sus qu'ils étaient au moment de s'embarquer pour se rendre à Kérasonde, et de continuer leur route jusqu'à Constantinople, conformément aux ordres de la Porte, qui leur avaient été transmis par le Pacha de la province.

« L'aga du lieu, qui de son kiosque voyait la scène qui se passait entre les soldats et moi, fut pareillement curieux de voir l'étranger qui venait de débarquer sur son territoire; il me fit appeler, m'accueillit gracieusement, m'offrit la tasse de café et la pipe, et ayant appris que j'étais Français, il me dit qu'il était question de paix entre la Porte et la République, ajoutant qu'elle serait bientôt publiée. Depuis notre arrivée sur la Mer Noire, on ne nous avait pas accoutumés aux témoignages de bienveillance que je recevais; aussi me paraissaient-ils tout-à-fait nouveaux, et je n'aurais su à quoi les attribuer, si je n'avais vu que la nouvelle vraie ou fausse de la paix en était le principe. Quoi qu'il en soit, je fus sensible aux procédés de cet aga; je le remerciai en prenant congé de lui, et après avoir fait quelques provisions, je me rembarquai. Je remarquerai en passant que les figues que j'achetais étaient excellentes et d'une qualité bien supérieure à celles de Kérasonde. Le village où je reçus cet honnête traitement est appelé Eleou. Il est situé en plaine ; la campagne des environs présente le plus beau coup d'œil du monde, et elle est en grande partie cultivée. Je ne puis point affirmer que la culture y soit bonne et portée au point de perfection où elle pourrait arriver ; on doit même présumer le contraire d'après les mœurs, le caractère des Turcs, et surtout leur gouvernement. Mais enfin il y a de la culture, et c'est ce qui distingue cette partie de la côte jusqu'à Trébisonde, de la partie occidentale qui est honteusement négligée.

« En quittant ce village hospitalier, nous eûmes un petit vent favorable de terre, qui nous permit de mettre à la voile, et qui nous conduisit à Bouock-Liman où nous arrivâmes à cinq heures du soir. C'est un village aussi peu considérable qu'Eleou mais aussi bien cultivé. J'y passai la nuit, qui fut orageuse et pluvieuse, dans un café où je me trouvais heureusement seul avec le cafedgi, qui se montra affable et empressé à me servir.

« Le 3 au matin, la mer était grosse et le temps orageux, mais calme. Nous partîmes à sept heures et demie du matin, et bientôt après le vent souffla à l'ouest, fraîchissant par degrés, et poussant notre barque avec rapidité. La pluie était abondante, mais je m'en consolais par l'espoir d'être bientôt rendu à ma destination. En effet, vers les onze heures je découvris le château de Trébisonde. J'en étais alors, suivant mon estime, à la distance d'environ trois lieues ; mais par un temps clair on doit l'apercevoir de cinq ou six lieues au moins. L'aspect de la ville, qui s'offrit à mes regards peu d'instants après, est assez beau ; mais l'inégalité du terrain sur lequel elle est assise, empêchant de la distinguer dans toute son étendue, dérobe nécessairement à l'œil une partie de sa beauté.

« Trébisonde peut avoir environ une lieue et demie de circuit. Elle est entourée en grande partie de fortes murailles, sur lesquelles sont placées ou plutôt couchées de distance en distance quelques pièces de canon. En effet, la plupart de ces canons sont sans affût, les batteries mal disposées et en mauvais état, et ici comme ailleurs tout porte l'empreinte de la sécurité insouciante des Turcs. Le côté de la mer est celui où l'on remarque une artillerie plus forte en nombre de pièces. Mais ce n'est pas là une défense réelle ; car qu'importe le nombre de pièces, là où tous les accessoires indispensables pour en faire le service manquent absolument ? Trois différents quartiers de la ville sont pareillement entourés de murailles très-élevées, avec des tours à quelque distance les unes des autres ; on reconnaît aisément à la simple inspection que ces remparts, qui sont encore en assez bon état, ont été bâtis par les Génois.

« Les rues de la ville sont en général propres ; elles ont des deux côtés un pavé plus ou moins large, formé de grosses pierres carrées, et élevé d'un demi-pied au-dessus de l'espace intermédiaire qui forme le milieu de la rue. Cet espace plus bas est destiné pour les charrois; les deux côtés sont réservés aux communications des habitants. Ainsi, au fond de la Mer Noire, dans une ville turque, on jouit de l'avantage des trottoirs presque entièrement ignorés dans nos grandes villes d'Europe. Et cependant les voitures à roues n'y multiplient pas les dangers et n'y menacent pas à chaque instant, comme chez nous, la vie des humbles piétons; tous les transports se font sur le dos des animaux employés à cet usage. On remarque avec plaisir un assez grand nombre de rues larges et belles. Il y a aussi des places publiques, mais dont l'étendue plus que médiocre n'a rien qui mérite de fixer l'attention.

« La quantité des mosquées est considérable. Plusieurs ont été autrefois des églises grecques, et elles sont solidement bâties. La plupart des maisons des particuliers sont en pierres, et les murs de ces édifices sont aussi de construction grecque. Presque toutes les maisons ont un jardin dont l'espace est proportionné à l'importance du bâtiment auquel il est lié; il y en a par-là même de forts grands; les arbres qui y sont plantés s'élevant au-dessus du faîte des maisons, leur donnent un air d'isolement, de sorte que la perspective de Trébisonde n'offre pas celle d'une ville, mais bien celle d'une campagne qu'on pourrait presque comparer à celle qui avoisine Marseille.

« Trébisonde est située au fond le plus oriental de la Mer Noire. La côte, à sa gauche, remonte au nord; à sa droite, elle descend au midi. Le sable du rivage, jusques à la distance de dix à douze lieues sur la côte méridionale, est noir et luisant, et je présume qu'il doit en être de même sur la côte septentrionale. Est-ce la couleur de ce sable qui a donné son nom à cette mer, ou l'aurait-elle emprunté plus justement de ces brouillards épais et ténébreux qui, dans les temps des tempêtes, et même sans orages, dans certains mois de l'année, obscurcissent le ciel et dérobent absolument la vue de la terre aux navigateurs qui n'en sont qu'à la plus petite distance ? Il importe assez peu quelle que soit l'opinion qu'on voudra adopter sur ce point presque indifférent.

« Les bâtiments destinés pour Trébisonde n'ont point de mouillage sous les murs de cette ville. Ils peuvent tenir à l'ancre dans la belle saison sur la côte voisine, soit au nord ou au midi. Mais à l'approche de la mauvaise saison il faut les échouer sur l'heure même, à cause de leur grandeur et de l'impossibilité d'y trouver un fond convenable. Le principal mouillage de Trébisonde en est éloigné de trois ou quatre lieues au sud; c'est un village agréablement situé, appelé le Platane, et où se tient toutes les semaines un marché considérable qui fournit presque tous les approvisionnements nécessaires à la consommation des habitants de la ville.

« Le climat y est à peu près le même que sur toutes

les autres parties de la côte asiatique du Pont-Euxin ; s'il y a quelques différences, elles ne pourraient être saisies que par des observations comparées, faites en divers lieux, et elles sont probablement si petites, qu'elles doivent échapper à l'homme qui n'a pour en juger que ses propres sensations. Une circonstance que je ne dois pas omettre, c'est que lorsque j'arrivai à Trébisonde je remarquai que les montagnes les plus élevées qu'on aperçoit dans l'intérieur des terres et dont j'évaluai la distance du bord de la mer d'environ dix lieues, étaient entièrement couvertes de neige. En deçà la nature présentait une verdure très-agréable et très-variée.

« Aussi la campagne qui environne la ville est-elle d'une beauté merveilleuse, et en grande partie cultivée. Elle est ornée d'arbres de toutes les espèces, parmi lesquels l'olivier domine. On y voit aussi des mûriers blancs dont l'élévation et l'épaisseur des branches et le diamètre du tronc sont vraiment surprenants. Mais on n'en retire que peu d'avantage, et quoique la soie ne soit pas tout-à-fait oubliée à Trébisonde, la quantité qu'on en récolte est si mince auprès de celle qu'une industrie un peu plus active pourrait se procurer, qu'on ne doit en tenir aucun compte. Les fruits et les autres productions utiles aux besoins de l'homme y sont les mêmes que sur le reste de la côte, mais un peu mieux soignés, et par conséquent plus abondants et de meilleure qualité. L'oranger et le citronnier y croissent, mais leur culture et leur conservation exigent les plus grands soins.

« Le temps que j'ai passé à Trébisonde a été trop court pour me permettre toutes les recherches qui auraient pu satisfaire ma curiosité, relativement aux monuments anciens ou à leurs ruines, s'il en existe encore dans cette ville. J'ai pourtant lieu de croire qu'il y en a peu, ou même point du tout. Tous les édifices de quelque importance qui ont frappé mes regards, sont ou de l'architecture des Grecs modernes, ou de celle des Génois. A l'extrémité de la ville, et dans sa partie septentrionale et la plus élevée, existent encore un vieux château et un ancien palais des Grecs modernes, et c'est ce même château qu'on découvre de loin en venant par mer à Trébisonde.

« La côte méridionale offre en sortant de la ville une esplanade à perte de vue dont il n'est pas possible de décrire la magnificence; elle se prolonge sur le bord de la mer, et je conjecture qu'elle a été faite pour servir à la fois et de grande route et de promenade. Elle était très-probablement plantée d'arbres disposés avec symétrie. On n'en aperçoit maintenant qu'un petit nombre plantés isolément et sans ordre. Elle est aujourd'hui un chemin, et les Turcs en ont de plus fait un de leurs cimetières.

« Par cette esplanade on arrive à l'église de Sainte-Sophie, placée sur une éminence, à une demi-lieue de distance sur la côte méridionale, non loin de la mer.

Cette église est parfaitement conservée, au point qu'elle paraît pour ainsi dire nouvellement bâtie. Elle a trois portes d'entrée, qui sont précédées par des pérystiles d'une belle architecture, soutenus par de superbes colonnes de marbre. Les Turcs ont fait de cette église une de leurs mosquées ; mais, soit à cause de l'éloignement où elle est de la ville, soit par tout autre motif, ils n'en font point usage pour leur culte journalier ; seulement, pendant les fêtes du ramazan, ils la fréquentent avec une sorte de solennité particulière. Hors ce temps-là, elle est constamment fermée ; mais les curieux peuvent en voir l'intérieur au moyen de quelques ouvertures pratiquées au travers des portes. C'est un dôme d'une grandeur médiocre. Il n'est pas possible de discerner tous les embellissements dont on l'avait primitivement décoré pour en cacher les peintures et les sculptures, ouvrages profanes, aux yeux des musulmans, de l'idolatrie des infidèles. On a blanchi à la chaux tout l'intérieur de l'église ; cela n'empêche pas qu'on ne découvre en divers endroits où le temps a consumé la chaux dont on les avait enduits, quelques lambeaux de ses peintures et de ses sculptures ; mais ce qu'on en voit ne formant pas d'ensemble, on ne peut ni en prendre ni en donner une idée. La tradition du pays, particulièrement celle des Grecs, porte que Sainte-Sophie de Trébisonde a été bâtie avant celle de Constantinople, sur le même plan et par le même architecte ; aussi sont-elles semblables, hors pour la grandeur, celle de

Constantinople étant beaucoup plus vaste et plus élevée que celle de Trébisonde.

« A l'est de la ville, et sur une hauteur qui la domine, subsiste un vieux château très-fort, qui à l'époque des derniers troubles était occupé par un aga rebelle qui maîtrisait la ville. Ce château paraît être un ouvrage des Génois. Je n'ai point vu d'autres édifices considérables qui méritassent d'attirer l'attention des voyageurs.

« La population de Trébisonde n'excède pas celle de plusieurs de nos petites villes de France. Suivant les rapports qui m'ont été faits, elle ne monte pas à plus de vingt à vingt-deux mille âmes. Il est vrai que les dissentions dont elle avait été agitée pendant plus d'un an, et dont elle était à peine délivrée, avaient forcé plusieurs de ses habitants à s'éloigner, les uns pendant la durée de ces dissentions même, pour n'en être pas les victimes, les autres après le rétablissement du calme, de peur d'être recherchés et punis par le nouveau gouverneur de la province. Cependant il faut observer que cette désertion n'a pas dû avoir une influence très-marquée sur la population de la ville, et que, vu son étendue, elle ne saurait contenir un beaucoup plus grand nombre d'habitants que celui qui m'a été désigné. Dans ce nombre, il faut comprendre avec les Turcs les Grecs et les Arméniens. Les premiers ont des quartiers séparés qu'ils habitent exclusivement. Les Arméniens en ont aussi ; mais il leur est loisible d'habiter partout où ils veulent, même parmi les Turcs.

« Le caractère des habitants de Trébisonde contraste singulièrement avec celui de la misérable bourgade où nous avons été exilés. On n'y trouve ni cette férocité, ni cette rudesse qui a fait jusqu'à présent un des maux les plus insupportables de notre captivité. Quoique leur esprit, leurs mœurs et leurs préjugés soient les mêmes que ceux des autres musulmans, je les ai pourtant trouvés plus doux, plus affables, plus prévenants. J'étais tous les jours agréablement surpris de pouvoir parcourir à mon aise et la ville et la campagne qui l'environne, sans essuyer des insultes, ni de la part des hommes, ni de celle des enfants.

« Les Turcs y sont en général beaux, bien faits et robustes. Leurs femmes, que l'on voit constamment rôder par toutes les rues, sont presque toutes d'une taille très-avantageuse. Elles s'occupent à la filature et à la tissanderie, suivant l'usage général de cette partie de l'Asie, et font une espèce de toile qui est assez estimée. Cette toile est une des branches principales du commerce de Trébisonde, qui, d'ailleurs, est actuellement dans un état d'anéantissement total. La guerre doit y contribuer sans doute, comme me l'ont assuré des marchands turcs que j'ai interrogés là dessus. Cependant j'ai lieu de croire que, même en temps de paix, le commerce de cette ville doit être d'une médiocre importance. Cara-Issar et Tocat absorbent tout le commerce qui se fait dans l'intérieur par des caravanes; et celui qui se fait par le moyen de la navigation, se partage entre les villes, bourgs et villages situés sur le bord de la mer. Chacun de ces endroits expédie directement ses productions sur ses propres bâtiments, soit en Crimée, soit à Constantinople. Mais il est quelques objets que Trébisonde fournit à toute la contrée, tant de l'intérieur que du bord de la mer, les souliers, les bottes et les autres parties de la chaussure turque. Elle reçoit de Cara-Issar ou de Constantinople les draps fins qu'elle distribue de la même manière, et quelques autres articles d'approvisionnement venant de l'étranger.

« On m'a parlé de mines d'or, d'argent et de cuivre qui existent et qui sont en exploitation aux environs de Trébisonde; mais leur position m'a été indiquée d'une manière trop vague. Serait-ce au voisinage de ces trésors qu'on devrait rapporter les causes des tremblements de terre qu'on y ressent de temps en temps ? Un mal plus cruel encore et plus redoutable y exerce aussi quelquefois ses ravages ; c'est la peste qui y est apportée par les communications fréquentes qu'elle a avec Constantinople. Elle n'y est pourtant pas annuelle, et les intervalles entre ses diverses explosions sont même quelquefois assez longs.

« La seule manufacture qui existe à Trébisonde est une manufacture d'armes blanches et à feu ; mais elle est très-considérable, et sa consommation s'étend très-loin. Le fer qu'elle emploie est apporté de Russie. Ainsi, c'est un tribut que la Turquie paie à ses ennemis naturels, sans compter que dans le cas d'une guerre entre les deux puissances, il serait facile à l'une de paralyser par le refus de la matière première une industrie si importante. Peut-être aussi qu'alors le gouvernement turc, secouant cette apathie qui le caractérise, prendrait des mesures pour activer et développer les exploitations de fer qui languissent dans quelques mines, presque oubliées, de cet utile métal qu'on trouve dans les terres qui bordent la Mer Noire (1). »

(1) Aux détails que le chancelier de la légation de Smyrne donne sur Trébisonde, nous en ajouterons quelques autres. Cette ville, située à 225 lieues est de Constantinople, à 22 lieues nord-ouest d'Erzeroum, et à 36 lieues nord-est de Kérasonde, est bâtie sur le bord de la mer, au pied d'une colline assez escarpée ; elle est entourée de murailles hautes et crénelées qui paraissent avoir été élevées sur les fondements de l'ancienne enceinte, et en grande partie avec les débris d'antiques monuments. La ville est grande, mais elle n'est pas peuplée en proportion de son étendue ; elle renferme plus de bois et de jardins que de maisons ; et les maisons, quoique d'ordinaire bien bâties, n'ont qu'un seul étage. Le château dont parle le chancelier, est situé sur un rocher plat, et n'a de remarquable que ses fossés qui sont presque en entier taillés dans le roc. — Trébisonde ou Tarabozan, comme l'appellent les Turcs, est l'ancienne Trapezus, nom qui lui fut donné à cause de sa forme qui était un carré long. — Cette ville, colonie de Sinope, subit dans l'antiquité de très-grandes vicissitudes. Après avoir fait partie du royaume de Pont, elle tomba sous le pouvoir des Romains, et fit ensuite partie de l'empire d'Orient. En 1204, après que

Vers la fin de brumaire, nous vîmes arriver un aga considérable à qui l'on donnait le titre de bey. Il annonçait la prochaine venue du pacha de la province qui se proposait d'aller à Trébisonde, et il était chargé de faire préparer sur toute la route les logements de ce gouverneur.

Baudouin, comte de Flandre, se fut emparé de Constantinople, elle servit d'asile à Alexis Comnènes, et devint la capitale d'une principauté qui finit en 1461, époque où elle fut prise par Mahomet II. — Xénophon nous apprend que les dix mille séjournèrent un mois à Trébisonde, qui les reçut et les traita comme des compatriotes (voir la fin du liv. IV de l'expédition de Cyrus).

Pour ce qui est de l'église de Sainte-Sophie dont parle le chancelier, elle est, selon Pitton de Tournefort, à deux milles de la ville, près du bord de la mer. On a fait une mosquée de ce qui reste de ce bâtiment. La tradition du pays est que Justinien a fait élever cette église en même temps que celle qui à Constantinople porte le même nom. Mais nulle inscription ne le prouve; et Procope, qui a consacré trois livres à décrire jusqu'aux moindres bâtiments élevés par ce prince, ne dit pas un mot de Sainte-Sophie de Trébisonde.

Le port le Platane ou Platana dont il est question dans le récit du chancelier, est à l'est de Trébisonde. Arrien nous apprend que l'empereur Adrien, pour le rendre plus sûr et plus commode, avait fait construire une jetée considérable, destinée à mettre les navires à couvert des vents et des courants. Les Génois ne négligèrent pas ce mouillage; ils y firent élever un mole. Cet ouvrage, aussi bien que ceux qui étaient dus à Adrien, n'offre aujourd'hui que des ruines dont il est impossible de tirer parti.

Cependant la chaîne de nos frères de Synope s'était un peu relâchée, et ce que n'auraient pu ni la justice, ni l'humanité, ni le droit des gens, une sorte de charlatanisme bien permis en pareil cas parvient à l'opérer.

Le gouverneur fut atteint d'une maladie qu'il crut dangereuse. Mon drogman Simian se donna pour médecin et fut appelé. Il ordonna quelques remèdes presque indifférents, des boissons et du régime. La nature n'étant pas contrariée, se débarrassa par ses propres forces de la cause du mal, et le gouverneur, émerveillé de sa guérison, goûtait d'ailleurs les entretiens de son médecin, et le faisait venir chaque jour chez lui.

Après un certain temps, Simian interrompit à dessein ses visites quotidiennes. Il fut mandé; on lui fit des reproches. Mes camarades, dit-il, sont renfermés; tant que j'ai pu vous être utile, je me suis fait un devoir de venir chez vous; mais aujourd'hui que mes secours ne vous sont plus nécessaires, je rougirais de jouir d'une liberté qui ne serait que pour moi seul. Le gouverneur, touché de cette délicatesse de sentiments, ordonna que dès ce moment les Français eussent la faculté de sortir du château pendant le jour. Le châtelain voulut s'y opposer, mais ce fut inutilement, le gouverneur ayant pris sur lui la responsabilité des prisonniers. C'était assurément une grande faveur de la part de cet officier, et une preuve distinguée de la confiance qu'avait su lui inspirer le citoyen Simian.

Cependant Batal-Hussein-Pacha, gouverneur de la

province, était attendu; les apprêts qu'on faisait pour sa réception étaient considérables, et nous ne pouvions nous empêcher de déplorer les malheurs d'un peuple qui, vexé et pressuré tant de fois depuis un an, sous prétexte de la guerre, l'était maintenant pour fournir à la dépense dévorante du pacha et de sa suite. Ce passage était pour ce pauvre peuple ce qu'est pour la campagne le passage d'un torrent dévastateur, qui détruit tout ce qu'il rencontre, ne laissant après sa retraite qu'une terre nue, dépouillée de verdure et de fruits. En effet, dès long-temps avant sa venue, le pacha s'était fait annoncer, soit par plusieurs courriers, soit par divers officiers de sa maison, soit par des corps de troupe venus successivement, et tous nourris, suivant leur grade, aux frais de la ville. Il avait envoyé d'avance l'état des approvisionnements qu'il fallait pour lui et sa maison. Cet état était énorme, et je regrette que ma mémoire n'ait pas retenu la nomenclature de tous les articles qui le composaient et leur quantité. Il demandait en riz seulement une provision de deux mille ocques, ou environ soixante quintaux pour la consommation de deux ou trois jours qu'il devait passer dans le pays; tout le reste était à proportion.

On taxa tous les habitants suivant leurs facultés réelles ou présumées; on obligea les cultivateurs à porter leurs denrées, les marins à faire les transports : tout fut en mouvement pendant deux mois, et les travaux et fournitures, ou n'étaient pas payés, ou l'étaient à un taux infiniment inférieur à leur prix. A la vérité, l'aga était soupçonné ou plutôt accusé publiquement de grossir à dessein la liste déjà trop accablante des objets nécessaires à l'auguste personnage, dans l'intention de s'approprier ce qui resterait après son départ; et cette accusation ne paraissait sûrement pas calomnieuse. Au moins il est certain que pour le loger, disait-il, d'une manière convenable, il imagina de faire construire une maison dans l'intérieur du château, dans un espace intermédiaire entre sa propre maison et celle de ses femmes. Les matériaux furent donnés pour rien; les ouvriers employés aux charrois et à la construction ne reçurent point de salaire pour leur travail. Quand l'ouvrage fut fini, on annonça, sur la foi d'un courrier, que le pacha n'occuperait point ce logement, attendu qu'étant d'un embonpoint, d'une grosseur énorme, il y aurait pour lui trop de peine, et peut-être même du danger à gravir la route escarpée qui conduisait au château. La maison resta donc en augmentation de propriété pour l'aga, et on destina celle d'un particulier, sise sur le rivage, pour y recevoir le pacha. Mais il fallut y faire des réparations, tant pour le besoin que pour l'agrément; et quoique tout cela ne présentât pas un coup-d'œil de richesse et de magnificence, combien ces dépenses multipliées ne devaient-elles pas être onéreuses pour un peuple aussi misérable!

En même temps on songeait au logement des officiers et des valets. On déplaça sans façon vingt ou trente familles turques et arméniennes, qui furent obligées de s'arranger comme elles purent, mais qui pourtant gagnèrent toutes plus ou moins à ce déplacement, puisque partout on fit des réparations suivant l'importance des personnes à qui les logements étaient destinés. On plaça deux canons de plus au meckemech pour les salves d'artillerie; on aplanit un peu quelques chemins; on pava quelques ponts; en un mot, l'aga, présent à ces travaux, montant chaque jour à cheval pour les visiter, fit ce qu'il fallait pour paraître avoir fait quelque chose. Aux grands mouvements qu'il se donnait, on eût dit que son empressement était aussi vif que respectueux envers son chef; il n'avait pourtant d'autre but que celui de dépenser peu et de recevoir beaucoup.

Enfin, ce pacha si long-temps attendu arriva le 20 nivôse au soir, pour repartir le 24 au matin. Sa réception n'eut rien de remarquable. Les principaux du pays l'accueillirent sur le bord de la mer à son débarquement, et, tandis qu'ils le conduisaient à son logement, la place tira une douzaine de coups de canon.

Le séjour du pacha à Kérasonde ne fut pas sans quelque intérêt pour nous; nous avions des plaintes à lui porter et des demandes à lui faire. On nous prévint qu'il fallait les lui présenter par écrit. Nous employâmes le ministère d'un Turc, qui mit sur le papier ce qu'il voulut, tronquant nos idées, affaiblissant nos griefs, et craignant toujours d'en trop dire et de s'exposer aux ressentiments des coupables que nous ne voulions pas nommer, mais qu'il connaissait trop bien pour ne pas les redouter; enfin tellement quellement, il rédigea un arsoual (requête) bien bête et bien décousu, dont je lui fis faire une copie pour la conserver comme un monument de l'éloquence et du courage des écrivains turcs.

Cet écrit portait que depuis quinze mois on nous refusait opiniâtrement les cinq parats auxquels la Sublime-Porte avait fixé notre subsistance, et qu'en outre nous éprouvions chaque jour les outrages les plus cruels de la part de la peuplade sauvage et barbare au milieu de laquelle on nous avait placés. Nous parûmes, armés de cette requête, à la porte du pacha ; une garde nous en défendit l'entrée. Nous n'eûmes, pour faire parvenir notre pétition, d'autre moyen que de saisir l'instant où le pacha, regardant à sa fenêtre, pouvait nous voir, nous et notre papier. Il envoya sur-le-champ un tchoadar pour le prendre et le lui apporter, et au bout de quelques minutes nous eûmes ordre de nous rendre chez le kihaia, où nos plaintes devaient être discutées.

Ce kihaia, appelé Siman-Oglou, était une espèce de fanatique renforcé, qui malgré l'ordre qu'il avait reçu de nous faire justice, tergiversa par la raison, sans doute irréfutable, que des infidèles qui se plaignent de l'abominable scélératesse des vrais croyants, sont trop heureux si l'on daigne seulement les écouter. Voulant pourtant avoir l'air de faire droit à nos trop justes réclamations, il prétendit que le passé devait être oublié, et qu'à l'avenir on voudrait bien nous faire la grâce de ne pas faire attention à nous. C'était beaucoup, car c'était à peu près tout ce que nous désirions, quoique ce ne fût pas assurément tout ce que la justice nous devait.

Passant ensuite au chapitre de ce fameux et éternel taïn, il nous fut dit qu'il fallait retourner une troisième fois à Trébisonde, mais que pour ce coup nous serions certainement payés. J'eus beau représenter que la subsistance devait venir trouver le prisonnier, et que dans aucun cas le prisonnier ne devait courir après sa subsistance ; l'orgueilleux Siman-Oglou était trop stupide pour m'entendre et trop entêté pour abandonner son sentiment, lequel d'ailleurs fut confirmé par deux hommes de loi qu'il avait à ses côtés.

Peu content de cette absurde décision, je voulais voir personnellement le pacha, et fort heureusement je connaissais un de ses tchoadars, qui m'introduisit chez lui. Je me présentai, suivi d'un de nos Polonais parlant russe, langue très-familière au pacha, et dans laquelle il prenait plaisir à s'entretenir. Ce gouverneur m'accueillit avec toute la politesse que j'aurais pu attendre de lui si j'avais été dans le plein exercice de mes fonctions. Soit bonté naturelle, soit compassion pour nos malheurs, soit qu'un long séjour chez des européens eût adouci en lui ce préjugé féroce qui est la honte et l'opprobre des musulmans, soit politique peut-être, il se montra touché de notre situation et disposé à faire tout ce qui dépendrait de lui pour la rendre moins rigoureuse.

Je lui demandai mes drogmans, lui représentant avec force combien il était odieux et barbare de m'avoir séparé d'une partie de ma famille, sans motif, sans objet, sans prétexte même, et de m'avoir jeté sur une côte inconnue, au milieu d'un peuple dont je n'entendais pas la langue, comme si un gouvernement auquel je n'appartenais point, et qui par là même n'avait sur moi que la puissance de la force et non l'autorité de la justice, pouvait se croire en droit de me plonger dans un isolement qui équivalait presque à cet anathème civil par lequel on interdisait autrefois le feu et l'eau aux plus grands criminels. Il en convint de bonne foi, et avoua qu'il ne découvrait pas plus que moi dans la politique aucun fondement solide à une mesure si extraordinaire; mais il ajouta qu'il était forcé de se refuser à ma demande, par respect pour le firman qui l'avait ainsi ordonné; ce que la Porte avait fait, la Porte seule pouvait le changer ou le réformer. Je sentais en moi-même tout le poids de cette observation; cependant j'insistai long-temps, jusqu'à ce qu'enfin le pacha me dit : « Eh! qu'avez-vous besoin de drogman? bientôt vous serez libre; la paix va être faite, et nous la désirons. » S'il avait déjà connaissance des dispositions pacifiques qui allaient bientôt réunir les deux nations, c'était une observation précieuse; mais après ces paroles, quelqu'en fût le principe, il n'y avait plus moyen de s'aheurter à solliciter une justice qui ne pouvait pas m'être accordée.

Je quittai donc cette matière, et je passai à l'article intarissable des actes de brutalité exercés contre nous depuis notre séjour sur la Mer Noire. Après lui avoir offert quelques échantillons de ces gentillesses musulmanes, le firman, lui dis-je, en vertu duquel j'ai été arrêté à Smyrne, portait textuellement que je serais traité de la même manière que l'ambassadeur ottoman le serait à Paris. Or, la Porte a-t-elle tenu parole? et pensez-vous qu'Ali-Effendi ait été traité en France comme je le suis dans l'Empire ottoman? Au surplus, ni moi ni mes compagnons ne sommes prisonniers, car nous n'avons pas été pris à la guerre; et si l'on devait, si l'on voulait nous envisager comme tels, il fallait nous laisser aller à l'armée et puis venir nous chercher là.

Je dus soupçonner le pacha d'avoir acquis à la cour de Pétersbourg quelque intelligence de la langue française, à moins que mon action et mes gestes ne lui eussent fait comprendre mon idée, car à ces derniers mots, que je prononçai avec chaleur, il observa, sans attendre l'explication de l'interprète, qu'à la guerre on n'était pas toujours sûr de faire des prisonniers; il promit d'une manière très-forte, et qui me parut sincère, de réitérer expressément les ordres qu'il avait déjà donnés, pour que ni grands ni petits ne se permissent de nous insulter, et que nous pussions d'ailleurs jouir de toute la liberté compatible avec la responsabilité dont il était chargé à notre égard.

Cette partie de notre entretien fut de la part du pacha,

non-seulement honnête, mais affectueuse ; et sans doute il dut rougir plus d'une fois pour sa nation, en entendant l'espèce de quelques-unes des plaintes que nous lui faisions, et le grand nombre de toutes les autres; et cependant nous en supprimâmes de bien graves, par égard pour les premières têtes du pays, ou par crainte de leur ressentiment à venir.

Si nous avions été moins gênés dans nos facultés, je n'aurais jamais pu me résoudre à lui parler moi-même du taïn ; mais l'impérieuse nécessité m'en faisait un devoir pour le soulagement de mes camarades. Je me bornai sur ce point à un court exposé de nos besoins, et je m'efforçai de lui faire sentir la bizarrerie de la décision de son kihaia, qui exigeait que nous fissions un troisième voyage à Trébisonde, sans considérer qu'il nous obligeait à consumer en frais de route la mesquine libéralité de la Porte. Il ne nous cacha pas son étonnement de cette espèce de niveau, insultant pour la République, que son gouvernement avait posé sur toutes nos têtes, et il promit d'acquitter, sur les lieux et de ses propres deniers, ce qui nous était dû, moyennant notre récépissé que nous lui enverrions. Je sortis satisfait, et le lendemain au matin nous envoyâmes la quittance demandée.

Mais dans l'intervalle les choses avaient changé de face. Siman-Oglou, vain et jaloux comme tous les subalternes, choqué de l'accueil que nous avions obtenu, et encore plus irrité de ce que sa décision avait été annulée, fit tous ses efforts pour ramener le pacha à son avis.

Il y réussit, en lui disant que ce serait un grand scandale pour la foi, si, lorsque tant de disciples du Prophète étaient renvoyés à Trébisonde pour leurs réclamations pécuniaires, il se permettait d'afficher une préférence profane pour des djaours, en les payant sur sa cassette. Le pacha ne fut point convaincu, mais il fut intimidé par cet argument; et quand notre messager parut devant lui, il s'excusa comme il put sur l'impossibilité où il était de nous faire l'avance qu'il nous avait promise; et néanmoins, voulant nous donner une preuve de sa bonne volonté, il remit à notre envoyé cent piastres qui furent partagées entre ceux de nous dont les besoins étaient les plus urgents. Il accompagna cet acte de générosité d'un présent particulier pour moi, consistant en deux petites pièces d'étoffes de soie du Levant, un pain de sucre et du café. Ces égards, auxquels on ne nous avait point accoutumés, nous surprirent beaucoup; et nous fûmes encore bien plus étonnés lorsque le pacha, à son départ, passant sous les murs de mon jardin et nous apercevant sur la terrasse, fit lever le tendelet de son bateau et nous salua très-gracieusement en présence de tout le peuple qui bordait le rivage. Cette politesse n'était assurément pas dans le genre turc.

Je ne dois pas omettre de dire que Siman-Oglou avait tâché de s'opposer aussi à l'émission des ordres du pacha relatifs aux adoucissements dus à notre sort. Ces ordres portaient, outre l'injonction formelle aux chefs de nous garantir de toute insulte, la faculté de nous laisser aller, venir, promener dans la ville et ses environs en pleine liberté, et même celle d'aller dans les villes voisines, telles que Trébisonde et autres, si la curiosité nous engageait à les visiter, moyennant notre parole d'honneur de retourner au lieu assigné pour notre domicile après un temps fixé. Cette dernière clause avait souverainement déplu au kihaia et à d'autres personnages de la même trempe, qui voulaient au contraire que nous fussions rigoureusement consignés dans l'intérieur du château. Mais, à cet égard, le pacha demeura inébranlable dans la résolution qu'il avait prise; à toutes les objections qu'on put lui faire, il répondit que l'ordre de la Porte était de nous recevoir dans le château, et non de nous y tenir renfermés; que la parole des européens était le gage le plus solide et la caution la plus assurée de leur foi; que le kihaia lui-même avait décidé le jour d'auparavant, sur la lecture du firman de subsistance, que nous devions aller à Trébisonde pour en percevoir le montant, et que cette décision était diamétralement opposée avec cette détention sévère qui nous confinerait dans l'enceinte des murailles de la forteresse.

Ces détails nous furent communiqués par des gens de la maison du pacha, présents à la conversation. Siman-Oglou était cordialement détesté par eux, et ils nous firent de son caractère la peinture la plus hideuse, rembrunie par les épithètes et les qualifications les plus outrageantes. Ils nous instruisirent aussi de quelques particularités historiques sur la vie de Batal-Hussein, que la politique ne doit peut-être pas dédaigner de connaître, tout incomplètes qu'elles sont, et qui eurent au moins pour nous cet avantage de redresser les notions vagues que nous avions puisées dans les bruits publics.

Batal-Hussein, après sa fuite en Russie, était allé habiter Pétersbourg, où il avait fait un séjour non interrompu de onze ans jusqu'à son retour en Asie; il avait été parfaitement accueilli à la cour de Russie. Catherine lui donna des marques particulières de sa bienveillance, qui lui furent continuées après sa mort par son fils. L'une et l'autre lui fournirent les moyens de vivre avec un éclat assorti au rang qu'il avait occupé dans sa patrie, et l'admirent même assez avant dans leur familiarité.

La cause de tant de complaisance avait son fondement dans les vues ambitieuses du gouvernement russe, et l'on ne saurait en douter, s'il est vrai qu'entre autres questions sur la situation, l'étendue, la force, les productions de son gouvernement, Paul ait demandé à Hussein combien de guerriers il pouvait lever sur son territoire? question à laquelle celui-ci répondit: « Cent mille hommes en trois jours. » Ce qui excita l'étonnement moscovite. Réintégré dans sa place par la faveur de ce monarque, Hussein était endetté envers lui pour des sommes considérables. Non-seulement Paul lui en fit la remise, mais encore il le combla de présents au moment de son départ, et lui prodigua toutes les assurances d'intérêt et d'attachement dont il put s'aviser. Il fut permis à des domestiques russes, à des courriers russes, non-seulement de nation mais de religion, de s'attacher à son service et de le suivre en Asie. Il prit aussi avec lui quelques officiers, vingt-quatre musiciens, etc., etc. Peut-être tout cela n'était-il pas très-prudent ; du moins est-il certain qu'à peine Hussein eut-il débarqué sur le rivage méridional du Pont-Euxin, que les Turcs virent avec un déplaisir extrême la suite dont il était entouré. On écrivit à Constantinople. Les plaintes furent déférées au grand-mufti pour en dire son avis ; et ce souverain pontife de la religion musulmane décida que c'était une innovation dangereuse et contraire à la loi, que de changer la musique adoptée dans l'empire ottoman, et d'introduire dans les provinces des militaires étrangers. En conséquence, il intervint un ordre du gouvernement de tout renvoyer, ce qui fut exécuté, et fit même un assez grand éclat dans le pays, puisque ce renvoi, dont plusieurs ignoraient la raison, fut une des principales causes qui donnèrent naissance aux bruits d'une rupture très-prochaine entre la Porte et la Russie.

D'après ce début, Hussein dut sentir, et il sentit en effet combien la circonspection lui était nécessaire. De là, le choix qu'il fit de quelques hommes pour occuper les premières places administratives auprès de sa personne, telle que celle de kihaia ou lieutenant et plusieurs autres. Il fallait se montrer zélé pour les mœurs, les usages, les préjugés de son pays, et préférer à des personnes ou plus utiles ou plus agréables, celles qui avaient une plus grande réputation de piété et de soumission aux dogmes reçus et aux lois adoptées parmi les Turcs.

Il résulta de là que le pacha se mit dans la dépendance de ses subalternes sans changer l'opinion du peuple, et peut-être, ce que j'ignore, celle du gouvernement à son égard. Aussi ses domestiques nous représentaient-ils sa position comme très-malheureuse. Les soupçons l'environnaient; toutes ses démarches étaient épiées avec une curiosité inquiète, et il ne pouvait pas, comme nous venions de l'éprouver nous-mêmes, se livrer aux sentiments de son cœur, qu'on nous disait être très-bons. Cependant, malgré le fond d'attachement qu'il conservait pour les Russes, on nous le représentait comme absolument incapable de trahir son pays, et le défaut que lui reprochaient ses plus intimes confidents, n'était autre que le défaut commun à tous les Turcs en place, celui d'accaparer de grandes richesses, en augmentant autant qu'il pouvait sa recette, et diminuant sa dépense, quelquefois avec une telle mesquinerie, qu'il ne payait pas même le salaire de ses serviteurs, ce qui occasionnait des murmures parmi eux, et en avait décidé quelques-uns venus de Crimée à y retourner incessamment.

La Porte n'avait pas vu de bon œil l'Espagne sortir de sa longue inaction, et seconder par des efforts réels la France son alliée. M. de Bouligny n'avait pas à la vérité été renfermé aux Sept-Tours, mais il avait reçu ordre de quitter Constantinople, et il était parti le 25 vendémiaire, laissant à M. le baron Hubsch, chargé d'affaires du roi de Danemarck, l'administration des secours pour les prisonniers français dans le Levant; mais, soit qu'il ne fût pas possible de négocier à Constantinople du papier sur la France, soit pour tout autre motif que nous ne devinions pas, cette administration se trouvait morte par le fait et manquait absolument de fonds. Les prisonniers de Samsoun avaient fourni sur elle une traite de neuf cents piastres, qui ne fut acceptée qu'avec les plus grandes difficultés, et M. le baron, en l'acquittant, fit donner l'avis très-positif de n'en plus fournir à l'avenir, si les tireurs ne voulaient pas être exposés au désagrément de les voir revenir à eux faute de paiement. Au surplus, ajouta-t-il, quand il y aura de l'argent, on le fera passer. M. le baron avait son ménage bien monté et sa cuisine bien garnie quand il tenait ce langage, et nous, nous mourions de faim.

J'espérais retirer de Tocat une somme de huit cents piastres qui m'appartenaient, et que le citoyen batave Dutil, négociant de Smyrne, avait donné ordre à un marchand arménien de délivrer sur le vu d'un cachet qu'il m'avait fait passer (1); mais quand ce ca-

(1) Le 10 frimaire an VII (30 novembre 1798), Jean-Bon-Saint-André avait écrit à Dutil, à Smyrne, pour l'intéresser à

chef fut présenté à l'Arménien, il répondit froidement :
« Je ne connais pas cela. » Depuis dix mois je n'avais
touché qu'un quartier de mon traitement, qui, au change
énorme, et sans doute inouï, de quarante-six sous la
piastre, n'avait produit que deux milles piastres. La
rétribution accordée à mes compagnons, suffisante si
elle leur était parvenue avec régularité, venant à leur
manquer pendant si long-temps, les laissait dans un
dénuement dont les plus économes d'entre eux sentaient
vivement les atteintes. L'espoir d'un prochain secours
était évanoui; il n'en restait rigoureusement aucun autre
pour nous que le taïn de Trébisonde.

Le pacha avait ordonné que l'homme que nous enverrions fût transporté sans frais. L'aga méprisa cet
ordre; il fallut prendre une barque à nos dépens. Notre
messager, arrivé sur les lieux, eut de la peine à voir le
pacha, et encore plus de peine à être payé. Et comment
le fut-il ? J'ai toujours à peindre l'esprit musulman, et à
prouver par des faits, en dépit de leurs apologistes,
qu'il n'y a chez eux, ni justice, ni humanité, ni bienséance. On prétendit d'abord que la douane n'étant sur
le compte du pacha que depuis neuf mois, nous ne pouvions pas exiger davantage en numéraire effectif, et
que pour les huit mois précédents nous serions payés à

ses malheurs et le prier de lui faire passer cette somme, qu'il
avait laissée entre les mains d'un autre négociant. Nous croyons
inutile de publier cette lettre qui n'a pas d'autre intérêt.

Constantinople. Il fallut en passer par là. Ensuite, quand le montant de ces neuf mois fut compté, on demanda des bakchirs pour tout le monde. Notre messager se défendit comme il put, batailla long-temps, obtint des modérations, mais ne fut pas dispensé de laisser quelques piastres à ces harpies. Enfin, on n'eut aucun égard aux réclamations qu'il fit sur le remboursement des frais de voyage, qui auraient dû naturellement être supportés par l'aga, parce qu'il aurait dépendu de lui de nous épargner ces frais sans qu'il lui en coûtât rien, mais surtout parce qu'il avait désobéi formellement à l'ordre de son supérieur. Mais le kihaia Siman-Oglou avait fait un accord tacite avec les agas de province ; il les soutenait envers et contre tous, pourvu qu'ils lui donnassent de l'argent.

En conséquence, notre envoyé insistant à représenter qu'il n'était pas juste de laisser à la charge des prisonniers une dépense si forte, qui, répétée pour la troisième fois, absorbait la plus grande partie du taïn, en sorte qu'il passait presque tout entre les mains des Turcs, l'insolent Siman-Oglou l'apostropha avec brutalité, lui disant : « Penses-tu donc être dans une boutique de marchands, pour faire ici de pareils calculs? » L'homme que nous avions expédié était un Grec ; il se tut, crainte du bâton, prit ce qu'on voulut bien lui donner, et repartit. Quand il fut de retour à Kérasonde, il nous rendit compte de sa mission ; et la somme dont il était porteur étant partagée, le dividende, tous frais réduits, se trouva être pour moi de vingt-trois piastres et quelques parats. Gloire éternelle à la libéralité tant vantée de la Porte ottomane !

Sur la prétendue certitude que la paix avait été conclue avec la France, on avait fait de grandes réjouissances à Trébisonde, et le pacha lui-même, tout en affirmant aux gens que les rapports d'amitié entre les deux nations avaient repris comme avant la guerre, ne cherchait dans cette occasion que de tromper son peuple, pour lui arracher plus facilement de nouveaux impôts.

La contribution demandée, quoiqu'elle fût la sixième que je voyais depuis dix-huit mois, ne souffrit pas d'opposition. On se plaignit un peu, mais tout bas, et on paya avec docilité.

La manière de lever ces sortes de contributions serait admirable par sa simplicité, si les contributions elles-mêmes n'étaient pas si arbitraires, si exhorbitantes et si fréquemment répétées. Je fus témoin de la perception de celle-ci, qui se fit à côté d'une mosquée, en face de mon jardin. L'aga ayant rassemblé tous les contribuables qui l'environnaient, assis avec eux en plein air, sur le gazon, à la mode des Turcs, demandait à chacun la portion à laquelle il avait été taxé ; un homme de loi écrivait la somme payée sur un rôle où les noms des habitants étaient inscrits ; cette simple inscription suffisait sans quittance, sans cet entassement d'écritures qui, chez nous, accable les nombreux employés de notre administration, et en une heure de temps toute l'opération fut consommée. Les Grecs et les Arméniens font eux-mêmes la répartition de la somme à laquelle leurs communautés sont taxées, et cette taxe est toujours un tiers plus forte que celle des musulmans.

La levée et le départ des troupes ottomanes, annoncés depuis plusieurs mois, s'exécutèrent enfin au milieu du mois de fructidor. C'étaient les troisièmes recrues que nous voyions partir depuis moins de dix mois. Celles-ci n'étaient composées que d'hommes choisis, la plupart chefs de famille, propriétaires ou artisans. On les arracha sans pitié à leurs femmes, à leurs enfants, à leurs travaux; l'aga du lieu, conjointement avec celui qui était nommé pour commander la compagnie, dressait arbitrairement les listes de ceux qui devaient marcher, et il n'y avait pas moyen de réclamer contre leur décision. Les raisons les plus solides, les intérêts les plus pressants, tout, excepté l'argent, quand on en avait beaucoup à donner, était sans effet et ne pouvait fournir un motif suffisant de dispense. Il restait à la vérité une ressource aux réclamants, celle d'en appeler à la décision du chef de l'armée, ressource illusoire, car outre qu'il fallait toujours faire le voyage de Samsoun, dès qu'on était dans ce lieu, le premier soin qu'il fallait avoir était celui de satisfaire les sangsues qui environnaient le général, si l'on voulait, je ne dirai pas en être écouté favorablement, mais arriver jusques à lui; aussi y eut-il très-peu de gens qui cherchèrent à éluder l'ordre. On murmura, mais on partit.

Le prix de l'engagement donné par la Porte ne laissait pas d'être considérable. Chaque soldat, au moment de son inscription définitive sur le rôle, recevait cent cinquante et jusqu'à deux cents piastres, suivant son âge, sa taille et sa force.

L'embarquement de ces troupes se fit avec une pompe qui avait été négligée aux deux premières époques du recrutement. On rassembla tous les partants à la maison de justice, d'où ils descendirent sur le bord de la mer, le long de la principale rue du village, drapeaux déployés et tambours battants. Tous les Turcs du lieu (car les Grecs et les Arméniens ne se mêlent jamais à la foule dans ces sortes de circonstances, et il y aurait pour eux du danger à le faire), tous les Turcs sans exception, précédés des Ulémas, suivaient les guerriers. Trois moutons et un bœuf, conduits par quelques hommes, fermaient la marche.

Arrivés sur le rivage, soldats et habitants, pêle-mêle, se pressent autour des gens de loi; l'un de ceux-ci ouvre un livre et lit à haute voix pendant quelques minutes. La lecture achevée, tous les assistants passent leurs deux mains sur le visage et la barbe, et les laissent retomber perpendiculairement. C'était la fin de la prière et l'instant du sacrifice. On égorge les trois moutons et le bœuf. Les soldats s'embarquent sur trois chaloupes, à chacune desquelles on donne une des victimes. Le peuple se jette aussitôt sur le bœuf qu'on avait laissé à terre, le met en pièces et s'en dispute les morceaux. Les chaloupes s'éloignent; mais l'air triste et abattu des guerriers contrastait étrangement avec la confiance que cette cérémonie religieuse était destinée à leur inspirer; quelques-uns pleuraient comme des femmes, et tous avaient un air consterné qui n'était sûrement ni une preuve de leur courage ni un présage de la victoire.

La neuvième année de la République, et la troisième de notre détention vint, sur ces entrefaites, luire pour nous. Elle ne nous apporta pas encore la liberté, mais au moins, et c'était beaucoup, des secours dans notre misère.

Le même janissaire que le ministre d'Espagne nous avait dépêché au mois de floréal de l'an VII, arriva le 2 vendémiaire de la part du chargé d'affaires de Danemarck. Il en était temps. La diligence qu'il avait faite pour se rendre auprès de nous était si grande, qu'en passant dans les forteresses à peine avait-il donné à nos camarades quelques instants pour nous tracer une marque de leur souvenir. Les fonds qu'il apportait étaient considérables et prouvaient que si le gouvernement avait été forcé à des retards, il n'avait pas pourtant perdu de vue notre situation. Ainsi nos murmures, s'il avait pu nous en échapper, étaient sans fondement. Tout fut payé jusqu'au 1er vendémiaire de l'an IX, en sorte que chacun des captifs reçut cinq cent vingt jours de subsistance. Après l'économie forcée de l'année qui venait de s'écouler, c'était une fortune.

La vue de cet or ne manqua pas de réveiller la cupidité des chefs du pays, et de les exciter à former de nouvelles prétentions. Après la première entrevue avec eux, le janissaire me rapporta que le cadi exigeait un droit par tête, dont il n'avait pas été question lors du premier envoi. L'aga alors absent, mais représenté par son frère, voulait de son côté percevoir un droit sur chaque séquin, et demandait en conséquence que la somme fût vérifiée en plein mekemed. Le janissaire avait résisté à ces prétentions, et il se promit bien de leur opposer une résistance encore plus vive le lendemain, lorsqu'il eut appris de ma bouche le détail de toutes les donations auxquelles j'avais été contraint jusqu'à ce moment. En effet, cette séance du lendemain fut orageuse. Mon chancelier y assistait avec mon neveu, au nom et de la part des captifs.

Le janissaire ouvre la scène par les apostrophes les plus vives et les reproches les plus sanglants sur la voracité des voleurs qui nous avaient ainsi pressurés. Le cadi, qui n'avait point à cet égard de reproches à se faire pour le passé, repoussait ces attaques avec beaucoup de force; l'aga se justifiait le mieux qu'il pouvait, et menaçait. Le colloque devint si vif, que le chancelier eut peur; le terrible bâton de Samsoun, dont on avait frappé un de nos camarades, s'offrit à son imagination épouvantée. La peur est fille et mère de la faiblesse; il ordonna à son interprète d'assurer l'aga que le commissaire de la République était le seul parmi les prisonniers qui se plaignît. C'était en effet le commissaire qui avait fourni seul à la dépense des présents.

« Oui, reprit alors mon neveu avec courage, dites que c'est mon oncle que ces exactions révoltent. »

Cependant il fallut en venir à une conclusion, et il fut arrêté que le cadi recevrait une piastre de chacun de nous ; et quant aux demandes de l'aga, le janissaire ne voulut absolument pas les entendre.

Cette querelle avait été trop animée pour ne pas faire du bruit dans le pays. L'audace d'un chrétien qui osait réclamer contre les friponneries d'un aga musulman paraissait d'autant plus punissable, que ses bénévoles compagnons présentaient leurs têtes au joug avec plus de docilité. On ne parlait pas de moins que de le resserrer étroitement dans la forteresse ; et, puisqu'il était seul coupable d'un délit aussi grave, la vengeance ne devait atteindre que lui, et elle devait être exemplaire. Cependant l'aga ne céda point à ces conseils, soit qu'il comprit que le moment n'admettait pas ces mesures de rigueur, soit qu'il voulût se ménager par la douceur une porte ouverte à de nouvelles générosités qu'il ne pouvait pas obtenir par la crainte. Je dois même ajouter, pour ne pas revenir sur cette matière, qu'à dater de cette époque il fut plus réservé qu'il ne l'avait été jusqu'alors. Il permit au chancelier de faire un second voyage à Trébisonde sans lui donner de garde ni limiter le temps de son retour ; et mon audace, comme il plaisait à mes timides compagnons de l'appeler, eut le bon effet de nous mettre à l'abri de nouvelles demandes. La plus profonde indifférence parut prendre la place de l'avidité, et nous fûmes désormais à Kérasonde comme n'y étant pas.

C'était pour nous toujours un nouveau sujet de curiosité d'observer le départ des troupes, et d'acquérir ainsi une petite notion de la discipline militaire turque. Nous avions vu partir des compagnies d'infanterie, et nous avions été frappés du désordre de leur rassemblement et de leur marche. La cavalerie ne nous en présenta pas moins, ou peut-être elle nous en présenta davantage encore.

Le jour fixé pour le départ, la troupe fut appelée par le cris du tchaoux du commandant, espèce d'officier particulier dont la voix fait dans l'infanterie l'office de nos tambours, et dans la cavalerie celle de nos trompettes. Cet homme est distingué des autres par un bonnet pointu, garni depuis la base jusqu'au sommet de plusieurs bandes parallèles, auxquelles sont attachés des grelots. Il est le bouffon de la compagnie, le porteur des ordres de l'officier commandant, l'inspecteur de police. Il jouit d'une autorité qu'on respecte, et il a des devoirs ridicules qui en font l'objet des brocards et des plaisanteries des soldats.

Au cri de cet homme, tous les cavaliers se réunirent sur la grève, à la sortie du village. Leur uniforme et leur armure étaient les mêmes que pour les autres troupes turques que nous avions vues; un fusil court et carabiné, un ou deux pistolets avec un sabre ou coutelas à leur ceinture, composaient leur armement; une jacquette de gros drap brun formait leur vêtement; à leur côté pendait une poire à poudre plus grande que celle de nos chasseurs, mais de la même forme; sur leur ceinture était une petite giberne, serrée fortement par une courroie liée sur les reins, contenant de l'amadou, un briquet, etc.; ils portaient leurs balles dans leurs poches, et la bourse à tabac pendue derrière le dos; quelques-uns avaient des demi-bottes; d'autres ne portaient que leurs babouches ordinaires; et d'autres, enfin, n'avaient pour toute chaussure que des savates de cuir de bœuf séché au soleil et non tanné, appliqué sous la plante de leurs pieds, et rattaché par dessus avec une ficelle double qui se croisait dans ses replis jusqu'au dessus du gras de jambe.

Les chevaux étaient plus misérables encore que les cavaliers. Le plus grand et le plus fort n'excédait pas la taille d'un de nos bidets de poste. Nous en reconnûmes un très-grand nombre pour les avoir vus, chargés d'un bât, porter de la campagne le bois, le charbon et les autres denrées d'usage. La plupart étaient si faibles, qu'à peine nous paraissaient-ils en état de fournir la longue route qu'ils avaient à faire pour arriver à Andrinople. Si la cavalerie de Paswand-Oglou était aussi mal montée et aussi mal organisée que celle-là, nul doute que la partie ne fût égale. Mais si cette troupe avait eu à se mesurer contre la grosse cavalerie de nos armées, il n'aurait pas été besoin pour la détruire d'employer le sabre et le canon. Il suffirait à nos escadrons de se précipiter sur elle, et la force de leur impulsion, rendue irrésistible par la supériorité de leur masse, aurait seule écrasé, détruit et dispersé en un moment et les chevaux et les cavaliers.

Quand la compagnie fut réunie sous son drapeau, elle escarmoucha quelques instants, comme pour donner à la ville un spectacle militaire. Aucune évolution régulière, aucun ensemble dans les mouvements ne frappa mes regards. Chaque cavalier, se détachant à volonté du corps en poussant de grands cris, fournissait une course au grand galop, tirait un coup de pistolet, ou lançait contre quelque passant un bâton à-peu-près comme les anciens lançaient le trait, et revenait ensuite se confondre parmi la foule de ses camarades. S'il s'en détachait plusieurs à la fois, chacun prenait une direction différente, suivant son goût, ou peut-être la disposition de son cheval, mais jamais suivant le commandement du chef, qui était simple spectateur de ces courses spontanées, quand l'envie ne lui prenait pas de les partager, ce qu'il faisait alors tout comme un de ses cavaliers. Cet exercice dura environ une demi-heure, au bout de laquelle le bayrak ou drapeau s'avança lentement sur le chemin qui conduit à Constantinople.

Chez nous le drapeau a sa place au milieu de la troupe à laquelle il sert de signal de ralliement. Chez les Turcs il devance la troupe, qui suit à la file, non sur trois ou quatre de front, mais un à un depuis le premier jusqu'au dernier. Les officiers marchent en dehors et à côté de cette ligne. Il était naturel de penser que les cavaliers allaient suivre l'étendard, car chez quel peuple guerrier des soldats abandonnent-ils leurs enseignes? Point du tout; le bayrak, escorté d'un seul homme, continua sa marche; à cinquante pas de lui étaient deux autres cavaliers, qui probablement s'étaient décidés d'eux-mêmes à partir ce jour-là. Cinquante pas plus loin encore, il y en avait un cinquième qui s'acheminait, tout en fumant sa pipe. Le drapeau était roulé autour de son bâton, et tandis que cette singulière avant-garde prenait le devant, la compagnie entière rentra dans le village, y passa la nuit, et ne se mit en marche que le lendemain.

Nous touchions au commencement de nivôse. Depuis deux ans et demi j'étais prisonnier des Turcs; il y en avait près de trois que je n'avais aucune nouvelle de ma famille. Tous les efforts, tous les sacrifices que j'avais faits jusque-là pour m'en procurer, avaient été inutiles; enfin, j'en reçus une lettre datée de la fin de messidor an VIII; ce fut pour moi une consolation d'autant plus grande, que je ne l'espérais plus.

Je me trouvais tout-à-coup rassuré sur le sort des êtres qui m'intéressaient le plus au monde. Ils vivaient, ils partageaient mes maux, ils faisaient des vœux pour ma délivrance, et ils se flattaient que la paix nous réu-

nirait bientôt; mais quel garant me donnaient-ils de la certitude d'une paix si désirée ? Aucun. L'intervalle même qui s'était écoulé entre la date de leur lettre et sa réception était une preuve, ou qu'ils avaient été induits en erreur par de faux bruits, ou que leur amitié voulait soutenir notre courage par la douce perspective d'un évènement auquel ils ne croyaient pas eux-mêmes à cette époque. Leurs expressions vagues laissaient entrevoir une obscurité énigmatique que notre pénétration ne pouvait percer. . . . .
. . . .
. . . .

CONSIDÉRATIONS

SUR

L'ORGANISATION CIVILE DES PROTESTANTS.

Depuis que le protestantisme existe en France, on a constamment cherché les moyens de concilier ce que l'État se doit à lui-même, à la dignité du gouvernement, à la tranquillité générale des peuples, avec ce qu'il convenait de faire pour cette portion de citoyens qui s'écartent du culte et des opinions reçues. Malheureusement la religion réformée naquit dans des temps de troubles, où l'animosité des partis, la méfiance qu'ils avaient les uns pour les autres, et l'on peut ajouter la faiblesse et l'irrésolution des souverains, ne permirent pas de fixer avec sagesse et d'une manière ferme et irrévocable les bornes dans lesquelles la nouvelle secte devait se renfermer.

Henri IV, né parmi les protestants, élevé dans leurs

principes, redevable peut-être à leur épée du trône de ses pères, les favorisa ouvertement. La reconnaissance autant que la nécessité des circonstances lui dictèrent ce fameux édit de Nantes, à la faveur duquel les protestants furent non-seulement tranquilles, mais puissants, et, ce qui fut sans doute un malheur pour eux, presque toujours craints. En leur accordant moins, ce bon prince eût rendu leur situation moins brillante, mais plus calme et plus solide ; en effet, des places de sûreté, des tribunaux particuliers, la liberté de convoquer sous le nom de synodes des assemblées nombreuses, où de grands ambitieux dominèrent, et où l'on agitait à-la-fois des questions de politique et des questions de religion, donnaient au corps des protestants l'apparence d'un peuple séparé, vivant au sein de la nation française et se dirigeant par des lois particulières. Sous ce point de vue, on a pu les envisager comme aspirant à former une république, quoiqu'ils aient été toujours loin d'en concevoir le dessein. Mais ils en avaient l'apparence; et cette apparence, c'étaient les concessions excessives d'Henri IV qui la leur donnèrent.

Aussi les inconvénients de l'édit de Nantes se firent-ils bientôt sentir. Louis XIII travailla à rabaisser une religion rivale de la sienne. Les vues fermes et soutenues de son administration, la constance inébranlable de son ministre, aussi bien que son courage, eurent leur effet. Après bien des défaites, le parti protestant fut humilié, et la prise de La Rochelle fut le coup fatal qui terrassa pour jamais un parti trop puissant dans l'Etat. Dès-lors les protestants n'eurent plus de places de sûreté, plus de grands à leurs têtes, qui, sous des prétextes spécieux, mais en effet par des vues d'ambition personnelle, soufflassent parmi eux l'esprit de discorde et les écartassent de ces principes de docilité et d'obéissance dont leur religion leur fait un devoir.

Peut-être furent-ils affligés de la Révolution; mais c'est parce qu'ils ne sentirent pas tout ce qu'ils gagnaient à perdre ces malheureux et funestes avantages, dont la jouissance était pour eux un piège continuel. Devenus, ce qu'ils auraient dû toujours être, de simples citoyens, ils en prirent bientôt l'esprit et la conduite, ils furent soumis et respectueux ; en sorte que depuis la prise de La Rochelle on n'a aucun reproche légitime à leur faire. Mais observons que comme leurs écarts avaient été l'effet des mépris du gouvernement, de même leurs vertus furent son ouvrage, tant il est vrai que les souverains disposent à leur volonté de l'esprit et du cœur de leurs sujets; tant il est vrai, malgré les déclamations de quelques esprits superficiels, que c'est beaucoup moins aux maximes de telle ou telle religion qu'on doit attribuer la conduite civile de ses sectateurs, qu'à la manière sage ou imprudente que le législateur emploie pour les conduire à son but.

Sous le règne de Louis XIV il ne restait aux protestants de leurs anciens priviléges que la liberté de suivre les principes de leur foi, avantage qu'on n'eût jamais dû leur ravir ; et une certaine pompe extérieure dans la célébration de leur culte, qui pouvait avec quelque raison blesser les yeux de la religion dominante. En effet, ils avaient des temples, des cloches, des universités, des ministres avoués, privilégiés même ; ils convoquaient encore des synodes nationaux, et quoiqu'il n'y fût plus question, comme autrefois, d'affaires politiques, c'était encore traiter celles de la religion avec trop d'éclat.

Si Louis XIV, ne s'écartant pas des principes suivis sous le règne précédent, eût voulu, non détruire les protestants, mais achever de les mettre à leur place, il eût exigé d'eux le sacrifice de ce faste inutile qui donnait à leur Eglise quelque apparence d'égalité avec l'Eglise dominante ; mais il eût protégé les individus comme des sujets utiles à l'Etat, et leur eût conservé les droits naturels de l'homme et du citoyen. Ce grand prince se laissa aller à d'autres conseils. Avide de toutes les espèces de gloire, devenu la terreur de l'Europe par ses victoires, il crut qu'il ne lui manquait que de réunir tous ses sujets sous le joug de la même foi : l'édit de Nantes fut révoqué. Des missionnaires armés parcoururent les provinces, et les conversions forcées qu'ils extorquaient, donnèrent naissance à la plus absurde de toutes les idées, celle qu'il n'existait plus de protestants en France. De cette idée perpétuellement démentie par le fait, naquirent des lois rigoureuses qui gênèrent la conscience de ceux qu'on se plaisait d'appeler nouveaux convertis, et les assujettissaient aux peines les plus graves pour des crimes imaginaires.

Il est inutile de s'arrêter à faire l'énumération des suites funestes qu'entraînèrent l'édit révocatif de celui de Nantes, et toutes les lois postérieures jusqu'à la trop célèbre déclaration de 1724. Les faits sont connus, et il est peu de cœurs vraiment français qui ne voulussent effacer de nos annales l'histoire de ces temps malheureux, où le commerce, l'agriculture, les arts, la navigation, déclinèrent si visiblement dans le royaume aux grands avantages du commerce, de la navigation, de l'agriculture, des arts des nations étrangères et rivales de la France.

Sous le règne de Louis XV, il fut permis aux protestants de respirer. Les lois prirent à leur égard une attitude moins menaçante; et si son glaive terrible frappa de temps en temps quelques coups effrayants, ils furent beaucoup plus rares. C'était le reste de cette effervescence qui avait agité les esprits pendant trop long-temps, et qui même en s'éteignant jetait encore quelques étincelles meurtrières. Mais les dernières années de ce prince furent parfaitement calmes; elles semblèrent annoncer la douceur du règne de son successeur.

En effet, l'état des protestants s'est amélioré sous Louis XVI. Non seulement la rigueur des lois pénales n'a plus été pour eux un sujet d'épouvante et d'effroi, mais encore ils ont été traités avec cette humanité si propre à relever leurs esprits et leurs cœurs abattus.

Les commandants de Sa Majesté dans les provinces se sont montrés leurs protecteurs bien plus que leurs maîtres ; il en est peu, il n'en est point peut-être qui n'aient acquis des droits solides à leur reconnaissance. Les tribunaux eux-mêmes, inflexibles par état, puisqu'ils sont forcés de ne reconnaître que la loi dont ils sont les dépositaires, les ont défendus plus d'une fois contre les attentats de la méchanceté et de la fraude, et il a été enfin permis d'articuler dans le temple de la justice, que pour prétendre à la protection du souverain il n'était pas nécessaire d'avoir la même religion que lui.

Dans cet état de choses que manquerait-il donc aux protestants pour n'avoir plus de réclamations à porter aux pieds du trône ? C'est qu'on voulût leur accorder dans le droit à peu près les mêmes choses dont dans le fait on leur permet de jouir ; c'est que la loi renversât à jamais ces barrières odieuses interposées entre le monarque et une partie de ses sujets ; c'est qu'il voulût bien les reconnaître pour ses enfants, comme ils se font un devoir et un honneur de le reconnaître pour leur père.

En effet, les lois pénales ne frappent plus sur la tête des protestants ; mais ces lois existent encore, et, toutes muettes qu'elles sont, leur existence n'en est pas moins un très-grand mal.

Les protestants mariés suivant leurs rites jouissent dans la société de la qualification honorable d'époux ; mais la loi la leur refuse, et, l'on ose le dire, c'est par une sorte de subtilité dictée par la justice et l'humanité que les tribunaux leur font à cet égard un droit de la possession.

Enfin, les enfants succèdent à l'état et aux biens de leurs pères; mais cet état n'est point assuré pour eux, puisqu'on peut ou le leur ravir, ou tout au moins le leur contester.

Un règlement sage et modéré, qui statuerait sur ces trois objets de manière à inspirer aux protestants une juste confiance, sans les enhardir à concevoir des espérances présomptueuses, serait de la part de la législation un bienfait pour eux, et peut-être une opération politique utile à l'Etat.

§ 1ᵉʳ.

Abolition des lois pénales.

Ce n'est point par des déclamations vagues, quelque justes qu'elles soient, que l'on parvient à faire connaître le bien et à convaincre de la nécessité de s'en occuper. On a beaucoup écrit sur la tolérance en général; on a épuisé tous les arguments généraux que la raison, l'humanité, la saine politique, la morale, la théologie même opposent à l'esprit persécuteur. On a démontré que les lois contre les protestants étaient d'une sévérité excessive; et cette vérité est si peu contestée aujourd'hui, que rien n'est plus superflu que de s'arrêter à la prouver.

Mais pourquoi laisserait-on subsister des lois qui

n'auraient jamais dû être promulguées et qu'on a été comme forcé de laisser tomber en désuétude? Quelle raison obligerait à respecter encore dans la théorie cet ouvrage dont il faut à tout moment s'écarter dans la pratique? Dans tout Etat bien constitué les lois ne doivent être faites que pour être exécutées. S'il en est dont les mœurs nationales, l'intérêt permanent du royaume, le caractère et les inclinaisons du souverain empêchent constamment l'exécution, il s'en suivra qu'il n'y a plus d'accord entre la législation du gouvernement et sa conduite ; et dès-lors il existera entre l'une et l'autre une sorte de contradiction qui semble annoncer quelque faiblesse dans les principes et quelque incertitude dans les vues de l'administration.

Je sais que ce principe n'est point absolu, et qu'il est des lois anciennes, vieux restes des préjugés de nos pères, qu'il a suffi de laisser tomber en désuétude pour les abolir. Je sais même que dans quelques cas, lorsque des préventions fortes s'opposent aux vues bienfaisantes du législateur, ou lorsqu'une révocation formelle entraînerait des inconvénients, ce parti est conseillé par la raison et la sagesse. Mais ce n'est certainement point ici le cas. Des lois qui embrasseraient dans leurs rigueurs deux millions de sujets paisibles, qui les poursuivraient dans tout ce que les hommes ont de plus cher, qui attaqueraient leurs propriétés les plus sacrées, leurs biens, leur état, leur honneur, et jusqu'à leur vie même ; qui les forceraient à être vraiment criminels pour les empêcher de le paraître, sont des lois qu'on ne peut trop se hâter d'effacer du code de la nation. Se borner à ne point les mettre en usage ne suffit pas, parce que l'existence des hommes auxquels elles s'appliquent les rappelle perpétuellement, et ne permet pas qu'on les oublie, ce qui est l'objet qu'on se propose par rapport aux lois qu'on veut laisser tomber en désuétude.

D'ailleurs, si l'obéissance des sujets envers leur maître est le premier devoir des hommes qui vivent sous l'autorité d'un monarque, n'est-il pas très-convenable que le joug qui leur est imposé soit tel, qu'ils ne puissent dans aucun cas croire leur conscience intéressée à le secouer? La conscience a ses droits, c'est une vérité incontestable; c'est une vérité respectée aujourd'hui autant qu'elle fut méconnue autrefois. Les assemblées religieuses des protestants, la présence de leurs ministres dans le royaume, ne sont ignorées de personne. Il existe même une sorte de législation funeste à leur égard. Les commandants de Sa Majesté et ses commissaires départis dans les provinces, chargés auparavant de les punir, se bornent maintenant à les surveiller et à les contenir dans les bornes du devoir. Refuser de faire un pas de plus, ne servirait qu'à les entretenir dans l'idée que les lois ne sont pas toutes également respectables, et qu'il en est qu'on est forcé de violer par devoir, comme on peut le faire sans danger. Or, c'est de toutes les idées la plus fausse et la plus dangereuse dans une société policée. Elle relâche les liens de la soumission, elle détruit les rapports qu'il y a entre le souverain et ses sujets, elle accoutume ceux-ci à envisager, par degrés, sous le même point de vue des lois plus justes et plus utiles, et, en rendant les sujets coupables, finit par provoquer sur eux des coups d'autorité, dont le souverain gémit sans doute, mais qu'il ne peut se dispenser de frapper. Ainsi tout se tient par la main dans le système social. Ainsi une erreur en amène une autre. Mais les erreurs nées dans des temps de trouble ne seront-elles pas corrigées dans des temps plus calmes?

La puissance suprême n'est jamais plus respectée, plus absolue, que lorsque, prévoyant les résistances et les calculant, elle se permet ce qu'elle peut. C'est alors qu'un roi parle en maître et ne craint pas d'être désobéi. Tous les cœurs volent au devant de lui; les sacrifices qu'il demande sont mêlés de charmes; tout devient facile à sa voix. Cette vérité est applicable aux protestants français comme à tous leurs autres compatriotes. Assurés de la protection du gouvernement, il n'est rien qu'on ne leur vit faire pour la mériter. Mais qu'ont pu faire jusqu'à présent, que peuvent faire encore et que peuvent être des malheureux poursuivis rigoureusement pendant tant d'années, accablés par le sentiment de leurs malheurs, et sur le front desquels on laisse subsister encore l'empreinte flétrissante de la nullité à laquelle on les a dévoués? Ils chérissent leur patrie sans doute. Mais si l'on me permet de dire librement ce qui me paraît vrai, il faut convenir que la constance de ce sentiment chez eux prouve combien il est fortement enraciné dans le cœur des Français, et tout le parti qu'on pouvait en tirer pour rendre deux millions d'hommes plus utiles qu'ils ne le sont à leur patrie.

C'est un poids bien pesant que celui de l'humiliation. Considérée même indépendamment de toute peine afflictive, si toutefois elle n'est pas elle-même une peine afflictive de l'espèce la plus dure, combien de sentiments généreux n'étouffe-t-elle pas, de combien de talents utiles n'empêche-t-elle pas le développement? Quelle différence entre un homme et un autre homme, lorsque l'un, ne redoutant rien, libre autant qu'on peut l'être sous l'empire des lois, marche avec confiance vers le but qu'il se propose, et que l'autre, flétri par l'opprobre, n'avance qu'en tremblant vers l'acquisition d'une fortune et d'un état, dont la propriété sera pour lui incertaine et précaire : n'est-il pas évident que ses efforts doivent être d'autant moindres que sa situation sera plus équivoque? et si la prospérité de l'Etat, si la fortune publique n'est autre chose que le résultat des fortunes particulières, tout ce que le commerce, l'agriculture, les arts, perdront au ralentissement qu'occasionne une pareille timidité, sera donc nécessairement perdu pour le bien public.

Et il ne faudrait pas opposer qu'il y a de l'exagération dans ce que j'avance, puisque les protestants ne sont pas réduits à ce point d'avilissement, où ils ne puissent jouir d'aucune considération personnelle. Au contraire, plusieurs d'entre eux, ceux du moins qui joignent quelque aisance à des talents utiles, sont regardés comme des citoyens précieux, et il n'est pas rare de voir les divers officiers de Sa Majesté avoir pour eux des bontés et même des égards. On doit convenir de ces faits; mais que prouvent-ils? La douceur du gouvernement actuel et le zèle éclairé de quelques personnes revêtues de l'autorité, qui, sans s'arrêter aux préjugés d'opinion, encouragent la bonne volonté partout où elle se trouve; mais il n'en est pas moins vrai que tant que les lois de rigueur publiées contre les protestants existeront, soit qu'on les exécute, soit qu'on ne les exécute pas, ils ne seront dans le royaume qu'un peuple de proscrits; la considération accordée à quelques individus ne rejaillit pas sur l'ensemble, qui demeure soumis à l'anathême de la loi, anathême d'autant plus terrible, qu'il va jusqu'à nier leur existence en refusant de les reconnaître sous leur vrai nom.

Quelle que soit la cause qui ait donné naissance à la dénomination de nouveaux convertis, soit que le prince à qui on la doit ait cru en effet qu'il n'y avait plus de protestants en France, soit qu'il ait pensé que par un effet de sa toute puissance, quand il aurait dit que tous ses sujets étaient convertis, ils se convertiraient en effet, il est certain qu'elle a toujours été pour eux une source d'humiliation. C'en est une sans doute que de n'être rien aux yeux de l'Etat, pour le bien duquel on travaille selon l'étendue de ses forces. Mais de combien d'autres celle-là n'est-elle pas suivie ? Que de petites vexations particulières, que de mortifications obscures, que d'injures personnelles, qui par leur peu d'importance ne méritent pas d'être relevées, mais qui, par la fréquence de leurs retours, n'en sont pas moins insupportables, n'ont-ils pas eu à dévorer, tant de la part de leurs concitoyens peu éclairés que de celle de ces petits subalternes qui, fiers de leurs emplois, ne demandent pas mieux que d'avoir des occasions pour faire sentir le poids de leur autorité ? Ainsi ménagés par leur souverain et par ceux qu'il honore immédiatement de sa confiance, les protestants ne peuvent se flatter de goûter une tranquillité parfaite, que lorsque la cause de ces inquiétudes, pour ainsi dire domestiques et sans cesse renaissantes, sera abolie.

Cependant, que résulte-t-il pour eux de la position dans laquelle ils sont ? Un esprit d'amertume et de jalousie, qui les a rendus plus d'une fois ombrageux à l'excès. Ils s'accoutument à se méfier des catholiques. Voyant qu'on accorde tout à ceux-ci, tandis qu'on leur refuse tout, ils apprennent à aimer moins ces frères privilégiés, qui abusent à leur tour des priviléges dont ils jouissent pour les mépriser ; ainsi l'aigreur se soutient de part et d'autre. Les liens de la sociabilité se brisent, la douce communication des bons offices est ou interrompue ou restreinte dans des limites trop resserrées, et l'esprit de bienfaisance commune se dissipe ou s'anéantit. Il est néanmoins une vérité qui ne saurait être indifférente au gouvernement, c'est que plus cette bienfaisance s'affaiblit, plus les mœurs sociales perdent de leurs forces. Elles peuvent gagner par la rivalité, l'émulation de deux religions différentes ; mais elles ne peuvent que perdre par leur inimitié.

Il faut avouer néanmoins que ces inconvénients sont peut-être moins sensibles en France qu'ils ne le seraient partout ailleurs. L'esprit de sociabilité qui caractérise notre nation, et qui la rend peut-être si digne d'estime, prévient ou modifie, jusqu'à un certain point, les écarts de ce fanatisme farouche qui isole les hommes, et leur inspire la haine les uns des autres ; mais le mal, pour ne pas être porté aux derniers excès, n'en est pas moins réel. Comme un changement survenu dans les circonstances l'a diminué, un changement différent pourrait le faire renaître. Qui sait les révolutions que le temps prépare pour la postérité ? Et si le législateur, en faisant le bien de la génération présente, peut préparer celui des générations futures, n'est-il pas de sa sagesse de s'en occuper ? D'ailleurs, que de distinctions à faire entre les diverses provinces de France. La mesure des lumières inégalement réparties, la position des lieux, leur éloignement de la capitale ou des grandes villes, les mœurs, le climat, les préjugés locaux, rendent les animosités plus ou moins vives, et le sort des protestants plus ou moins malheureux.

Les délégués du souverain dans les provinces ont été à portée de sentir plus d'une fois la vérité de ces remarques. Ils ont vu le mal, et lorsqu'ils ont voulu y apporter des remèdes, ou ce mal a été trop fugitif pour qu'il fût de leur dignité d'interposer leur autorité, ou l'incertitude où les retient la malheureuse sévérité de la loi, leur a fait craindre de trop entreprendre. En effet, quelles que soient la bonté, les lumières et le zèle d'un commandant de province, obligé par état de ménager une foule d'intérêts, il ne peut pas faire tout le bien qu'il voudrait, dès que la mesure de ce bien n'est pas déterminée ou permise par un règlement fixe et invariable. C'est lorsque tout est remis à sa seule prudence, qu'il éprouve vivement tout ce que les passions humaines opposent d'obstacles à ses vues bienfaisantes; en sorte que c'est précisément parce que son pouvoir n'est point limité sur telle ou telle partie, qu'il ne lui est pas toujours possible de l'exercer dans toute sa plénitude. S'il punit d'après les instigations qui lui sont suggérées, non-seulement il inspire la terreur à des malheureux dont il préfèrerait d'être aimé, mais encore il éprouve qu'en cédant à des impulsions étrangères, il s'impose une sorte d'obligation de céder encore; et s'il ne punit pas, sa condescendance peut être représentée comme une infraction aux devoirs de sa place. Il ne m'appartient pas d'étendre ces idées; il me suffit de les avoir indiquées. Je me permettrai bien moins de dire si l'expérience les justifie; mais je crois qu'on ne peut pas se refuser à convenir qu'elle pourrait les justifier.

D'un autre côté, les commandants ne pouvant point

reconnaître l'existence légale des protestants, il en résulte qu'ils ne leur font pas parvenir leurs ordres directement, ou par l'entremise de leurs subdélégués dans les différents districts. Ces ordres sont remis, sans être revêtus d'aucune forme, à un particulier qui se charge de les faire parvenir. Ils passent de main en main jusqu'à ce qu'ils parviennent aux extrémités de la province, et il arrive souvent qu'en se transmettant ainsi ils sont dénaturés, tronqués, mal compris, et par conséquent mal exécutés. Il s'ensuit ou peut s'en suivre des désobéissances qui, sans être criminelles, paraissent cependant punissables ; ce serait bien pire encore si, dans dans le nombre des mains par lesquelles passent les ordres supérieurs donnés aux protestants, il s'en trouvait quelqu'une qui, par des motifs personnels, fût intéressée à les supprimer entièrement, ou à les expliquer de manière à induire en erreur. Et peut-on dire que la chose ait toujours été sans exemple ?

Qu'on oppose maintenant à ces tristes considérations l'agréable tableau de la situation intérieure du royaume par rapport à la religion, si le souverain daignait enfin abroger les lois pénales rendues contre les protestants. Dès ce moment la législation ne contrarierait plus les vues et les principes du gouvernement; les lois qui assujettiraient les réformés aux devoirs qu'on leur prescrirait, auraient plus de force, précisément parce qu'elles seraient plus modérées ; des sujets nombreux, échappés à l'humiliation, en deviendraient plus utiles; il y aurait plus d'accord, plus d'union, plus de fraternité entre les Français de toutes les religions; les catholiques et les protestants se dépouillèrent à l'envi de leurs préventions: les uns seraient plus justes, les autres moins méfiants; l'autorité des officiers du roi dans les provinces serait plus grande, parce qu'elle reposerait sur une base plus solide; comme on n'aurait plus intérêt à la surprendre par des rapports faux ou exagérés, les protestants n'auraient plus ni excuses ni prétextes pour la méconnaître, et dès-lors l'exercice du pouvoir deviendrait plus facile, et celui de la bienfaisance plus étendu.

C'est ce qui a été senti, pour ainsi dire, d'un bout de l'Europe à l'autre; et si l'on avait besoin de joindre des autorités à des raisons, on pourrait faire remarquer que la plupart des Etats policés comprennent aujourd'hui combien il est nuisible de tourmenter les hommes pour des opinions. Non seulement on a mis fin à ces inquisitions cruelles qui alarmaient et épouvantaient les non-conformistes, mais encore on a assuré leur état par des lois précises.

§ 2.

Des bornes de la tolérance.

Abroger les lois pénales contre les protestants est une opération sage et nécessaire. Mais quels seront les effets de cette condescendance du souverain? Jusqu'à quel point portera-t-elle les droits et les prétentions de ceux qui seront les objets de ses bienfaits? C'est, je crois;

ce qu'il importe de prévoir et de déterminer avec la plus grande précision ; car il est une mesure même dans le bien qu'on doit faire, si l'on veut que le bien soit vraiment utile.

Depuis la révocation de l'édit de Nantes, les protestants n'ont cessé de demander à grands cris la liberté de conscience. Rien n'est plus naturel ; des malheureux qui souffrent, doivent désirer avec ardeur et demander avec instance la fin de leurs maux. Mais les malheureux ne sont pas toujours justes. Il suffit qu'on leur refuse tout pour qu'ils se croient autorisés à prétendre à tout. De là sont venues plusieurs réclamations exhorbitantes, dans lesquelles les protestants ne se donnaient pas trop la peine de considérer leur existence dans les rapports qu'elle doit avoir avec la constitution de l'Etat. Ils ne voyaient qu'eux-mêmes, leur tranquillité, leur bonheur, et quelquefois même c'était par une sorte de respect pour leur roi, à la sagesse duquel ils s'en rapportaient pour la décision de leur sort, que bien loin de vouloir la fixer eux-mêmes, ils parlaient de cette liberté, l'objet de leurs plus chers désirs, d'une manière vague et indéfinie. Quel qu'ait pu être leur motif, nous ne craignons pas d'avancer que les plus raisonnables d'entre eux, et le nombre en est plus grand qu'on ne se plaît à le croire, n'aspirent à autre chose qu'à voir révoquer les lois pénales par lesquelles ils ont été si long-temps opprimés. Cette simple faveur du gouvernement, dans ce qui concerne leur état religieux, mettrait le comble à leurs vœux et remplirait leurs cœurs de la reconnaissance la plus vive.

Oui, dira-t-on, mais abroger les lois pénales, c'est par une conséquence inévitable laisser aux protestants la liberté de leur culte; car dès qu'ils ne seront plus punis pour l'exercice de leur religion, le frein de la crainte étant ôté, cette religion aura beau ne pas être permise, ils ne l'exerceront pas moins. Sans doute ils l'exerceront, et ne le font-ils pas aujourd'hui, quoique les punitions qu'on leur faisait subir autrefois les menacent encore? Ne l'ont-ils pas fait dans tous les temps, et peut-on citer un moment où, malgré la sévérité du gouvernement, leur culte n'ait pas été pratiqué par eux dans le royaume? Ils ne feront donc, dans l'hypothèse dont il s'agit, que ce qu'ils font journellement et ce qu'on ne peut raisonnablement pas les empêcher de faire.

L'homme porte avec lui un sentiment de liberté, que les institutions sociales peuvent modifier plus ou moins, mais qu'elles ne peuvent entièrement détruire. Cette liberté paraît être plus particulièrement l'apanage propre et indestructible de son intelligence. Soit qu'un instinct secret nous avertisse à cet égard de nos droits, soit que nous apercevions clairement la borne où finit pour nous le pouvoir de l'autorité humaine la plus respectable, soit que l'amour-propre redouble l'attachement que nous sommes portés à avoir pour des opinions que nous avons adoptées par choix, soit enfin que nous croyons nos plus chers intérêts dépendants de notre régularité à pratiquer des rites, ridicules si l'on veut, mais qui nous semblent très-raisonnables, il est certain que notre religion est ce dont on parvient à nous dépouiller le plus difficilement. L'instruction en fait reconnaître l'erreur à ceux qu'on parvient à persuader ; des motifs d'intérêt ou de vanité tentent les ambitieux ; la crainte en impose aux faibles et les porte à dissimuler ; mais la force ne peut rien. Comme c'est sur les biens ou sur les personnes que son action s'exerce, elle ne touche pas le cœur ; on cède à la force comme un ressort cède au poids qui le comprime. Dès que la pression cesse, le corps comprimé reprend sa position naturelle, en vertu de son élasticité.

Et non-seulement on résiste à la force, mais encore on cherche à lui échapper par toutes sortes de moyens. De là vient que dans tous les temps, dans tous les lieux et dans toutes les religions, on a vu constamment les hommes proscrits pour leurs opinions employer les subterfuges que leur imagination pouvait leur suggérer, pour se dédommager en secret de la contrainte qu'on leur imposait en public. Les uns ont fui les villes et se sont retirés dans les déserts ; d'autres ont cherché les ténèbres de la nuit, ou se sont enfoncés dans l'épaisseur des forêts ; il en est qui ont cherché jusque dans les tombeaux un asile à leur culte religieux ; tous ont cru que leur plus grand crime eût été de l'abandonner, et ont préféré de mourir pour lui. De cette expérience universelle, et jamais démentie, ne doit-on pas conclure que ce serait vainement qu'on voudrait réduire les hommes à n'avoir pas de religion.

Mais je veux qu'on le puisse : s'en suit-il qu'on le doive. Une religion, fût-elle démontrée fausse dans ses dogmes, pourvu qu'elle ait une morale pure, qu'elle encourage à la vertu, à la bienfaisance, à la soumission aux lois, au dévouement à la patrie, doit être tolérée. Il est une multitude de devoirs dont le souverain ne peut pas prescrire l'observation. Il est une multitude de vices qu'il ne peut pas réprimer. Par rapport à ceux-là même qu'il menace de punir par des supplices, n'est-il pas des circonstances où l'on peut les commettre sans crainte ? Qu'est-ce qui arrêtera la main du scélérat lorsque, seul avec sa victime, il n'a que le ciel pour témoin de son crime ? Si le sentiment de sa religion ne vient point alors se saisir de lui, si la présence de ce juge invisible, qui, au défaut de cette justice humaine qu'il brave, fera retomber sur sa tête le sang qu'il a versé, n'arrête pas son bras, le faible périra donc sous ses coups. Ainsi, supposons qu'en abrogeant les lois pénales, on inspire aux protestants pour condition expresse de ne faire aucun acte de leur religion, outre que la condition détruirait le bienfait, puisque, lorsque la condition serait violée, il y aurait un délit, et un délit punissable, il est évident qu'on tiendrait à-peu-près ce langage à deux millions d'hommes : « Vivez sans règle et sans morale ; tout ce que nous demandons de vous, c'est que vous soyez justes et paisibles autant qu'il le faut pour vous garantir de la hâche des bourreaux. Mais nous vous dispensons de cette exactitude sévère, de cette noblesse de sentiments, de cette pureté de motifs, qui font les hommes vraiment vertueux et les sujets vraiment fidèles. » Un tel langage ne saurait jamais être celui d'un monarque ami de l'ordre; et si l'on se permet d'en présenter la supposition, c'est uniquement pour montrer que le gouvernement doit, non pas autoriser, mais simplement tolérer le culte des protestants.

Ce culte ne doit avoir aucun éclat, aucune pompe, aucune marque extérieure qui annonce son existence; mais il faut qu'il existe, et soit soumis, dans son obscurité même, à une police qui ne lui permette pas de franchir les bornes qui lui seront assignées.

L'homme désire d'être libre dans ses opinions. Le protestant le sera, lorsque, hors des regards du public, réuni avec ses frères, il rendra à son Dieu les hommages qu'il croit lui devoir. Qu'est-ce en effet que sa conscience exige de lui? De l'éclat? De la pompe? Cet appareil nécessaire sans doute à la religion dominante, mais qui, pour une religion tolérée, n'est qu'une vanité puérile et mal entendue? Non; et ce ne sera pas trop avancer que de dire que les protestants un peu instruits, distinguant l'essentiel de l'accessoire, font consister les droits de leur conscience à pratiquer modestement leurs rites, et qu'ils ne croient ni leur salut ni leur bonheur attachés à la tournure plus ou moins élégante d'un édifice religieux, non plus qu'à la publicité de leur culte, et à plusieurs autres distinctions de la même espèce qui n'ajoutent rien ni à la bonté intrinsèque du dogme ni à la pureté de la morale.

S'ils pensaient autrement, il serait facile de les réduire au silence par un raisonnement bien simple. Quand vous avez, pourrait-on leur dire, sollicité de la part du gouvernement un adoucissement à votre sort, qu'avez-vous entendu lui demander? Si c'est uniquement la sûreté de vos personnes et de vos biens, lorsque vous vous assemblerez pour prier Dieu, il ne vous reste rien à désirer; l'abrogation des lois pénales vous assure cet avantage. Si vous avez aspiré à quelque chose de plus, s'il vous faut des décorations, des distinctions, c'est donc la vanité autant que le zèle qui a dicté vos requêtes.

D'après ces principes, rien n'est plus facile que de déterminer les règlements auxquels on pourrait assujettir les protestants dans tout ce qui concerne leur religion.

Et d'abord : 1° par rapport aux lieux de leurs assemblées, il serait convenable d'interdire celles qui se font en plein champ, comme peu décentes sous tous les rapports possibles. Dans l'origine, on a cru que les incommodités qui résulteraient de cette manière de célébrer leur culte, serait pour les protestants un motif de les en dégoûter : on s'est trompé. Les assemblées du désert ont continué; et que présentent-elles aux yeux d'un observateur attentif et impartial? Une espèce d'attroupement contraire aux lois, et certainement scandaleux pour la religion dominante. Il me semble donc que dans les provinces où cet usage n'est point adopté, la décence extérieure est mieux observée ; à peine s'aperçoit-on qu'il y ait des protestants. Renfermés dans des maisons particulières, ordinairement situées à l'extrémité des faubourgs ou dans des quartiers peu fréquentés, ils y entrent, y font leurs prières, et en sortent sans être aperçus. Cette tolérance pourrait devenir générale ; et afin de prévenir les abus, il conviendrait que lorsque les protestants auraient fait choix d'une maison pour s'y assembler, ils fissent leur déclaration devant le subdélégué du commandant de la province. Cette déclaration spécifierait d'une manière exacte l'emplacement de la maison, son apparence extérieure, le nom du propriétaire, l'usage auquel on la destine. On en ferait de même toutes les fois qu'on changerait de local. L'objet de cette précaution serait que les protestants ne pussent se loger ni dans un quartier trop fréquenté ni à portée des églises catholiques, et servirait en même temps à leur faire reconnaître qu'ils sont sous la dépendance immédiate du gouvernement ; que c'est à lui qu'ils sont redevables de leur tranquillité, et que sans lui ils ne peuvent rien. Les subdélégués des commandants leur feraient passer ces notes, et prendraient leurs ordres, qu'ils feraient connaître aux protestants dans la forme qui serait établie.

2° Par rapport aux ministres, on doit surtout avoir attention de ne permettre sous aucun prétexte l'admission des étrangers. Chaque Etat doit se diriger d'après ses propres lois, et il résulte de leur observation une sorte d'esprit national qu'il est important d'entretenir. Pour cela il faut éviter soigneusement le mélange de tout préjugé étranger aux préjugés ou aux usages généralement reçus. Les pays protestants les plus voisins de la France sont les républiques de Genève et de Suisse. Dans ces Etats, les ministres, comme citoyens et par là même jusqu'à un certain point comme membres du souverain, sont autorisés à prendre une sorte de connaissance des affaires de l'Etat, et se permettent d'y faire des allusions dans leurs discours publics. Chez eux ils ne sont pas blâmables, puisque telle est la forme de leur gouvernement ; ils le seraient en France, où ces libertés ne sont pas permises à la religion dominante, et où, à plus forte raison, elles peuvent l'être beaucoup moins à une religion tolérée. Pour déraciner cet abus, ou pour le prévenir, on ne doit permettre qu'à des Français de diriger les Eglises françaises.

Il suit encore de cette réflexion que les études faites en pays étrangers doivent être interdites aux jeunes protestants qui se destinent au ministère. Mais comme d'un autre côté il ne conviendrait point que les protestants établissent des universités trop nombreuses, on pourrait leur permettre de nommer, dans les divers districts, des ministres dont le nom, l'âge et les qualités seraient spécifiés dans des notes remises aux commandants de Sa Majesté dans les provinces. Chacun de ces ministres pourrait avoir au plus six étudiants dont il déclarerait les noms, l'âge, le lieu de naissance, etc.; il les élèverait dans sa propre maison, sans éclat, sans apparence de séminaire. On placerait de préférence ces établissements dans les villes les plus considérables, et cela pour trois raisons qui me paraissent dignes d'attention. La première, c'est que six jeunes gens se trouvent comme perdus dans une grande ville ; ils n'y sont pas remarqués comme ils le seraient dans un village, où leur nombre paraîtrait considérable relativement à celui des habitants. En second lieu, comme il ne peut jamais être indifférent au gouvernement que les ministres d'une religion exercée dans le royaume soient le plus éclairés qu'il est possible, puisque c'est l'ignorance des ministres qui entretient les préjugés du peuple et entraîne une foule de maux, il est convenable que les jeunes aspirants soient élevés dans les lieux où ils pourront trouver les plus grands secours pour développer leur esprit. Enfin, dans le choc des passions diverses et des intérêts qui agitent les habitants d'une grande ville, au milieu des spectacles et des divertissements qui servent à en distraire les habitants, l'esprit de fanatisme s'affaiblit nécessairement, et les hommes deviennent plus indulgents et plus communicatifs.

Dès qu'un ministre sera reçu, il doit en être donné avis sur-le-champ au commandant de Sa Majesté ou à son subdélégué, de même que du lieu auquel il sera appelé à exercer son ministère. On devra donner pareillement avis des mutations qui pourraient survenir, et s'il arrivait qu'un ministre fût déposé, non-seulement il faudrait en avertir, mais encore faire connaître les motifs de sa déposition. On sent assez les raisons qui exigent qu'il soit établi à cet égard un ordre sévère et régulier. D'abord il est convenable en général qu'un commandant soit instruit de tout ce qui se fait dans l'étendue de sa province ; et cette convenance devient une nécessité, lorsqu'il s'agit d'une religion tolérée, qui, par cela même qu'elle ne peut point se produire au grand jour, a besoin d'être surveillée plus particulièrement. D'ailleurs, s'il s'élevait quelque trouble dans quelque quelque lieu, il est indispensable de savoir quels sont les chefs de l'Eglise coupable, pour qu'on puisse, ou leur enjoindre de faire les représentations nécessaires pour éviter à l'avenir des désordres pareils à ceux dont on aurait à se plaindre, ou même pour les punir si, par négligence ou autrement, ils avaient connivé au mal. J'ajoute que de semblables instructions éclairciront les commandants de Sa Majesté sur le mérite personnel de chacun des ministres, connaissance qui, dans plus d'une circonstance, aurait son utilité. D'ailleurs, encore ceux-ci sachant qu'ils sont connus, que le gouvernement a l'œil ouvert sur eux, seraient plus circonspects dans leur conduite, plus attentifs à leur devoir, plus jaloux de le remplir avec distinction. Enfin, tout ignoré que sera l'état d'un ministre, il n'en sera pas moins un état réel, duquel dépendra la subsistance et l'honneur de plusieurs personnes. Dans le cas d'une déposition injuste, la loi qui ne reconnaîtrait pas les ministres protestants, ne leur ouvrirait pas son sanctuaire pour y poursuivre l'arrêt de leur réhabilitation. Il est donc juste que, par une instruction sommaire devant le principal officier de Sa Majesté, il soit pourvu à la réparation de l'espèce d'injustice la plus propre à tout bouleverser, à introduire le désordre et l'anarchie parmi des gens qu'on ne peut rendre vraiment utiles qu'autant qu'on les obligera à se respecter eux-mêmes.

Les ministres ne devront avoir cette qualité que dans leurs églises et dans les notes remises au gouvernement. Partout ailleurs ils ne seront que de simples particuliers; remarquables, s'ils sentent la dignité de leur état, par la pureté de leurs mœurs, mais non par aucune marque extérieure et symbolique; ils seront vêtus comme les autres citoyens, et se conduiront en tout de manière à ne donner aucune prise sur eux. Il leur sera enjoint d'éviter jusqu'à l'ombre d'une dispute avec les prêtres catholiques ou autres sur l'article de la religion. Une contravention bien prouvée à ce règlement, serait un motif suffisant pour la déposition, qu'il serait ordonné à l'Eglise elle-même d'exécuter. C'est surtout dans les commencements d'un nouvel ordre de choses qu'il conviendrait d'être sévère sur ce point, pour couper jusqu'à la racine ce fanatisme odieux, le pire des maux qui puisse désoler un Etat policé.

3° La discipline est indispensable pour maintenir l'ordre dans une religion, et les protestants doivent conserver le droit d'exercer la leur. Mais, à cet égard, il est quelques remarques importantes à faire. Dans l'Eglise catholique les évêques sont chargés de la direction d'un grand troupeau, et par l'ascendant que donnent une naissance distinguée, un revenu considérable, une place éminente dans l'Eglise, à laquelle s'allient des prérogatives dans le civil, ils inspirent le respect, et maintiennent aisément le bon ordre. Cette institution en elle-même n'est pas contraire aux idées des réformés, puisque l'Eglise anglicane a ses évêques, et que la Suède a aussi des surintendants qui, au spirituel, en ont le pouvoir et en remplissent les fonctions. Il n'est pas douteux que si de pareils surintendants étaient établis dans les Eglises réformées de France, la discipline n'en devînt infiniment plus simple. Le gouvernement lui-même, en accordant un état aux protestants, aurait à diriger une machine moins compliquée, puisque quelques individus répartis dans les différents districts lui répondraient, en quelque sorte, de la soumission des autres. Mais il y a peu à espérer que les protestants de France adoptassent cette forme. Ainsi c'est sur ce qu'ils sont qu'il faut examiner ce qui est le plus expédient pour l'avenir.

Dans le temps de leur prospérité, les protestants avaient en France trois sortes d'assemblées ecclésiastiques : les consistoires, établis dans chaque église, composés des ministres et d'un certain nombre de particuliers sous le nom d'anciens ; les synodes provinciaux, convoqués une ou deux fois l'année, et composés d'un ou deux ministres, et d'autant d'anciens de chaque église renfermée dans l'arrondissement désigné sous le nom de province; enfin, les synodes nationaux, convoqués à des intervalles plus au moins éloignés, selon que la nécessité des circonstances semblait l'exiger, et composés d'un certain nombre de ministres et d'anciens, députés de chaque province du royaume.

Les consistoires peuvent être envisagés comme une sorte de conseil et de tribunal ecclésiastique, dont les fonctions sont très-intéressantes. Ce corps est chargé d'éclairer la conduite des ministres, de les obliger, quand il y a lieu, à remplir leurs devoirs, de poursuivre la punition de leurs négligences ou d'autres fautes plus graves auprès des synodes provinciaux. Il entretient l'ordre et la décence dans les églises, est préposé à la recette et à la dépense des deniers, prend connaissance des pauvres, et pourvoit à leurs besoins. En général, tous les détails d'administration sont remis entre ses mains.

Les synodes provinciaux doivent entretenir l'uniformité de discipline entre les églises de la même province, connaître des différends qui s'élèvent entre elles, les accorder, placer, déplacer, changer les ministres suivant les besoins ou les convenances, donner des conseils à ceux qui en demandent, censurer ceux qui se conduisent mal, les suspendre ou même les déposer.

Les fonctions des synodes nationaux sont, par rapport aux provinces, exactement les mêmes que celles des synodes provinciaux par rapport aux églises de leurs districts.

La parfaite impartialité dont je fais profession, ne me permet pas de dissimuler que les synodes nationaux sont des assemblées peu utiles en elles-mêmes, et qu'elles peuvent donner lieu à de très-grands inconvénients. On sait tout ce qu'elles ont autrefois causé d'embarras au gouvernement, et les plaintes nombreuses et bien fondées qu'elles ont excitées. J'avoue que l'état d'abaissement où sont aujourd'hui les protestants, et où ils continueraient d'être encore après avoir obtenu une liberté de conscience modifiée de la manière dont nous l'avons spécifié, donnerait peu de sujets de craindre le retour des anciens abus. Mais les temps peuvent changer, et la législation doit tout prévoir. On sait en général que si les corps n'ont pas une mobilité qui les rende propres à l'attaque, ils sont doués d'une force de résistance considérable, laquelle est toujours proportionnée à leur masse, ou, ce qui est la même chose, au nombre des membres qui les composent. Les synodes nationaux sont de toutes les assemblées protestantes les plus nombreuses; elles ont pour objet de veiller à ce qu'on appelle, souvent assez mal-à-propos, l'intérêt commun. Ce mot ne signifie quelquefois que le maintien des prérogatives dont on jouit, et la vigilance à les étendre encore. Or, c'est le gouvernement lui-même qui doit être chargé de tout ce qui concerne l'intérêt des protestants. Sa bonté, jointe aux avantages incontestables qui résultent d'une tolérance bien entendue, doit leur être garant que leur tranquillité ne sera jamais troublée. Où est donc la nécessité de renouveler des assemblées bruyantes, si fatales à nos pères?

Dans les commencements de la Réforme, quand la discipline n'était point encore clairement déterminée, il pouvait être nécessaire de se réunir pour arrêter d'un avis commun les règles d'ordre auxquelles il convenait de s'assujettir. Mais la discipline est depuis long-temps fixée. Les divers changements qu'exigeront peut-être les évènements tiennent à des circonstances purement locales, qui n'exigent point le concours de la généralité des protestants pour être examinés. Pourquoi donc, d'un bout du royaume à l'autre, depuis les extrémités de la Provence et du Languedoc jusqu'aux côtes les plus reculées de la Normandie, se déplacer à grands frais, imposer une nouvelle charge au peuple, pour aller à cent lieues de chez soi chercher des décisions que le bon sens, la bonne foi, la piété et la charité chrétiennes font trouver partout, quand on les consulte dans le silence des passions? L'expérience a malheureusement prouvé que ce n'est point dans les assemblées les plus nombreuses que président ordinairement la droiture et la vérité. C'est là au contraire que les animosités deviennent plus vives, l'amour-propre plus ombrageux, l'opiniâtreté plus inflexible. Or, la première attention que doit avoir une religion est de se garantir de ces vices, et de fuir tout ce qui pourrait ou les faire naître ou les favoriser.

Si je pense que les synodes nationaux doivent être défendus, je crois aussi que les synodes provinciaux peuvent être tolérés. Ces assemblées sont utiles, nécessaires même, si elles ont la sagesse de se contenir dans les bornes de leurs devoirs. Leurs fonctions sont proprement celles des évêques dans la religion catholique. Elles ont l'autorité prépondérante pour apaiser les différends ; elles en sont les juges naturels. Elles distribuent les ministres dans les églises, suivant les besoins ou l'importance de celles-ci, et la capacité des autres. On voit d'ailleurs que moins les ministres protestants ont de pouvoir, plus il est nécessaire qu'ils aient le droit de recourir à un tribunal sur l'impartialité duquel ils puissent compter. Sans cela, les membres des consistoires pourraient trop souvent abuser de l'ascendant que leur donne sur eux leur nombre, leur crédit auprès du peuple, et la nature de leur emploi. Au lieu que, par le moyen des synodes provinciaux, tout se balance, et l'harmonie naît du partage des pouvoirs.

Mais pour parvenir à ce but, il n'est pas nécessaire que les provinces soient très-étendues, et les synodes très-nombreux. Au contraire, il paraît raisonnable que ce nombre soit réglé dans une mesure telle, que l'assemblée soit assez considérable pour être respectée, et ne le soit pas trop pour être remarquée par les catholiques. Ne perdons pas de vue que la religion protestante doit être modeste et réservée, qu'elle doit éviter, autant qu'il se pourra, de faire sensation dans le public. Ainsi, on pourrait exiger des protestants qu'ils divisassent leurs églises en arrondissements, auxquels dix ou douze ministres au plus seraient affectés. Ce nombre, avec un nombre égal d'anciens, formerait une assemblée de vingt-quatre personnes, à laquelle il serait facile de choisir pour leurs délibérations un lieu presque ignoré. Les districts étant plus resserrés, il y aurait moins d'affaires; et il faudrait par conséquent moins de temps pour les régler. Un ou deux jours devraient suffire, et il vaudrait encore mieux qu'il fût convoqué deux synodes dans l'année, que de souffrir qu'il fût assemblé plus longtemps.

Les lieux où ces synodes s'assembleraient, le nombre et le nom des personnes qui seraient nommées pour y assister, devraient être connus à l'avance du commandant de la province; et après la dissolution de l'assemblée, on l'instruirait des principales affaires qui y auraient été traitées.

On a vu par l'idée que nous avons donnée des consistoires, combien ces petits corps sont utiles. C'est par eux principalement que le gouvernement aurait toutes les facilités désirables pour entretenir le bon ordre et la police parmi les protestants. Aussi, bien loin qu'on dût songer à les détruire ou à les affaiblir, il faudrait au contraire leur donner en quelque sorte une plus grande autorité, en les faisant servir comme d'intermédiaires entre le commandant de la province et les protestants. Pour cela, voici ce qu'on pourrait faire, ou à peu près :

Les consistoires seraient composés de six particuliers seulement, un plus grand nombre étant inutile ; mais on aurait l'attention de choisir dans chaque lieu des hommes d'un âge mur, d'une probité reconnue, d'un caractère doux, et d'un esprit éclairé, autant du moins que cela serait possible. A défaut de connaissances acquises, il faudrait avoir au moins une réputation de bon sens pour être admis dans ces places. On préfèrerait des personnes mariées aux célibataires. Une femme et des enfants attachent davantage au pays où l'on est né. L'âge donne l'expérience; la probité inspire la confiance; la douceur éloigne du fanatisme, et les lumières dissipent les préjugés qui divisent les hommes.

Dès qu'on aurait fait choix d'un particulier pour être membre du consistoire, on en préviendrait le subdélégué du commandant, qui prendrait des informations sur les mœurs et les qualités du sujet proposé, à la réception duquel il serait sursis jusqu'à ce qu'il eût été agréé. Pour s'épargner les embarras résultant de la multitude des avis et des réponses qu'ils exigeraient, les commandants de province abandonneraient à leurs subdélégués la confirmation des anciens des Eglises peu importantes. Mais ils se réserveraient celles des anciens des Eglises placées dans les grandes villes.

Dans le nombre des anciens il en serait choisi deux plus particulièrement, auxquels les ordres des commandants seraient remis par leurs subdélégués. Leur charge serait de faire connaître ces ordres, d'en assurer l'exécution, de faire, s'il y avait lieu, les représentations nécessaires, de rendre compte au moins des motifs qui pourraient empêcher ou retarder une prompte obéissance. Par ce moyen la soumission serait plus assurée, et les commandants de la province, s'ils étaient induits en erreur, auraient un moyen presque infaillible de connaître la vérité. La probité des anciens leur en serait garant, autant que le désir qu'ont naturellement les hommes heureusement nés, de mériter la confiance de leurs supérieurs.

Il serait encore utile que l'un de ces deux anciens fût constamment député aux synodes provinciaux, et que ce fût celui de l'Eglise principale qui rendît compte des opérations de cette assemblée. On sent assez que ces précautions préviendraient une foule d'abus, parce que les anciens dont nous parlons seraient obligés par leurs fonctions à concilier le bien de l'Etat avec celui de leur religion. Or, c'est lorsqu'on met les hommes dans cette sorte de nécessité, qu'on les oblige efficacement à être prudents et circonspects.

Quant aux autres fonctions des consistoires, comme le soin d'entretenir l'ordre dans leurs églises, le soin des pauvres, etc., comme elles n'ont ni peuvent rien avoir par leur nature qui intéresse le gouvernement d'une manière essentielle, il n'est pas nécessaire qu'il y fasse attention. Ce sont de petits détails intérieurs qui dans aucun cas ne peuvent être répréhensibles.

DISCOURS

Prononcé le 16 germinal an XII

A LA PREMIÈRE SÉANCE PUBLIQUE

DE LA SOCIÉTÉ DES SCIENCES ET ARTS

DE MAYENCE.

Citoyens,

En paraissant pour la première fois au milieu de vous, étonné de la place que vos bontés m'ont assignée, je me demande à moi-même quels sont mes titres pour l'occuper? Homme obscur, ignoré dans la république des lettres; jeté par cette force invisible, qui maîtrise nos destinées, dans les agitations d'une vie errante et toujours malheureuse; appelé, par un concours de circonstances extraordinaires, à des emplois redoutables, où le moment de la réflexion était sans cesse absorbé par la nécessité d'agir; remplissant encore aujourd'hui des fonctions administratives, bien plus par l'amour de la justice et l'instinct du devoir, que par la connaissance approfondie des principes sur lesquels nos grands maîtres ont établi l'art si difficile de l'administration publique ; demeuré, par une captivité longue et douloureuse, presque entièrement étranger aux nouveaux progrès que des savants recommandables ont fait faire à la science ; mon premier devoir, Citoyens, est de faire ici l'aveu public de mon insuffisance, et de vous déclarer que tout ce que je puis offrir à cette société respectable, est l'hommage sincère, mais sans doute impuissant, de ma bonne volonté. Vous suivre dans vos travaux, les encourager peut-être, applaudir à vos succès, profiter de vos leçons, transporter dans l'administration les idées utiles, les améliorations heureuses, les découvertes importantes que votre génie aura fait naître ; et tandis que vous éclairerez les hommes, recueillir et mettre en pratique, pour leur bonheur, quelques rayons de la lumière que vous ferez briller au milieu d'eux, c'est à quoi il me convient de borner mes modestes prétentions.

C'est sans doute aussi, chers citoyens, le motif qui vous a guidés. En me nommant, vous avez voulu honorer le gouvernement, dans la personne du magistrat qu'il vous a donné, et vous avez moins considéré la faiblesse de l'individu que vous mettiez à votre tête, que la faculté dont il est investi de faire quelque bien, toutes les fois qu'il sera mis à la portée de le connaître. Vous avez pensé que l'objet essentiel de toutes les sciences se rattachant, en dernier résultat, à l'administration, l'alliance du savoir qui persuade et de l'autorité qui commande, c'est-à-dire l'accord de la raison et du pouvoir, vous conduirait plus sûrement au but que vous voulez atteindre ; que vos travaux ne seraient point perdus, et que le fruit de vos veilles tournerait directement à l'avantage de vos concitoyens.

Cette même considération m'enhardit, elle triomphe de la timidité qui suit naturellement l'inexpérience, pour ne me laisser voir que les secours que je puiserai au milieu de vous, et le zèle avec lequel ils me seront accordés.

Depuis la renaissance des lettres en Europe, les sciences ont suivi dans leur marche diverses périodes d'accroissement très-remarquables.

Fatigué d'une longue oppression, écrasé sous le poids de son ignorance, l'esprit humain, que la nature appelle à la lumière et à la liberté, fait effort pour secouer et rompre la chaîne qui le lie. Encore incertain de ses droits, ne connaissant pas assez l'étendue de ses moyens, ses premiers pas sont faibles et mal assurés. Il avance ; mais retenu par la main de fer du préjugé, c'est en sacrifiant à l'erreur qu'il ose prononcer enfin le nom respectable de la vérité. Alors tout ce que l'autorité n'a pas consacré, tout ce qui n'est pas appuyé par des témoignages, tout ce que les écrivains anciens n'ont pas dit, est rejeté comme faux et téméraire, ou n'est admis qu'en tremblant. La science à cette époque n'est que l'érudition, et c'est dans les livres que les savants vont puiser les arguments qui alimentent leurs longues controverses.

Cette science épineuse, difficile, n'était pas à la portée du peuple. Comment dans ces énormes volumes, communément écrits en une langue qu'il n'entendait pas, hérissés d'hébreu, de chaldéen, de syriaque, de grec et de latin, aurait-il entrepris de chercher les maximes simples d'une morale à son usage, et la connaissance des arts qui servent aux besoins de la vie? Trop ignorant pour les lire, il l'était encore plus pour les comprendre. Les savants formaient au milieu de lui une classe à part. Semblables à la divinité que les Athéniens adoraient sans la connaître, ils obtenaient de leurs stupides contemporains un respect religieux; et ce respect était fondé sur la supposition que leur esprit, formé d'une trempe particulière, pouvait atteindre et était en effet parvenu à une hauteur à laquelle le vulgaire n'avait ni le droit ni la faculté d'aspirer.

Les savants du moyen-âge, c'est-à-dire des siècles qui avaient immédiatement précédé l'époque dont nous parlons, dont les prétentions égalaient l'ignorance, et dont la morgue pédantesque et ridicule assortissait parfaitement le jargon barbare adopté dans les écoles (1),

---

(1) Le citoyen Oberlin, dans son discours d'ouverture de l'Université de Strasbourg, nous a donné des fragments de ce jargon, et, en les lisant, on en croit à peine ses yeux. Non-seulement on se piquait d'inventer des mots absurdes, mais encore on disputait sur des questions dont la puérilité est si ridicule, que les enfants de nos écoles en rougiraient; comme

s'étaient piqués de prendre des dénominations orgueilleuses. Bien différents de ces sages de la Grèce, qui, après avoir parcouru l'Egypte et l'Inde, conféré avec les prêtres de Memphis et les gymnosophistes des bords du Gange, consumé toute leur vie en méditations profondes sur le système du monde, creusé les sources de la morale et de la politique, se contentaient du titre modeste d'amis de la sagesse, ces savants, dans leur délire ambitieux, s'arrogèrent les titres les plus fastueux. Très-rigides sur une sorte de cérémonial scolastique qu'ils avaient inventé, ils se qualifiaient réciproquement de *docteur subtil, docteur profond, docteur angélique, docteur séraphique, ange de l'école,* et autres inepties non moins déplacées. Elles furent malheureusement imitées par leurs successeurs immédiats, et perpétuèrent le préjugé funeste qui faisait de la science un sanctuaire mystique, ouvert à un petit nombre d'êtres privilégiés, et fermé à la multitude des profanes. Les noms furent un peu changés ; la chose resta la même. On continua de voir des hommes occupés par état à ramener leurs semblables à la vérité, s'appeler encore *très-savant, très-illustre, très-docte, très-révérend,* et même *très-ample (amplissimus).* Tous ces superlatifs étaient en opposition directe avec la nature et l'objet de leurs tra-

---

celles-ci, par exemple : quelle était la capacité du tonneau de Diogène? quel pied Ænée posa-t-il le premier à terre en abordant en Italie?

vaux. Ils ne s'accordaient pas mieux avec les connaissances acquises de quelques-uns de ces doctes, ni avec les progrès généraux de la science. Mais ils flattaient la vanité, et ce n'était pas le plus grand de leurs inconvénients. Ils tendaient à ralentir l'émulation, qui fut excitée par d'autres causes, et qui serait morte en naissant, si les opinions divisées n'avaient imposé à chaque parti la loi de se procurer des armes pour combattre ses adversaires.

On fut donc obligé de déterrer les auteurs anciens, de les lire, de les compulser, de les analyser avec soin pour les faire servir à la cause que l'on défendait. La politique elle-même, se trouvant intéressée dans cette grande commotion, favorisa les recherches des érudits. Et le peuple, que chacun avait le besoin et le désir d'attirer à soi, devint, par la force des choses, juge de ces importants débats. Il fallut nécessairement, et pour la première fois, raisonner avec lui, parler sa langue, tâcher de mettre à sa portée les arguments qu'on faisait valoir de part et d'autre, lui prouver que la science du moment n'était bonne à rien, que c'était une science vaine, fausse, illusoire, dangereuse même, mais surtout corrompue, et devenue, soit par la succession des siècles, soit par la hardiesse des novateurs, entièrement opposée aux principes et aux maximes des anciens.

De quel côté que se trouvassent la raison et la vérité, des flots de lumières jaillirent de ces querelles. Une découverte, à jamais célèbre, vint favoriser de toute la force de son influence les efforts que faisait l'esprit humain pour se retirer de la barbarie. Un homme avait paru sur les bords du Rhin : doué de cet esprit inventif qui sait frayer dans le vaste champ du génie des routes nouvelles et inconnues, d'une âme assez forte pour résister à l'injustice, d'un cœur assez haut pour braver sans murmure l'exil, les persécutions, et ne demander qu'au travail le dédommagement de ses pertes; dédaignant d'ailleurs de se traîner sur les pas des hommes vulgaires, et voulant allier avec le soin de sa subsistance le soin bien plus précieux de sa gloire, il avait inventé cet art admirable de multiplier, au moyen de caractères mobiles, les copies de tous les écrits, et par cette méthode simple, mais savante, expéditive et peu coûteuse, il avait été le bienfaiteur moral de l'humanité toute entière.

Qu'ai-je besoin de le nommer, Citoyens? il fut le contemporain de vos pères, il naquit au milieu d'eux, et cette ville qui, sous tant de rapports, a mérité d'occuper dans l'histoire une place distinguée, n'a point de titre plus honorable que celui d'avoir été le berceau de Guttemberg. Mais a-t-il commencé ses travaux au milieu de vous? est-ce à Mayence, est-ce à Strasbourg qu'est due l'invention de l'imprimerie? Dispute vaine et insignifiante! Guttemberg vous appartient; et si la propriété de ce grand homme ne vous est pas contestée, comment vous contesterait-on celle des productions de son génie qui en est inséparable? L'histoire nous apprend que sept villes se disputèrent autrefois l'honneur d'avoir donné le jour au chantre d'Achille. Mais nous ne lisons pas que ces villes aient élevé entre elles une dispute pour savoir si ce fut à Smyrne, à Rhodes, à Chio, à Salamine ou ailleurs, qu'Homère écrivit la première page de son Illiade.

Mais quand l'amour-propre de deux villes rivales revendique pour chacune d'elles la gloire d'avoir produit un grand homme, on se demande qu'ont-elles fait l'une et l'autre pour éterniser et rendre sensible aux yeux du peuple, qui ne lit pas les dissertations des savants, la mémoire de ses utiles travaux ? Partout les monuments de la destruction et du carnage, de l'ignorance et de la servitude, de la flaterie, de l'imposture et du mensonge affligent les yeux du sage. Et la cendre de Guttemberg languit ignorée dans les lieux mêmes où l'on tire vanité de l'avoir vu naître ! Un jour, n'en doutons pas, sa mémoire sera vengée, cet oubli sera réparé, et les savants de toute l'Europe se feront un devoir religieux de porter chacun sur sa tombe une pierre pour élever le monument simple, mais auguste, où son nom sera inscrit en caractères ineffaçables (1). On reconnaîtra que si les modernes ont, comme je le crois, surpassé les an-

(1) Cette partie de mon discours était déjà écrite, quand la société délibéra de proposer à l'Europe une souscription pour élever dans Mayence un monument à la gloire de Guttemberg. Cette circonstance ne m'a paru devoir opérer aucun changement dans mes idées.

ciens, la littérature toutefois exceptée, c'est à Guttemberg seul que nous en sommes redevables.

Aussi quels heureux effets ne produisit pas la découverte qu'il venait de faire ! Les écrivains de la Grèce et de Rome, jusques-là presque exclusivement renfermés dans les monastères, où une piété mal entendue les avait même quelquefois mutilés, sous prétexte de les épurer, parurent enfin au grand jour. Ils devinrent la base essentielle de l'enseignement, la lecture et les délices des hommes instruits, le modèle de tous ceux qui aspirèrent à se faire un nom dans les sciences et la littérature. Le goût se forma, la rouille de la barbarie se dissipa peu-à-peu, les langues modernes s'enrichirent et se perfectionnèrent. A mesure que leurs vocabulaires devinrent plus abondants et plus corrects, qu'on put exprimer un plus grand nombre d'idées et les rendre avec plus de justesse et de précision, la logique ou l'art de raisonner, qui ne peut exister si la science des signes qui rendent la pensée n'a acquis un grand degré d'exactitude, se dépouilla de sa morgue gothique et de son charlatanisme incompréhensible. Les lecteurs, devenus plus nombreux, devenaient aussi chaque jour plus difficiles, et il n'était plus possible de les abuser. Une raison sage, ornée de toutes les grâces de la poésie et de l'éloquence, l'atticisme des Grecs et l'urbanité des Romains, durent prendre la place du fatras scientifique qu'on avait précédemment adopté, et dont le règne n'avait été que trop long et trop déplorable.

Ce fut alors que la république des lettres prit véritablement naissance, et vit successivement éclore dans son sein une foule de productions recommandables, marquées du sceau de l'immortalité imprimé par le génie. Ce fut alors que dans notre patrie, dans cette France, devenue plus spécialement le séjour des lettres et de la politesse, on vit ressusciter Démosthènes et Cicéron, Euripide et Sophocle, Térence et Ménandre, Esope et Phèdre, Horace et Virgile, sous les noms de d'Aguesseau, de Fénélon, de Bossuet, de Corneille, de Racine, de Boileau, de Lafontaine et de Molière. Ce fut le beau siècle de la littérature. Les sciences physiques et mathématiques étaient cultivées avec ardeur. Mais elles n'occupaient encore que la seconde place. Descartes avait paru. Newton et Leibnitz lui avaient succédé. Ces deux hommes extraordinaires avaient reculé bien loin les bornes de l'héritage que leur avait légué le père de la philosophie moderne. Mais quand les chefs-d'œuvres de l'éloquence et de la poésie se multipliaient chaque jour et entraînaient les suffrages d'un public enchanté ; quand Thalie, Melpomène et Clio régnaient en souveraines, Uranie moins connue, mais non abandonnée, devait attendre le moment où son empire, déjà brillant, deviendrait plus général.

Les progrès de la littérature avaient dû naturellement amener et seconder ceux des beaux-arts. La peinture, la sculpture, la gravure, l'architecture renaquirent avec elle, et la suivirent dans ses développements. Leur principe était l'imitation de la belle nature, principe qui avait été dès long-temps, non-seulement altéré, mais entièrement perdu de vue. Quelle distance immense en effet, entre ce Phidias et ce Praxitèle, ce Zeuxis et cet Appelle, qui faisaient parler la toile et respirer le marbre, et ces artistes grossiers, si pourtant ils en méritaient le nom, dont les ébauches informes parvenues jusqu'à nous, attestent la rudesse de l'art et la profonde ignorance de ceux qui le cultivaient. En voyant, ici même, ce qui nous en reste, on croirait que ces absurdes caricatures ont été exécutées bien plutôt pour servir d'épouvantail au premier âge (1), que pour retracer au

(1) Entre autres exemples, on pourrait citer cet énorme et monstrueux saint Christophe, tuant de sa lance, assez semblable à l'arbre dont Poliphème se servait comme d'un bâton, un dragon prodigieux (cette figure est peinte sur les murs du couvent de Weissenau) ; et la statue ridicule de cette abbesse qui, tenant de sa droite une crosse, porte dans sa gauche un monastère, et est affublée d'une jupe, dont le falbalas est formé de deux ou trois douzaines de petites religieuses à genoux. Camus a eu raison dans ce qu'il a dit sur les arts de dessin, peinture, sculpture, architecture dans les départements du Rhin. *Voyez son voyage dans les départements réunis*, tom. I, pag. 156, 157. Il n'y a pas dans tout le département du Mont-Tonnerre un seul édifice remarquable, si ce n'est par sa lourdeur et sa mauvaise construction. Je n'en excepte pas même cette cathédrale de Mayence que la vanité généalogique est parvenue à faire réparer, aux frais du peuple, pour conserver les inscrip-

souvenir des hommes les faits et les vertus de ceux dont on a cru qu'elles conservaient l'image. Léon X encouragea les beaux-arts. Sous le beau ciel de l'Italie, au milieu des antiquités éparses sur la terre qu'avait habitée le plus grand des peuples, dans le voisinage de cette Grèce dont les ruines même sont des merveilles, ils avancèrent rapidement vers la perfection. La protection généreuse que ce pontife leur accorda, a presque fait oublier à l'histoire les suites convulsives de ce luxe dissipateur qui, après avoir épuisé ses trésors, le poussant, pour fournir à ses profusions, à des mesures que ses contemporains jugèrent imprudentes, aigrit les esprits, et occasionna cette scission fameuse qui partagea les opinions de l'Europe et du monde, et dont ces contrées furent encore le premier et le principal théâtre.

Au moment où cette révolution s'opérait en Allemagne, ébranlait les doctrines reçues, dans plusieurs États du nord, se répandait comme un torrent dans le midi de la France, menaçait de se porter au cœur de l'Italie, et d'établir, pour ainsi dire, au pied du Vatican, une hiérarchie rivale de Rome, l'audace d'un navigateur génois faisait sortir du sein de l'océan un monde inconnu. Il découvrait aux yeux de l'Europe étonnée, et plus avide encore à cette époque de trésors que de savoir,

---

tions funéraires et féodales gravées sur des tombeaux fort riches et de très-mauvais goût, érigés aux prêtres nobles, archevêques et autres qu'on y a ensevelis.

de nouvelles sources de commerce, de nouveaux peuples et de nouvelles productions. Les premiers fruits de cette importante découverte furent tout entiers pour l'avarice. Ravir l'or de ces climats; en égorger les habitants; remplir cette terre, heureuse avant de nous connaître, de désolation et de crimes; y porter le ravage, l'incendie, la destruction et la mort; effacer de la liste des vivants des nations entières, des peuples bons, doux, humains, à qui leurs barbares vainqueurs n'avaient à faire d'autre reproche que celui de les avoir accueillis avec tant de confiance; déshonorer le caractère européen, en faisant servir la religion de motif ou d'excuse pour justifier ces horribles attentats; tel fut le spectacle affreux que présentèrent ces tigres, à-la-fois guerriers, marchands et missionnaires, en qui la soif du sang était égale à celle des richesses. A la vue du tableau hideux de leurs crimes, la philosophie épouvantée recula saisie d'indignation et de pitié. Elle fut tentée un moment de se demander s'il était bon, pour l'honneur de l'espèce humaine, que la nature produisît de ces génies puissants, à la pénétration desquels rien n'échappe, et dont les conceptions hardies, entraînant sur leurs pas les générations, les forcent à faire en un clin-d'œil des progrès qui seraient encore surprenants, s'ils étaient le fruit lent et successif de plusieurs siècles; ou s'il ne serait pas plus avantageux au bonheur général du monde, que, renfermé dans une heureuse médiocrité de jouissances et de talents, cultivant en paix et la terre qui l'a vu naître, et les relations de la société dont il est membre, l'homme fût assez modéré pour ne pas porter ses regards au-delà de la sphère où la nature l'a placé.

Quoi qu'il en soit de cette question qui, du moins pour l'homme individuel, n'est sûrement pas un problème, la découverte de l'Amérique étendit indéfiniment le domaine de nos connaissances, et donna à la science une nouvelle direction. Je ne sais si la poésie et l'éloquence ne sont pas bornées dans leurs développements ; si les expressions, les tournures, et même les images qu'elles emploient l'une et l'autre n'étant que les combinaisons de langues, dont les dictionnaires ont un nombre de mots déterminé, quand ces combinaisons sont épuisées par les grands maîtres et présentées avec toute la supériorité de leur génie, il reste aux écrivains beaucoup à glaner dans le champ déjà moissonné par leurs devanciers. Mais je sais que la nature est inépuisable. Elle offre toujours à la sagacité de l'homme instruit des productions à observer, des rapports à comparer, des applications utiles à faire. La nature, a dit le grand Newton, est toujours semblable à elle-même, et toujours diverse. Cette vérité fut surtout prouvée, lorsqu'après avoir ravagé l'Amérique, on la peupla de nouveaux habitants, et qu'on chercha à y établir un commerce régulier, et tous les genres de culture qui pouvaient en fournir la matière. Alors toutes les idées d'agriculture, de physique, d'histoire naturelle, de morale et de politique furent agrandies et même modifiées. L'établissement des colonies changea les rapports des puissances entre elles, et leur donna des intérêts qu'elles n'avaient pas auparavant. Les denrées que produisaient ces nouveaux climats furent appropriées à nos usages, et avec de nouvelles jouissances elles nous donnèrent aussi de nouveaux besoins. Les guerres maritimes, devenues plus fréquentes et plus compliquées, nécessitèrent des travaux astronomiques et mathématiques pour perfectionner la navigation, la construction et la tactique. Le luxe européen s'accrut en raison de l'accroissement des fortunes, et l'industrie, les manufactures appelèrent à leur secours et la chimie et la mécanique, soit pour multiplier les objets d'échange, soit pour les rendre plus avantageux en diminuant le prix de la main-d'œuvre. L'homme physique et moral fut mieux connu. De nouvelles maladies, de nouveaux remèdes fournirent à la médecine, à la pharmacie le sujet de mille observations très-importantes, et d'autant de combinaisons devenues nécessaires. Le bien et le mal circulant avec rapidité d'un pôle à l'autre, se mêlant, se heurtant et se combattant sans cesse, modifièrent peut-être essentiellement cet être mobile, qui, préparé par la nature à vivre sous toutes les latitudes, à se plier à toutes les températures, à se nourrir également des aliments du nord et du midi, à supporter le froid des hivers éternels de la Laponie et les chaleurs brûlantes des pays situés sous la ligne équinoxiale, reçoit pourtant l'impression diverse des objets successifs qui le pressent, l'environnent, ou s'associent à sa propre substance. De nouveaux argonautes, bien plus hardis que ceux dont l'antiquité a fait des demi-dieux, sillonnèrent le vaste sein des mers ; et dans des voyages dont le bien général de l'humanité ne fut pas toujours le motif, mais qui furent entrepris par des navigateurs plus ou moins éclairés, et accompagnés de secours puissants que les gouvernements songèrent trop tard à leur accorder, firent mieux connaître le globe que nous habitons, enrichirent la géographie, la botanique, la minéralogie, la physique, toutes les branches de l'histoire naturelle, et influèrent même sur l'agriculture particulière de l'Europe par la naturalisation de plusieurs arbres et de plusieurs plantes utiles, qui d'abord simples objets de curiosité pour les connaisseurs, peuplent maintenant nos forêts, nos champs, nos jardins et embellissent nos avenues. Enfin la morale même, en comparant les mœurs, les opinions, les usages, les croyances, les rites d'un grand nombre de peuples, put apprécier plus sainement la nature de l'esprit humain, sa faiblesse, sa force, les effets de l'éducation, de l'habitude, des préjugés et même des climats.

Toutes les branches de la philosophie se présentèrent sous un plus beau jour, et leur culture devint plus générale en proportion des encouragements que les gouvernements furent forcés de lui accorder. Les anciens, sans rien perdre de leurs droits à notre admiration, ne furent plus l'objet, pour ainsi dire unique, de notre culte. Ainsi l'influence de la découverte de l'Amérique fut grande sur la philosophie, parce qu'elle fut plus grande encore sur la politique, et que, pour exploiter ces nouvelles colonies, les défendre et en augmenter la prospérité et le prix, il fallut des astronomes, des physiciens, des chimistes, des géomètres et des naturalistes. Ces sciences prirent donc par degrés, mais nécessairement, la prééminence qu'avaient exercée sous le règne de Louis XIV la littérature, l'éloquence et la poésie.

Un petit nombre d'hommes affecte de nous assourdir par les louanges sans cesse répétées, et peut-être indiscrètes, de ce siècle brillant, comme si quelqu'un s'avisait d'en contester l'éclat, comme si tous les bons esprits ne s'empressaient pas de rendre hommage aux talents supérieurs qu'il a produits, comme si les auteurs de ces ouvrages immortels, qui sont entre les mains de tout le monde, ne partageaient pas désormais avec les anciens la gloire de servir de modèle à ceux qui se vouent à suivre la carrière épineuse des lettres. Que veulent donc ces aristarques? Que nous demandent-ils? Est-ce bien la cause des lettres qu'ils défendent? En supposant que ce soit là leur seul objet, conçoivent-ils que le temps, qui nous entraîne dans sa marche, change tout autour de nous, et que pourtant notre esprit demeure stationnaire? Quoi! les relations des peuples et des individus seront augmentées ou diversifiées, et nos connaissances, nos idées, ou ce qui revient peut-être au même, nos besoins et nos jouissances seront invariablement les mêmes ! Quand on veut comparer de bonne foi un siècle à un autre siècle, il ne faut pas examiner si l'on fait dans tous deux exactement les mêmes choses, mais si dans chacun on fait ce qui est analogue aux temps, aux circonstances, et si on le fait bien. Le dix-septième siècle avait préparé le dix-huitième et le commencement de celui dont l'aurore luit pour nous. Par la tendance que le premier avait donnée aux autres esprits, l'un devait précisément devenir ce qu'il a été, et l'autre ce qu'il est. Si de nos jours l'instruction est plus répandue, les lumières plus disséminées, l'ignorance de la multitude moins grossière ; si nos savants sont plus populaires, nos méthodes plus exactes, nos découvertes plus étonnantes et presque miraculeuses ; si, quoi qu'on dise, le feu sacré de la poésie et de l'éloquence n'est pas éteint et jette encore de vives étincelles, qu'avons-nous à envier aux âges qui nous ont précédés ?

Un des avantages qui résultèrent pour l'Europe de ce siècle si vanté du règne de Louis XIV, mais dont on parle un peu moins, est dû à une faute qui fait gémir l'humanité, et dont la patrie se souvient encore. Qui peut se rappeler ces moyens violents et injustes employés pour changer l'opinion d'une partie de la population française, ces droits de la nature méconnus, ces traités violés, ces lois bienfaisantes abrogées, cet édit enfin, garant de la paix entre les partis, imprudemment révoqué, sans avoir présents à l'esprit les maux dont furent accablés des milliers d'hommes utiles, outragés, vexés dans leur personne, dans leurs biens, dans leurs enfants, et jusques dans le sanctuaire intime et inaccessible de leur conscience? Mais cette faute, qui déshonore la politique, n'en eut pas moins les effets salutaires que la philosophie doit remarquer. Il est donc vrai! le pouvoir aveugle, la férocité crédule ne font jamais tout le mal qu'ils se proposent de faire! Et par une suite de ces lois éternelles qui, au moral comme au physique, font servir le mal à la reproduction du bien, ce qui était nuisible à un pays devait être utile à tous les autres. Portant en tous lieux leur infortune et leur douleur, les Français chassés de leur pays ne laissèrent point derrière eux les seuls biens que la tyrannie ne pouvait leur ravir, leurs talents et leur industrie. Les Bayle, les Basnages, les Abadie, les Beausobre, les Lenfant, et tant d'autres savants très-recommandables, une foule d'artistes distingués dans tous les genres, eurent sans doute beaucoup à souffrir de l'exil rigoureux auquel ils étaient condamnés; mais le Nord, alors moins avancé que la France (1), s'enrichit avidement de nos

(1) Cette vérité historique est reconnue par le savant professeur Haffner de Strasbourg. Il avoue que *rien n'est plus stérile que la théologie de l'Allemagne pendant le cours du dix-septième siècle;* et comparant les controversistes du Nord avec ceux de la France, il convient *qu'on peut consulter et lire encore avec fruit les ouvrages de Blondel, Saumaise, Auber-*

dépouilles. Les sciences et les arts y firent des progrès plus rapides, et l'équilibre des connaissances, qui se serait établi plus tard par la pente naturelle et insensible des choses, s'établit tout-à-coup, et mit de niveau tous les peuples de l'Europe.

Si la science avait été, comme autrefois, renfermée dans les églises et les monastères, la France serait probablement retombée dans la barbarie. Débarrassé des attaques journalières d'un adversaire redoutable, qui venait d'être mis en fuite, le clergé français se relâcha. Bossuet, Nicole, Arnaud, Fénélon, Bourdaloue, Dupin et tant d'autres passèrent, et ne furent pas remplacés. L'émulation entre deux sectes rivales n'enfanta plus des chefs-d'œuvres d'éloquence, d'érudition et de raisonnement. La Sorbonne, vieille et caduque, se traînait péniblement, passez-moi cette image peut-être trop commune, sur des béquilles vermoulues qui allaient être bientôt brisées. Elle ne conservait un reste de force que pour contrarier les grands écrivains. Mais ces écrivains n'appartenaient à aucune secte, à aucune opinion. Ils cherchaient la vérité, et ils la voulaient claire, évidente et démontrée. Libres et indépendants, ils citaient tous les préjugés au tribunal de la raison. Ils revendiquaient pour eux-mêmes et pour les autres les droits dont le

tin, Daillé, ainsi que les écrivains justement célèbres de Port-Royal. Voyez son discours d'ouverture de l'Université de Strasbourg, pag. 38.

genre humain était privé depuis trop long-temps. Le peuple les entendit, et il opéra cette Révolution à jamais étonnante, qui déplaçant tout, renversant tout, après des essais pénibles, souvent infructueux, quelquefois opposés, a fini par tout remettre à sa véritable place ; et anéantissant d'insolents priviléges usurpés par la force sur la faiblesse, et par la fourberie sur l'ignorance, a rendu au peuple ses droits, au gouvernement sa dignité, à l'administration sa force, aux tribunaux leur légitime indépendance, à l'éducation ses principes, à la conscience sa liberté, et aux ministres de tous les cultes leurs fonctions et leurs devoirs.

La Révolution! quel mot ai-je prononcé? qui peut se flatter d'avoir une idée nette et précise de la série de ces évènements tour-à-tour glorieux et déplorables, fruits du génie et de l'audace, des vertus les plus sublimes et des vices les plus bas, de la droiture la plus respectable et de l'iniquité la plus perverse, qui ont ébranlé le globe entier? Assez d'écrivains, pressés de donner, comme les récits de la vérité, les rêveries de leur esprit ou les préventions de leur cœur, ont publié des ouvrages prétendus historiques de cette grande crise politique. Mais que celui qui, pendant la durée de l'orage, n'a été froissé par aucune secousse douloureuse, qui n'a sacrifié à aucune passion, n'a épousé aucun parti, n'a éprouvé aucun sentiment de haine ou de ressentiment, dont l'opinion a toujours été calme, l'esprit toujours froid, le jugement toujours impartial ; que celui qui peut dire avec Tacite, non dans une épigraphe pompeusement inscrite sur le frontispice de son livre, mais dans l'intérieur de sa conscience, *mihi Galba, Otho, Vitellius nec amicitiâ, nec odio cogniti*, que celui-là écrive pour les contemporains l'histoire de la Révolution. Cette histoire appartient à nos neveux. En attendant il sera permis de la justifier, avec Fourcroy, du reproche qu'on lui a fait d'avoir voulu nous replonger dans les ténèbres de l'ignorance. Non, quand la France, cernée de toutes parts, déchirée au-dedans, attaquée au-dehors, était obligée de tirer de son propre sein tous ses moyens de défense; quand son gouvernement appelait autour de lui les hommes les plus distingués dans les sciences, Monge, Berthollet, Morveau, Chaptal, Fourcroy, Hassenfratz, et ce Dolomieu, mort martyr de sa patrie; quand ces savants, pressés par les circonstances, imaginaient en une nuit des méthodes expéditives, dont en d'autres temps l'invention aurait exigé des années; quand ils fouillaient le sol de la France pour y découvrir et en extraire le fer qui devait armer nos soldats, et le cuivre qui devait doubler nos vaisseaux; quand ils créaient toutes les ressources que nous refusait l'étranger devenu notre ennemi, qu'ils fabriquaient des armes, du salpêtre, de la poudre, des chaussures comme par magie; quand les inventions de la chimie et de la mécanique se multipliaient sous leurs mains productrices, que le télégraphe étonnait le monde, que l'Institut national était créé, que les écoles normales étaient convoquées, que les bases de l'éducation publique étaient posées, que la musique inventait de nouveaux accents et s'unissait à la poésie pour célébrer les triomphes de nos guerriers ; quand ces guerriers eux-mêmes, dédaignant les routes battues, créaient une tactique nouvelle, mieux assortie à la bouillante impétuosité de leur courage, et en démontraient la supériorité par les victoires les plus brillantes ; quand tous ces prodiges s'opéraient à-la-fois, peut-on dire que les sciences étaient près de périr ? Après avoir tracé d'une main plus ferme que je ne le puis faire le tableau des monuments qu'élevèrent dans quelques mois un petit nombre de savants, le citoyen Biot (1) ajoute avec raison : « Que l'on parcoure « les annales des peuples, que l'on rassemble, s'il le « faut, plusieurs pays et plusieurs âges, on ne trouvera « pas une nation, pas une époque où l'on ait tant fait « pour l'esprit humain. »

Mais quelques monuments des arts ont été renversés, brisés par l'effervescence populaire! Qui l'ignore? Qui ne sait que nous avons fait en ce genre quelques pertes, affligeantes il est vrai, mais beaucoup trop exagérées par ceux qui n'ont voulu voir que du mal dans les efforts d'une grande nation pour améliorer son système social. Nous avons fait des pertes! Eh! ne les avons-nous pas réparées au centuple? Allez dans ce sanctuaire auguste,

---

(1) Voyez *Essai sur l'histoire générale des sciences pendant la Révolution française.* Paris, an XI.

élevé aux arts par la munificence nationale ; voyez cet amas immense de chefs-d'œuvres qui commandent l'admiration et étonnent la pensée ; ces conquêtes de la victoire sur le génie dont nos Marcellus ont enrichi la patrie ; ces dépouilles de la Grèce, de l'Italie et de l'Egypte, que tous les peuples nous envient. Observez David échauffant sa brillante imagination à l'aspect de ces ouvrages de tant de grands maîtres auxquels son nom est désormais associé ; Guérin y puisant cette expression vive et forte avec laquelle il a transporté sur la toile la coupable et malheureuse Phèdre, et traduit, si j'ose ainsi dire, avec le pinceau les vers harmonieux de Racine ; tant d'autres que je ne nomme pas, peintres, graveurs, sculpteurs, architectes, qui vont y respirer ce goût attique, ce goût du vrai beau, qui, grâces à leurs heureux travaux, est devenu une propriété nationale. De là passez dans cet autre temple voisin, moins brillant peut-être, mais non moins vénérable que le premier, où un gouvernement protecteur rassemble chaque année les produits de l'industrie française, où tous les arts utiles, animés d'une louable émulation, rivaux sans être jaloux, étalent aux yeux d'un peuple sensible des richesses de tous les genres, et obtiennent la palme méritée par le travail. L'esprit, plein du double spectacle qui vous aura frappé ; relisez ensuite, si vous le pouvez, ces déclamations lamentables dont les auteurs en délire osent placer la nation française un peu au-dessous des Hottentots, et prononcez.

La Révolution a eu ce grand et inappréciable avantage de mettre les sciences et les arts à leur véritable place. Quelle distance énorme, en effet, entre ces temps où les canons des conciles ordonnaient aux clercs d'apprendre au moins à lire, et où les conducteurs des peuples regardaient comme un opprobre de savoir écrire leur nom; entre ces temps, encore plus rapprochés de nous, où l'orgueil des cours traitait les savants à-peu-près comme les bouffons et les nains, où ce superbe Louis XIV, pour tromper un moment l'ennui dont il était dévoré, assistait à la représentation d'une belle tragédie de Racine, et disgraciait ce grand poète pour avoir, sur les instances de la favorite, crayonné le tableau trop fidèle de la misère du peuple; quelle distance entre ces temps et celui où, au ministère, dans le conseil qui prépare les lois et règle la fortune publique, dans le sénat dépositaire du pacte social, on compte une foule de noms que leurs écrits avaient d'avance illustrés! La science est donc devenue l'alliée de l'administration. Elle est, comme elle aurait dû toujours l'être, l'auxiliaire des gouvernements, qui veulent tout réparer, tout améliorer, tout perfectionner, et qui savent que pour atteindre ce but honorable, ce n'est pas trop du concours de toutes les lumières.

Du tableau que je viens d'esquisser, Citoyens, résultent sans doute les devoirs imposés à ceux qui, doués par la nature de talents distingués, sont appelés à parcourir la carrière des lettres, des arts et de la philosophie. Il n'entre pas dans mon sujet de les développer. Je dois me borner à présenter ceux de la société que cette journée réunit sous les yeux de nos concitoyens.

N'oublions pas qu'on a fait aux sociétés littéraires des reproches graves, qui ne sont pas tout-à-fait dénués de fondement. On les a accusées de n'avoir pas toujours su conserver cette noble et fière indépendance, apanage naturel du génie. Soumises avec respect au gouvernement, dont l'œil attentif veille de droit sur toutes les associations, elles n'ont pas toujours assez bien observé cette ligne du devoir qui tient le milieu entre l'audace et la servilité. Plus d'une fois on les a vu s'avilir par de lâches flatteries, se déshonorer par des choix indignes de leur gloire, dédaigner le mérite solide, lui préférer l'éclat des titres et de la puissance, réserver leurs couronnes à la médiocrité, s'abandonner à la jalousie contre un talent qui leur faisait ombrage, et dont la critique, quelquefois juste, même malgré l'amertume dont elle était assaisonnée, leur donnait d'utiles conseils. Déplorons les imperfections de l'humanité. Si ces agrégations respectables, composées d'hommes occupés dès l'enfance à cultiver leur âme, n'ont pu se soustraire à l'influence des passions, qui osera se flatter d'être assez fort pour leur résister?

Cependant le soleil a ses tâches, et la lumière qu'il nous distribue est quelquefois obscurcie de nuages, sans que cet astre resplendissant perde ses droits à la reconnaissance que nous lui devons pour les biens dont il nous fait jouir. Les sociétés savantes, malgré le défaut qu'on leur reproche, et qu'exagèrent l'envie et la malignité, n'en ont pas moins rendu des services très-importants. Plus libres que les écoles et les universités, qui long-temps avaient été seules dépositaires de la science, elles ont marché d'un pas plus assuré, avec plus de suite et de fermeté, vers le double but qu'elles voulaient atteindre, la découverte de la vérité et de la destruction de l'erreur : elles n'ont pas donné au monde le spectacle scandaleux de ce fanatisme intolérant qui a déshonoré les autres. Qui ne sait que c'est surtout la rivalité scientifique de Paris et de Prague, qui alluma le bûcher de Jean Hus ? Qui ne se rappelle cette apostrophe, souverainement ridicule, si elle avait dû avoir des suites moins sérieuses, du cardinal Dailly, l'un des flambeaux du concile de Constance, qui osa lui demander s'il croyait l'universel *à parte rei*, et, sur sa réponse négative, le déclara hérétique et digne de mort (1) !

L'esprit de corps est irascible et implacable. Les universités, fondées par des princes souvent peu éclairés et mus par la seule vanité d'acquérir le titre de protecteurs des sciences, étaient assujetties à des formules, à une méthode d'enseignement bonne ou mauvaise et pourtant inaltérable. Elles devaient par la nature de leur institution résister à tout changement, et reconnaître pour première loi celle de s'opposer à toute innovation même

---

(1) Voyez *Histoire du concile de Constance*, par Lenfant.

utile. Dispensées par là même de tout examen, elles n'avaient souvent à répondre aux arguments que par des punitions ; et le bras séculier qui les appuyait était d'autant plus disposé à frapper, qu'avec sa propre autorité il croyait avoir à venger la vérité qu'il ne connaissait pas et qu'on se plaisait à lui montrer attaquée et prête à périr. C'est ainsi que Galilée fut livré à l'inquisition par des professeurs, qui sans égard aux démonstrations, voulaient croire à l'immobilité du globe terrestre.

Aussi, tandis que les universités, marchant dans l'ornière de la routine qui leur est tracée, ne peuvent s'en écarter que par bonds, et lorsque des révolutions, changeant où modifiant les principes des gouvernements, amènent des réformes dont la nécessité était depuis longtemps sentie, les sociétés littéraires, qui ne sont pas spécialement affectées à l'enseignement d'une ou plusieurs sciences, qui les embrassent toutes dans leurs travaux, qui n'ont point de doctrine, point de symbole particulier qu'il faille adopter et faire serment de maintenir, s'élançant sur tous les points du vaste domaine de la pensée, les parcourent ou à-la-fois ou successivement, jugent les découvertes, les provoquent ou les produisent, rectifient les opinions anciennes et accréditées, et perfectionnent le système général des connaissances humaines. Les unes sont, à leur naissance, ce qu'elles doivent toujours être jusqu'à ce que la main puissante qui les créa vienne leur ordonner d'être autrement ; les autres, libres, dégagées d'entraves, suivent et encouragent les changements que des méthodes plus parfaites, des observations plus approfondies, une analyse plus exacte opèrent de jour en jour. L'académie des sciences de Paris était déjà célèbre par ses grands travaux, lorsque l'université de cette capitale d'un vaste empire, et précisément dans ce siècle qui produisit une foule de savants mémorables, sollicitait et obtenait d'une cour supérieure l'arrêt qui défendait de s'écarter de la philosophie d'Aristote. Mais ce qui doit étonner bien davantage, la société royale de Londres existe encore aujourd'hui à côté de cette université d'Oxfort, qui, dans le programme de ses thèses, ose bien annoncer au monde savant du XIXe siècle que la doctrine du philosophe de Stagyre sera religieusement respectée (1).

Cette lutte de l'erreur contre la vérité, cet assujettissement à de vieilles habitudes, que nous apprennent-ils ? Que le premier devoir des sociétés littéraires est de conserver cette liberté de penser qui constitue l'essence de l'esprit humain, et de la faire servir constamment à l'amélioration d'eux-mêmes et de leurs semblables. L'erreur n'est bonne à rien. Elle dégrade l'homme, l'avilit, l'écarte de la route que la nature lui a tracée, paralyse ses facultés morales et physiques, le remplit de préjugés, de vaines frayeurs, l'environne de fantômes menaçants et terribles, le conduit enfin par la crainte à la nullité,

---

(1) Voyez *Londres et les Anglais,* par Féry de Saint-Constant, tom. II, pag. 38.

et l'expose à devenir le jouet des fourbes assez audacieux pour s'arroger sur tout son être une domination fondée sur la pusillanimité de son âme. La vérité au contraire est le principe de tout bien, comme elle est la source féconde de toutes les vertus. Elle nous apprend à faire usage de nos forces, à chercher dans l'exercice et le développement de nos facultés tout ce qui nous est nécessaire pour conserver et embellir notre existence. Avec la vérité naissent le courage, la magnanimité, le désintéressement, l'amour du travail, la confiance modeste mais solide en soi-même, la bienveillance pour les autres, la liberté enfin, le plus précieux des dons de la nature; le seul auquel il n'est pas permis à l'homme de renoncer, et dont il ne peut jouir qu'autant qu'il en peut sagement déterminer la mesure et connaître les avantages.

Les premières vérités, et sans contredit les plus utiles, puisqu'elles sont la base de toutes les autres, sont les vérités physiques. Elles ont été l'objet des méditations des sages de tous les siècles, et nos sociétés littéraires sont spécialement occupées à les recueillir et à les répandre. A peine ouvrons-nous les yeux à la lumière, que nous nous sentons affectés par tout ce qui nous environne. Cette terre qui nous porte, ce soleil qui nous éclaire, cette atmosphère qui nous pénètre de toutes parts, les vicissitudes des saisons, les substances nourricières qui s'assimilent à notre substance, déterminent nos premières impressions. Celles-ci, se répétant et se multipliant, à mesure que nous avançons dans la carrière de la vie ; nous éclairent sur nos besoins, sur nos infirmités, et sur les moyens de conservation et de bien-être, dont le désir, né avec l'homme, ne s'éteint qu'avec lui. C'est ainsi que la nature nous appelle à l'instruction par nos propres besoins; et c'est ainsi que les sciences physiques, l'astronomie, la géométrie, la minéralogie, la médecine, la chimie, la botanique, sont sorties d'une d'entre elles, qui comme le tronc primitif porte seule toutes les autres, de l'agriculture.

Les progrès que ces sciences ont fait dans notre âge, tout étonnants qu'ils sont, laissent encore, Citoyens, à votre zèle un champ très-vaste à parcourir. En vous renfermant seulement dans les limites de ce département, que d'objets dignes de fixer votre attention ! Riche par sa culture, par ses forêts, par ses mines, par ses courants d'eau, et surtout par ce fleuve superbe, l'un des plus beaux de l'Europe, qui baigne vos murailles, il offre à vos recherches mille sujets importants. Nos campagnes, quoiqu'en général bien cultivées, demandent des améliorations : des productions nouvelles et précieuses peuvent y être naturalisées et les enrichir encore. La race des animaux champêtres peut et doit être perfectionnée. Des matières premières, trop long-temps détournées dans des canaux étrangers, peuvent créer parmi nous une active et vivifiante industrie. La main régénératrice qui veut le bien de toutes les parties de cette vaste république à laquelle vous appartenez désormais, n'a besoin que d'être avertie pour vous seconder dans vos vues philanthropiques.

Les sciences morales forment la seconde branche de vos travaux. Elles embrassent : 1° la morale proprement dite, qui règle les devoirs de l'homme, et le conduit au bonheur par le calme des passions, la droiture de la conscience, le respect des droits d'autrui, la conservation de ses propres droits, l'emploi légitime de ses forces, l'usage modéré de ses facultés, et les maximes pratiques d'une bonne éducation ; 2° la politique, qui n'est que l'extension de la morale privée, appliquée aux rapports des nations entre elles, et à l'organisation de toutes les parties de l'ordre social ; elle comprend l'administration, la législation, la jurisprudence, le droit public et le droit des gens ; 3° l'histoire, qui nous retraçant la fidèle image des siècles passés, met sous nos yeux ce que nos pères ont été et ce qu'ils ont fait, nous peint leurs mœurs, leurs usages, leurs vertus, leurs vices, leurs connaissances et leurs erreurs, et nous avertit, mais hélas ! trop souvent sans fruit, d'éviter les fautes qu'ils ont commises ; 4° les antiquités, science aride aux yeux du vulgaire, si attrayante pour l'esprit capable de l'approfondir, qui, fouillant dans les ruines amoncelées des siècles, y déterre les preuves de l'histoire, les monuments des grands hommes et l'empreinte du génie des peuples qui ne sont plus.

Quelle mine féconde à exploiter ! Elle est, si j'ose ainsi dire, Citoyens, encore vierge pour nous. Eh !

quoi? des villes obscures, des bourgades inconnues, des corporations ignorées ont eu leurs historiens! Et cette ville, célèbre à tant de titres, ces contrées où pénétrèrent César, Drusus, et les Romains ; ce territoire qu'habitèrent Charlemagne, des empereurs d'occident et des rois de France; cette rive qui fut le théâtre de tant d'exploits, de tant de révolutions, de tant d'évènements remarquables, n'a que des lambeaux décousus, disséminés dans les histoires générales ou traités séparément, et qui n'embrassent qu'une période ou une dynastie. Qui remplira cette lacune! Quel auteur, jaloux de sa propre gloire et de celle de son pays, prendra la plume, et deviendra le Tite-Live des bords du Rhin? Cet homme, je l'espère, Citoyens, se trouvera au milieu de vous. En crayonnant d'une main hardie les vicissitudes qui ont si souvent changé la face de ces climats, il méritera l'estime de l'Europe savante, il instruira ses concitoyens, il leur apprendra à se féliciter de leur situation actuelle. Les nations brillent d'un grand éclat par les combats, les siéges, les batailles, les conquêtes. Mais le peuple est malheureux, pauvre, livré à toutes les horreurs que traînent à leur suite ces scènes héroïques, et pourtant le récit de ses maux nous intéresse encore par les émotions vives qu'il arrache à notre sensibilité. Mais quand ces orages de la politique sont calmés, quand les peuples, rentrés dans leurs limites naturelles, soumis à des lois sages, protégés par une grande force, n'ont plus à craindre de nouvelles secousses; quand le gouvernement, affermi par les machinations même de l'ennemi qui voulait le renverser, leur assure une tranquillité durable et la jouissance paisible de tous leurs droits, alors l'histoire est pour eux une lecture consolante et utile qui les excite à mériter des bienfaits dont leurs pères n'ont pu jouir.

Enfin la littérature et les arts trouveront dans cette société des membres qui s'empresseront à les cultiver, soit sous les rapports du goût, de l'érudition, ou de l'utilité générale et particulière.

La littérature ancienne a été fouillée avec tant de soin, que cette mine si riche paraît presque épuisée. Néanmoins il est toujours important d'en rappeler le souvenir, d'en établir les principes, et d'en confirmer les règles. Ne sera-t-elle pas à jamais le modèle que les écrivains devront consulter et suivre, sous peine de déshonorer leurs noms par des productions médiocres?

La littérature moderne, quoiqu'en général calquée sur celle des anciens, a pris dans chaque pays un caractère propre, suivant l'influence du climat, des mœurs, du gouvernement, et surtout du langage. Mais par là même le rapprochement de toutes ces diversités offre un travail piquant et très-instructif à ceux qui, désirant de fondre en un seul génie toutes les pensées des savants de l'Europe, se font un devoir de propager les connaissances du nord au midi, de les renvoyer du midi au nord, et par ce flux et reflux perpétuel des lumières, d'universaliser leurs bienfaits et de les rendre homogènes.

C'est pour vous, Citoyens, un grand moyen de rendre votre société recommandable. Placés sur le point de communication entre la France et l'Allemagne, riches des productions de votre ancienne et de votre nouvelle patrie, savants dans la langue des Germains, et déjà familiarisés avec celle de vos nouveaux compatriotes, qui mieux que vous peut devenir intéressants aux uns et aux autres, et contribuer à arracher les dernières pierres de ce mur de séparation qui a trop long-temps isolé les peuples dans leur manière de voir, de raisonner et de sentir. Que la langue française, désormais devenue la vôtre, cette langue que tant d'auteurs justement célèbres ont embellie et perfectionnée, qui est celle de votre gouvernement et de vos lois, fasse chaque jour par vos soins des progrès rapides. Que des méthodes simples et profondément méditées lui ouvrent l'accès de toutes vos écoles. Qu'elle vous doive l'avantage de pénétrer jusques dans le plus chétif de vos villages, et même dans l'humble habitation du laboureur. Mais que votre langue originaire et primitive ne soit pas pour cela négligée. C'est la langue des Gellert, des Gessner, des Klopstock; c'est la langue qu'ont parlé vos pères. Elle aura éternellement droit à vos hommages. Vos talents, vos efforts, vos travaux, dirigés par l'impartialité philosophique, ne doivent pas tendre à faire régner l'une aux dépens de l'autre, mais à les unir, à établir entre elles une heureuse alliance, et à la cimenter en transportant dans chacune ce qui dans l'autre méritera d'être connu.

Jettez aussi quelquefois sur les arts un regard favorable. Ceux qui embellissent la vie sont nécessaires à notre consolation. Ceux qui facilitent l'industrie et les travaux sont plus indispensables encore. Ils préparent aux pauvres des secours, au commerce des objets d'échange et de spéculation, au cultivateur le débit avantageux de ses denrées, à tous l'aisance et la prospérité. En multipliant le nombre d'hommes occupés, ils épurent les mœurs, préviennent les occasions de crime, enchaînent au bien de la société des bras qui peut-être y auraient porté le trouble, affermissent la propriété en la rendant, sans secousse, plus générale et plus uniforme, et sont ainsi de puissants leviers pour seconder l'action du gouvernement et affermir le respect dû aux lois.

Je n'abuserai pas davantage de vos moments par des développements plus étendus. Je parle à des hommes à qui ces vérités sont familières, puisqu'ils en ont fait la constante occupation de leur vie. Les uns, reste précieux de cette université distinguée par de grands talents (1),

(1) Avant la réunion des nouveaux départements à la République, les sciences étaient cultivées à Mayence avec beaucoup de soin, et Camus dans son voyage, pag. 36 et 37, a rendu justice au mérite réel et bien reconnu de plusieurs de nos savants. Mais il ne les a pas tous nommés : il n'a fait mention ni de Strack, le doyen des médecins de Mayence, ni de Wedekind, généralement estimé pour ses grandes connaissances en médecine, ni de Reuter et Schunck, très-savants en histoire et

à laquelle ont succédé d'autres écoles et un autre mode d'enseignement, se sont fait dans les lettres un nom connu par des ouvrages estimables. Les autres, voués à l'instruction, ou revêtus d'emplois honorables, fruits de leurs connaissances acquises, sont, par état autant que par principes, les amis sincères de la vérité. Tous, dévoués au bien public, animés d'un zèle pur et désintéressé, ne veulent, n'ambitionnent que le respectable honneur d'être utiles.

en antiquités, ni de Kœler, professeur d'histoire naturelle, etc. Et cependant ces hommes sont dignes d'une place très-honorable à côté de ceux que le citoyen Camus a désignés. Depuis l'impression de son livre, nous avons perdu Matthiæ, Ackermann et Fischer. Le premier est allé occuper une chaire à Francfort, le second à Jena, le troisième en Russie. Ces pertes sont sensibles. Mais ce qui nous reste est encore considérable et précieux. L'organisation des écoles de médecine et de pharmacie, qui doit incessamment avoir lieu, en fixant le sort de ces hommes estimables, les attachera de plus fort à leur nouvelle patrie, à laquelle ils ont d'ailleurs déjà donné des gages de leur affection. Cependant ce serait une question à discuter : Pourquoi l'ancien gouvernement théocratique de Mayence, qui faisait beaucoup pour les sciences, faisait-il si peu pour les arts? Pourquoi les unes ont-elles fait tant de progrès, et les autres ont-ils été retenus dans l'enfance? Pour bien traiter cette question, il faudrait remarquer que les arts qui servent au luxe particulier, tels que la broderie, la gravure et quelques autres n'ont pas été négligés.

Ils ont mesuré de l'œil la carrière, et ils brûlent de la parcourir d'une manière digne d'eux. Les petites passions, les misérables amours-propres, les rivalités, les jalousies, qui plus d'une fois ont semé la discorde et le scandale dans le sanctuaire des muses, et porté le public étonné à se demander comment des êtres doués par la nature d'une grande force d'âme, pouvaient se ravaler à tant de faiblesse, toutes ces sources de division, qu'il faut laisser aux partisans de l'erreur, seront inconnues parmi vous. Réunis par une estime réciproque, liés par la communauté de but, de moyens, et d'intention ; exerçant la plus noble de toutes les magistratures, le plus saint de tous les sacerdoces, parce qu'il est gratuit et volontaire, celui de conduire ou de redresser l'opinion à la douce lumière d'une raison saine et exercée; ligués pour faire la guerre aux préjugés qui corrompent, empoisonnent, désorganisent la société, et pervertissent la morale; recherchant tout ce qui est bon, tout ce qui est honnête, tout ce qui est louable, tout ce qui affermit l'empire de la vertu, sans laquelle il n'y a ni tranquillité ni bonheur au monde ; vous remplirez ce respectable ministère avec cette aménité qui, sans exclure l'énergie, repousse toute amertume.

Loin de nous, Citoyens, loin de tout ce qui sur la terre porte le nom de sage, ou aspire à le mériter, les déclamations exagérées, les critiques injustes, les personnalités offensantes, et même les systèmes hasardés, les hypothèses vagues, et ces opinions erronées, qui, sous une apparence trompeuse de force, ne sont en effet que le produit de la faiblesse, encouragent l'audace, et au lieu du bien solide qu'elles promettent, irritent les maux qu'elles sont incapables de guérir. La vraie science est pratique et populaire, plus en action qu'en théorie, toute en faits, et jamais en suppositions. Elle ne blesse, ne choque, ne décourage, ni ne trouble. Elle éclaire, perfectionne, conserve et améliore. Elle resserre les nœuds de la sociabilité, et ses derniers résultats sont toujours la paix, la concorde et le bonheur.

C'est ainsi que vous répondrez aux vues philanthropiques de ce ministre sage, dont l'autorité a sanctionné votre établissement. C'est ainsi que vous établirez votre gloire sur d'inébranlables fondements, que vos concitoyens s'empresseront de vous offrir le tribut de leur reconnaissance et de leur estime, et que moi-même, heureux de vous appartenir de plus près, témoin journalier de vos efforts et de la pureté de vos sentiments, je mêlerai mes applaudissements à ceux du public, et je pourrai présenter avec quelque orgueil à ce gouvernement protecteur qui apprécie et met à leur véritable place et les hommes et les choses utiles, les fruits de vos veilles et les productions de votre génie.

TABLE.

Avertissement de l'Éditeur.   v
Préface. vii
Notice biographique sur Jean-Bon Saint-André.   1
    ÉCRITS DIVERS DE JEAN-BON SAINT-ANDRÉ :
Récit de ma captivité à Kérasonde. 139
Considérations sur l'organisation civile des protestants. 275
Discours prononcé à l'académie de Mayence, le 6 avril 1804. 311

www.ingramcontent.com/pod-product-compliance
Lightning Source LLC
Chambersburg PA
CBHW050257170426
43202CB00011B/1728